深圳市人文社会科学重点研究基地成果

国家高端智库综合开发研究院（中国·深圳）出品

区域发展与对口协作园区开发实践

Regional Development and Industrial Park Development Practices through Partner Assistance

陈颖仪　刘　祥◎著

中国经济出版社
CHINA ECONOMIC PUBLISHING HOUSE
北　京

图书在版编目（CIP）数据

区域发展与对口协作园区开发实践 / 陈颖仪，刘　祥著 . -- 北京：中国经济出版社，2023.12

ISBN 978-7-5136-7571-0

Ⅰ. ①区… Ⅱ. ①陈… ②刘… Ⅲ. ①工业园区 – 区域经济合作 – 研究 – 中国 Ⅳ. ① F424

中国国家版本馆 CIP 数据核字（2023）第 225817 号

责任编辑　赵静宜
责任印制　马小宾
封面设计　久品轩

出版发行　中国经济出版社
印 刷 者　北京富泰印刷有限责任公司
经 销 者　各地新华书店
开　　本　710mm × 1000mm　1/16
印　　张　15
字　　数　253 千字
版　　次　2023 年 12 月第 1 版
印　　次　2023 年 12 月第 1 次
定　　价　98.00 元
广告经营许可证　京西工商广字第 8179 号

中国经济出版社　**网址** www. economyph. com　**社址** 北京市东城区安定门外大街 58 号　**邮编** 100011
本版图书如存在印装质量问题，请与本社销售中心联系调换（联系电话：010–57512564）

前言

我国区域协调发展战略实施以来，区域发展以逐步缩小区域差异、实现均衡高效发展为目标，对口协作园区在其中发挥着重要作用。主要原因在于，先富地区和后富地区在营商环境方面存在较大差异，单纯依靠市场化难以实现“先富带动后富”的宏观目标，而对口协作园区面积相对较小，通过做好园区综合服务，可保障园区企业在后富地区享受与在先富地区相同的综合服务。异地园区与当地共建政务服务中心、党群服务中心等，实现业务“一窗口办理、一站式服务、一平台共享”，企业办事高效且不出园区，同步构建市场化“基础服务+增值服务”体系，为园区企业提供包括财务、法律等在内的多方面全要素保障服务。此外，先富地区还可通过设立园区产业投资基金等，为园区入驻企业提供资金支持，综合带动后富地区经济发展。

综合开发研究院（中国·深圳）是我国第一家综合性社会智库，坚持“立足深圳、面向全国、走向世界”，在樊纲院长、曲建副院长、刘容欣总监的领导下，以深入的社会调查为依托，提炼以深圳为代表的先富地区园区经验，将先富地区园区开发过程中的经验推广到异地，包括产业培育政策、土地作价出资办法、产业投资基金等，提升异地园区发展能级。依托先富地区产业园区建设经验，在当地开发、建设、管理、运营对口协作园区，对推动当地经济发展起到带动、示范作用。

总结赣州、保定等异地产业园建设开发的经验可知，其成功的关键在于要做好园区共建的顶层机制设计。通过构建两地顶层协调机制，协调解决异地产业园区发展过程中包括战略目标、园区政策、机制创新、平台发展等在内的重大问题，确保园区各项工作有序推进。围绕两地合作规划，就合资平台公司组建及后续运营等相关工作进行明确约定，包括出资方式与时限、土地出让条件、产业发展支持政策、双方职责等，保障各方权益。

为帮助其他地区对口协作产业园进行顶层设计，实现“一张蓝图绘到底”，本书按照“谋划在先、扎实开局、重在实效”的原则，总结形成涵盖“产业、空间、效益、招商、运营”的全流程规划体系，合理确定园区核心定位和具体的产业导入路径，持续推进对口协作园区运营。

目 录

03 第三篇　深圳“飞地”园区篇

01

CHAPTER

第一篇

区域和发展篇

第一章
区域发展的理论研究

区域发展是一个复杂而多维的问题，涉及经济、政治、文化等方面的因素。在全球化和信息技术快速发展的背景下，区域不平衡发展问题愈加凸显。在这样的背景下，探索区域发展的理论研究变得越来越重要。本章节将分两部分进行论述：第一部分，论述区域发展不平衡的成因，包括产业集聚效应、行业规模经济效应、技术创新和人才聚集等。第二部分，探讨产业转移与培育策略对于区域发展的重要性，包括国际四次产业转移、产业转移的驱动因素与影响以及产业培育策略。对这两个方面的探讨，旨在进一步认识区域发展的多层次、多维度的特征，为制定区域发展政策提供参考。

一、区域发展不平衡的成因

产业集聚、规模经济以及技术创新和人才聚集是现代经济发展不可或缺的三大要素。随着全球化和信息化的加速发展，这些要素之间的相互关系越来越密切，不断催生着新的产业模式和经济增长模式。产业集聚带来的聚集效应可以加速资源的集中和优化，促进区域产业升级和转型。行业规模经济效应则带来了前所未有的生产效率和资源利用效率，使得一些行业的领先企业能够迅速扩张并在市场上占据优势地位。技术创新和人才聚集则是推动经济发展的关键力量，对于培养创新人才、建立创新环境和形成创新体系有着重要作用。同时，技术创新也带来了新的产业和市场，使得产业集聚效应和规模经济效应得以进一步放大。在这样一个快速发展的经济环境中，探讨这三个要素之间的相互作用和影响，对于理解现代经济发展和推动未来发展具有重要意义。本书将结合国内外经验和实践，从不同角度探讨这三个要素，并对其未来发展进行展望。

（一）产业集聚效应

在现代经济学中，产业集聚是一种重要的区域经济现象。它指的是某个区域内同类型的产业在空间上集中聚集，形成规模效应和技术外部性，从而促进经济增长和提高效率。然而，产业集聚不仅带来了经济发展的机会，也带来了区域发展的不平衡问题。由于一些原因，不同地区之间的经济发展水平出现了差异，一些地区成了经济增长的主要受益者，而另一些地区则陷入了落后和贫困的困境。因此，如何协调区域发展不平衡与产业集聚之间的关系，成了一个值得探讨和研究的重要课题。

产业集聚理论可以追溯到20世纪50年代的美国经济学家Gunnar Myrdal。他在其著作《经济理论与区域发展》中提出了“离心效应”（Dispersal Effect）和“吸引效应”（Cumulative Causation）的概念，认为在一定的历史和制度条件下，经济活动呈现出空间集聚的趋势。此后，产业集聚理论得到了广泛的发展和应用，被视为解释地区经济发展不平衡的一个重要理论。区域发展不平衡是一个复杂的问题，而产业集聚作为其重要成因之一，值得我们重点关注。产业集聚是指相同或相关产业在某一区域内集中发展的现象。其内涵包括地理集中和自然成长现象，也包括通过跨区域转移而形成的集聚状态与形成机制。

在文献梳理中，发现产业集聚大体上具有以下特点：多层次性、静态性与动态性，以及集聚过程的辩证统一性。

从多层次性来看，产业集聚不仅包括微观企业间的地理上的毗邻，还包括城市、省级行政区、国家甚至更大区域的产业集中。首先，产业集聚可以发生在微观层面，也就是企业之间的地理上的毗邻。在这种情况下，企业可以通过共享技术、劳动力和供应链等资源，实现规模经济效益，并进一步提高其在市场上的竞争力。其次，产业集聚也可以发生在宏观层面，比如城市、省级行政区、国家甚至更大范围的区域内。在这种情况下，产业可以通过共享公共基础设施、政策和市场等资源，实现规模经济效益，并进一步提高其在市场上的竞争力。此外，产业集聚也可以跨越不同的地理区域，形成跨区域集中的状态和形成机制。这种跨区域集聚现象可能涉及不同城市、不同省份甚至不同国家之间的合作与竞争关系，可以通过政府政策的支持来实现。

从静态性与动态性的角度来看，产业集聚不仅是一种静态状态，还包括产业在空间上集中或成长的动态过程。静态性体现在产业集聚可以表示产业在空间上集中分布的现象，是一种静态状态。这种状态表明了一个区域内的产业具有一定的聚集性，企业在该区域内集中经营，形成一定的规模。这种静态性可以通过统计数据来描述，如产业密度、就业人口比重、固定资产投资比重等。在政策制定和城市规划方面，静态的产业集聚可以提供有价值的参考信息，帮助政府和企业更好地了解一个地区的产业现状和特点，为产业发展和城市规划提供指导。而动态性体现在产业集聚也可以表示产业在空间上集中或成长的动态过程。在这个过程中，产业可以因为各种因素而出现转移、扩张或收缩，从而引发产业集聚现象的变化。这种动态性可以通过产业的增长率、新增企业数量、技术创新水平等指标来描述。产业的动态发展也意味着不同时间段、不同阶段的产业集聚具有不同的特点和表现形式。比如，在某些地区的产业集聚因为市场和政策等因素的变化而发生转移或消失，而在其他地区则可能因为创新、技术、人才等因素的引入而出现新的产业集聚。

从集聚过程的辩证统一性来看，产业集聚的空间形态是集聚力和分散力这两个相反的力量相互作用的结果，具有辩证统一性。在产业集聚的过程中，集聚力和分散力是两种相互作用的力量。集聚力是促使企业在某一区域内聚集的力量，其主要包括技术外溢、人才集聚、市场需求、政策支持等方面。而分散力则是把企业从集聚区域转移出去的力量，其主要包括资源约束、环境压力、成本压力、市场竞争等方面。

在中国的实践中，产业集聚的不平衡现象尤为突出。近年来随着东部沿海地区的产业升级与技术水平的提高，一些产业在低附加值环节开始向中西部地区转移，推动了发达地区的产业分散，而对于中西部地区则开始出现产业集聚效应。20 世纪 80 年代以前，中国的制造业产业集聚主要集中在东部沿海地区，其中珠江三角洲、长江三角洲和渤海湾地区的制造业产业集聚最为显著。这些地区具有自然环境优越、交通便利、人才聚集、政策支持等多种优势，从而形成了一批在全国乃至全球范围内具有竞争优势的产业集群。这些产业集群以电子信息、纺织服装、轻工制造、化工等行业为主，并逐步形成了一条完整的产业链，从而推动了区域内企业的技术创新和经济增长。

21 世纪以来，随着中国经济的快速发展和市场竞争的加剧，东部沿海地区的劳动力成本和环保要求逐渐提高，制造业产业集聚的竞争力下降。为了应对这种情况，中国政府逐步推出了一系列扶持中西部地区发展的政策，包括税收减免、基础设施建设、产业转移等。这些政策刺激了中西部地区制造业的快速发展，并在短短几年时间内形成了一些新的产业集群，如成渝地区的汽车制造业、武汉地区的光电子产业、郑州地区的机器人产业等。

为了解决区域发展不平衡的问题，我们需要重视产业的转移和培育。产业的转移可以通过鼓励企业向欠发达地区转移、提供政策扶持等方式实现。而产业的培育则需要重视科技创新、人才培养、企业服务等方面的支持。

（二）行业规模经济效应

行业规模经济效应，是指在一定范围内，随着企业数量的增加和规模的扩大，企业的平均成本会逐渐降低的现象。这种效应主要来自企业规模的优势，即随着规模的扩大，企业可以通过规模效应和经验效应来降低成本。规模效应指的是企业在生产、采购、销售等方面由于规模扩大所带来的固定成本的分摊，从而降低了单位成本。经验效应则指的是企业在生产、管理、技术等方面由于经验积累而带来的效益提升，从而进一步降低了成本。

行业规模经济效应在产业集聚中起着重要作用。随着企业数量的增加和规模的扩大，行业的规模效应和经验效应都会逐渐增强，从而进一步降低成本，提高竞争力。在产业集聚中，企业可以共享公共基础设施、人才和市场等资源，从而进一步增强规模效应和经验效应。产业集聚还可以促进企业之间的分工协作和技术创新，提高整个产业的效率和创新能力。

同时，行业规模经济效应也会导致区域发展不平衡。由于规模效应和经验效应的存在，大规模的企业往往可以更低的成本生产产品，从而具有更强的价格竞争力。这也意味着在产业集聚的地区，规模较小的企业往往面临更大的竞争压力，从而难以在市场上生存。同时，由于产业集聚会导致资本、技术和人才的流失，较为欠发达的地区往往难以吸引到大规模企业的投资，从而难以实现产业升级和转型。

因此，在区域发展中，需要通过合理的产业布局和产业政策来平衡行业规模经济效应的影响。政府可以通过引导产业转移、促进中小企业发展、加强基础设施建设等方式，促进产业均衡发展，防止产业集聚过程中的不均衡现象。此外，政府还可以通过提供创新和科技支持，提高中小企业的技术和管理能力，增强其在市场上的竞争力。

按照规模经济效应的大小把整个经济分为三类行业：

第一类是非规模经济行业，如农业、手工业和部分餐饮、住宿等生活性服务业等。这些行业的产品生产不具备规模经济效应，边际生产成本随生产规模扩大而不断下降。通常情况下，这类行业的产出与生产要素数量成正比，即在土地、劳动力和资本等要素上的投入增加多少倍，产出就增加多少倍，符合“规模报酬不变”的特征。在这些行业中，集中生产不会带来额外的产出，反而会因为拥挤而导致效率下降，因此这类行业不会形成区域集聚现象。当一个经济体的主要产业属于这类行业时，经济区域的发展往往是相对平衡的。

第二类是具有一定规模的经济行业，但其规模经济效应小于第三类行业，主要代表行业为现代制造业。尽管这些行业的规模经济效应途径不同，但它们在不同程度上都具备一定的规模经济性。例如，电子产品行业主要通过上下游厂商之间的供应链外溢效应产生规模经济效应、钢铁行业主要通过大型高炉带来的效率提升产生规模经济效应、汽车行业主要通过大规模生产对研发成本的摊销产生规模经济效应。由于具有规模经济效应，这些产业通常会在一个小区域内集中，形成产业集群。当产品的终端市场高度集中时，产业集群的规模就会更大。当一个经济体的主导产业为现代制造业时，经济发展往往会集中在某些地区，出现一定程度的区域不平衡。然而，这些产业的发展仍然需要依赖自然资源，生产规模过大会导致拥挤和生产成本上升，因此这些行业的经济活动集中程度虽然高于第一类行业，但不能完全形成“赢者通吃”的局面。

第三类是具有很强规模的经济行业，主要代表是在信息革命后产生或者改造的产业，包括互联网产业、金融业、媒体和电影等文化产业等。这一类行业最大的特点是边际生产成本无限接近于零，而且有很强的网络外部性，因此能产生强大的马太效应，最后形成“赢者通吃”的局面。例如，在搜索引擎领域，一家公司一旦获得优势，用户通过它就能获得最佳搜索结果，那么用户将倾向于只使用该公司的服务。另外，更多用户的使用可以为该公司搜集更多信息，从而进一步提高该公司的服务质量。又如，在金融行业，为什么美国能形成全世界最大规模的金融市场并远远领先其他国家呢？这一方面是因为美国的经济规模大，金融市场需求多；另一方面还与前面搜索引擎的例子有相似之处，即一旦美国建立了一个大规模的金融市场并成为全世界交易规模最大、交易成本最低的市场，交易者都喜欢来到这里，因为在这里可以用最低的成本进行交易并有足够多的品种供其分散风险。因此，在资本全球化的时代，金融业也会出现“赢者通吃”的局面。理论上，如果允许证券市场之间进行完全的自由竞争，在资本和信息流动成本很低的现代经济中，最后有可能全世界只会剩下唯一一个金融市场。现实中，我们也可以发现，从全球来看，不管是互联网产业还是金融产业，它们都非常集中，区域集中程度远高于制造业。因此，当一个经济中的主导行业为这些“赢者通吃”的行业时，经济活动可能最后只会集中在一两个超级赢家区域，不同区域间的经济发展可能出现严重不平衡。

行业规模经济效应使同一行业的企业倾向于在特定区域内集聚生产，这种集聚现象可能导致地区经济的不平衡发展。如果一个地区的产业结构中某一行业拥有较强的规模经济效应，那么在该行业中具有优势的企业会在该地区集聚，进而形成产业集群，从而促进该地区的经济增长。如果其他地区缺乏相应的资源和环境条件，那么它们可能会被边缘化，最终导致区域经济不平衡。此外，一些行业的产值增长对环境等自然资源的消耗也很大，如果产业集聚导致某一地区的自然资源过度利用，那么这将对区域的可持续发展产生负面影响。

因此，虽然行业规模经济效应带来了企业生产成本的降低和生产效率的提高，但它也有可能导致区域发展不平衡和资源浪费等问题。因此，政府在制定产业政策时，需要考虑到区域发展平衡的问题，促进产业的合理发展，以实现经济的可持续发展。

（三）技术创新和人才聚集

技术创新的理念最早出现在经济学家熊彼特于1912年出版的《经济发展理论》一书中。他认为创新是将生产要素和生产条件重新组合，以获得潜在的利益。这种创新关系包含了多种层面的创新元素，在经济增长中起着至关重要的作用。创新推动经济周期性发展，并在其他领域带来共同发展，发挥了良好的导向作用。创新是实现社会发展的主要方式，可以避免经济繁荣后出现大规模衰退，只有持续创新才能帮助企业摆脱潜在的经济危机。需要注意的是，经济增长和发展在本质上有所区别，前者是一种变化的过程，而后者则是一种动态的变化体现。

人才作为区域发展的核心动力，在推动科技进步、创新发展和综合实力提升方面起着至关重要的作用。人才具有流动性，其向特定的地理空间流动不仅会形成人才集聚，也带动了产业聚集和区域发展，并且会产生巨大的经济效益和社会效益。在实现人才聚集的过程中，公共服务水平、开放性等因素会对专业技术人员具有显著的聚集效应，而区域经济发展、创新环境、文化环境等则对科技人才集聚具有重要的推动作用。因此，区域人才聚集能力是区域自然、经济和社会发展的“合力”。随着我国经济的发展，区域产业升级、经济驱动力转换和城镇化建设等对人才的需求进一步加剧，同时人口老龄化也造成了区域劳动力短缺和人才冲突日益加剧的局面。因此，需要进一步加强区域创新环境建设，提升公共服务水平和文化环境，吸引和留住更多的人才，以推动区域经济发展和社会进步。

技术创新是经济发展的重要推动力量之一，而人才则是技术创新的主要推动者。新技术的应用需要一定的人才储备来推动其实现。同时，人才的聚集也有助于新技术的发展。在现代经济中，技术创新和人才聚集之间的互动关系越来越密切，技术创新需要一定的人才支撑，而人才的聚集也需要技术创新的推动。

在技术创新方面，人才的作用不仅仅是在技术应用方面，还包括技术研发和创新。在技术研发方面，高素质人才能够提供更多的创新思路和更加专业的技术支持。他们能够不断创新和完善技术，并把新技术转化为生产力。同时，高素质人才对新技术的应用也有更强的理解和掌握能力，能够更快更好地将新技术应用到实际生产中去。

在人才聚集方面，新技术的出现也会吸引更多的人才聚集到相关的行业和领域中。因为这些领域通常是充满活力和潜力的，能够为人才提供更好的发展机会和更高的薪资待遇。人才的聚集又能进一步推动技术的发展和创新，形成良性循环。

在区域发展方面，技术和人才的互动关系对于区域的发展也有着重要的影响。技术创新和人才聚集是推动区域发展的重要力量。区域内的创新和创业生态系统，通过提供有利于新业务发展的基础设施和资源，促进了新企业和新产业的发展，为区域经济注入活力和动力。在全球化竞争的时代，吸引和留住高素质人才是推动区域经济发展的关键。区域需要提供良好的工作和生活环境，包括住房、教育、医疗和文化设施等，以及创业支持和高质量的工作机会，来吸引和留住人才。

技术创新和人才聚集可以帮助区域适应新兴产业的发展和调整旧有产业结构。通过技术创新，区域可以拓展新的产业领域，提高产业链上的附加值。而高素质人才的聚集则可以促进区域产业的升级和转型。区域之间的竞争在很大程度上取决于其能否吸引和留住高素质人才和技术创新。为了在全球化竞争中保持竞争力，区域需要提供有吸引力的优惠政策和高质量的公共服务设施，以及创新和创业支持。

技术创新和人才聚集对于区域发展的重要性不可忽视。只有加强二者之间的互动关系，才能够实现区域经济的可持续发展。在未来的发展中，我们需要进一步加强技术创新和人才聚集的政策支持和措施，不断创造良好的创新环境和吸引人才的条件，从而实现区域经济的长期稳定发展。

二、产业可转移、可培育

在全球化背景下，产业转移和培育作为经济发展的重要驱动力，对于国家和地区的经济结构调整、产业升级以及区域协调发展具有重要意义。本节旨在从国际四次产业转移的角度出发，探讨产业转移的驱动因素与影响，并分析产业培育策略在促进区域经济发展中的关键作用。具体分为三部分：第一部分简要回顾了自20世纪以来的四次国际产业转移过程，揭示了产业转移对全球经济格局的影响；第二部分深入剖析了产业转移的驱动因素与影响，包括要素成本、政策因素、市场因素以及技术与创新等方面；第三部分着重探讨了产业培育策略在区域发展中的重要性，如政府政策支持、产业园区建设等措施，以期为政策制定者和企业提供有益的启示。通过对产业转移与培育的深入研究，我们期望为促进国家和地区经济可持续发展、实现产业结构优化和区域协调发展提供有力支撑。

（一）国际四次产业转移

四次产业转移是指全球范围内产业布局的四次重大变迁。第一次产业转移发生在20世纪70年代末至80年代初，以欧洲和北美为主的发达国家将部分劳动密集型产业转移至亚洲四小龙（韩国、中国台湾、新加坡和中国香港）；第二次产业转移发生在20世纪80年代末至90年代初，亚洲四小龙将产业向中国内地转移；第三次产业转移出现在21世纪初，随着中国沿海地区经济的快速发展，部分产业开始向内陆地区转移；第四次产业转移是在21世纪初至今，伴随着中国经济的崛起和成本压力上升，部分产业开始向东南亚及其他新兴市场国家转移。这四次产业转移共同塑造了全球产业链的发展格局。

1. 第一次产业转移

20世纪70年代以来，随着贸易自由化和资本流动的推进，世界经济逐渐融合，跨国公司开始寻求全球范围内的产业布局，为产业转移提供了条件。在工业化进程中，欧美发达国家的经济结构发生了变化，从劳动密集型产业逐渐转向技术密集型和知识密集型产业。为了降低生产成本并保持竞争力，这些国家将一些劳动密集型产业向低成本国家和地区转移。而亚洲四小龙地处战略位置，具备较低的生产成本和劳动力资源优势。同时，它们在政治、经济和教育等方面的稳定发展为产业转移提供了良好的环境。

第一次产业转移为亚洲四小龙带来了大量的外资和技术，促进了产业升级，推动了经济的快速增长。为吸引产业转移，亚洲四小龙在产业转移过程中，实施了一系列有利于外资引进和市场开放的政策，为企业营造了友好的营商环境。此外，人力资源和教育是发展中国家在产业转移中不可或缺的要素，亚洲四小龙重视人力资源开发和教育投入，培养了一批具备国际竞争力的企业和高素质的劳动力，为产业转移和经济发展提供了有力支撑。为保证产业转移的重点环节性，第一次产业转移也促使亚洲四小龙加强区域合作，实现了协同发展。

2. 第二次产业转移

在亚洲四小龙经历了第一次产业转移后，本地的劳动力成本逐渐上升，生产成本增加，使得部分劳动密集型产业面临着较大的竞争压力。与此同时，中国内地开始实施改革开放政策，吸引外资，为产业转移提供了巨大的市场潜力和有利条件。此外，中国大陆土地和劳动力资源丰富且成本较低，使得企业有更多的选择空间来优化产业布局。

第二次产业转移对中国内地产生了深远的影响。首先，大量的外资涌入，带来了先进的技术和管理经验，有力地推动了中国内地产业结构的优化升级。其次，随着外资企业在中国的建设和发展，吸纳了大量的就业，提高了居民的收入水平，从而刺激了国内市场需求。产业转移也使得中国大陆逐渐融入全球产业链和价值链，形成了一个完整的产业体系。最后，产业转移过程中的技术和管理经验积累为国内企业的成长壮大奠定了基础，为中国大陆经济持续发展提供了动力。

3. 第三次产业转移

21 世纪初，随着我国沿海地区经济的快速发展，劳动力成本逐步上升，土地和资源成本也不断增加。为了降低生产成本、提高竞争力，一些企业开始将产业向中国内地转移。此外，中国政府实施了一系列鼓励西部大开发和中部崛起的政策，优化了内陆地区的投资环境，为产业转移提供了良好的条件。

与前两次产业转移相同，第三次产业转移也为我国内陆地区带来了大量的投资和技术，推动了产业结构升级，提高了当地经济的附加值。随着企业在内陆地区的发展，吸纳了大量的就业，改善了当地居民的生活水平，促进了区域经济发展的均衡。产业转移促使内陆地区加强基础设施建设，提升了区域的综合竞争力。然而，这一次产业转移结果并不及预期，尽管一定程度上推动了中西部地区的发展，但中西部地区并未完全承载来自东部地区的产业转移，近年来东部地区制造业企业更加倾向于向东南亚地区转移，也即第四次产业转移。

4. 第四次产业转移

第四次产业转移是在21世纪初至今正在进行的一次全球范围内的产业转移。随着中国经济的崛起，劳动力、土地和资源成本不断上升，一些劳动密集型产业面临着较大的竞争压力。与此同时，东南亚及其他新兴市场国家在劳动力成本、市场潜力和政策环境等方面具有一定优势，吸引了部分产业向这些地区转移。此外，中国内陆地区虽然在一定程度上承接了产业转移，但由于基础设施、人才和市场等方面的局限，承接产业转移的能力仍有限。

第四次产业转移正在对全球产业链和价值链产生深刻影响。首先，这一次产业转移加快了全球产业分工的步伐，推动了全球产业链的再配置。其次，对于承接产业转移的国家和地区来说，产业转移带来了投资、技术和就业机会，促进了当地经济的发展。同时，这也为我国经济结构调整和产业升级创造了更多空间。

四次产业转移为我们提供了许多宝贵的经验启示。首先，发展中国家应抓住全球化机遇，推动产业升级，积极参与全球产业分工，关注国际产业链发展趋势。其次，政府需要制定有利于企业发展的政策，优化营商环境，为产业转移提供良好条件，同时重视区域间合作与协同发展。此外，应加大对教育和人才培养的投入，提高劳动力素质，为产业转移和经济发展提供有力支撑，同时企业也需要关注人才培养和技能提升。加大基础设施建设投入，提升区域的综合竞争力，为产业转移和企业发展提供良好的外部条件。在产业转移过程中，政府和企业都应关注环境保护和可持续发展，加强环境监管，确保产业转移的过程中不会产生严重的环境问题。最后，企业需要关注自身创新与技术升级，提高产业链的附加值，以应对产业转移中的挑战和机遇。

（二）产业转移的驱动因素与影响

在全球化背景下，产业转移成了国际贸易与经济发展的重要现象。产业转移不仅对承接国家和地区的经济结构、产业布局和发展水平产生显著影响，也对全球产业链和价值链的形成与发展具有深远意义。本部分将着重探讨产业转移的驱动因素与影响。我们将从要素成本、政策因素、市场因素、技术与创新因素等方面分析产业转移的驱动力，并讨论产业转移对区域发展、环境保护和全球产业链格局的影响。通过深入剖析产业转移背后的原因及其所带来的变化，我们可以为国家和地区政策制定提供有益启示，并为企业把握产业转移的机遇，为应对挑战提供参考。

1. 要素成本

要素成本是产业转移的重要驱动因素之一，主要包括劳动力成本、土地成本和资源成本。这些成本因素在不同国家和地区之间存在差异，使得企业在选择投资地时会权衡各种要素成本，从而促使产业在全球范围内重新分布。

一是劳动力成本。在发达国家，由于劳动力成本相对较高，企业为了降低生产成本、提高竞争力，往往会将劳动密集型产业向发展中国家转移。而在发展中国家，劳动力成本相对较低，使得这些国家在承接劳动密集型产业方面具有明显优势。然而，随着发展中国家经济的快速增长，劳动力成本逐渐上升，企业可能会再次寻求更低成本的地区进行产业转移。

二是土地成本。在土地资源紧张的国家和地区，土地价格高昂，企业面临较大的经营压力。因此，为了降低生产成本，企业可能将生产基地转移到土地资源相对丰富、土地价格较低的国家和地区。政府在土地供应政策、土地使用权制度等方面的调整也可能影响土地成本，从而影响产业转移的方向和程度。

三是资源成本。在资源密集型产业中，资源成本占据重要地位。不同国家和地区的资源禀赋差异使得资源成本具有显著的区域性差异。企业为了降低资源成本，可能会选择资源丰富且价格相对较低的国家和地区进行投资。此外，全球资源价格波动以及政府对资源开发、利用的政策调整也可能对产业转移产生影响。

2. 政策因素

政策因素在产业转移过程中也发挥着至关重要的作用。不同国家和地区的政策环境、税收优惠、贸易政策等因素，都会对企业的投资决策产生影响，从而影响产业转移的方向和速度。

政府的产业政策对产业转移具有重要影响。为了吸引外资和促进产业发展，许多国家和地区政府会制定优惠政策，例如设立经济特区、提供税收减免、降低关税等。这些政策有助于降低企业的投资成本，提高其在目标市场的竞争力。因此，政府的产业政策在很大程度上会影响企业在全球范围内的产业布局和投资决策。

贸易政策也是影响产业转移的关键因素。不同国家和地区之间的贸易协定、关税政策以及非关税壁垒等，都会对企业的进出口成本产生影响，从而改变产业转移的经济效益。例如，自由贸易协定的签署通常会打破成员国之间的关税壁垒，提高产业转移的便利性和盈利空间。

政府对环境保护、劳动权益等方面的政策调整也会对产业转移产生影响。

随着环保意识的提升，许多国家和地区开始加强对污染企业的监管，提高环保标准，这使得一些高污染、高耗能的产业面临迁移压力。此外，政府对劳动权益的保护和劳动法规的完善，也可能导致劳动力成本上升，影响产业转移的选择。

3. 市场因素

企业在全球范围内寻求投资机会时，会考虑目标市场的需求状况、消费水平、市场规模等因素，以实现利润最大化。以下是几个主要的市场因素对产业转移的影响：

一是供需关系的变化。企业往往会将生产基地迁移到需求量较大的市场，以便更好地满足市场需求、提高生产效率和降低物流成本。此外，市场需求的变化，如新兴市场的崛起和传统市场的萎缩，也可能引导企业进行产业转移。例如，随着新兴经济体的快速发展，其庞大的市场需求吸引了大量企业将生产基地迁移至该地区。

二是消费水平。不同国家和地区的消费水平差异，导致产品需求的品质和价格存在显著差别。企业为了满足不同市场的需求，可能会调整产业布局，将生产线转移到消费水平较高或较低的地区，以便针对不同市场提供差异化产品。

三是市场规模。企业在选择投资地时，会充分考虑目标市场的规模，以便实现规模经济效益。市场规模较大的国家和地区往往具有较高的吸引力，因为它们可以为企业提供广阔的市场空间、丰富的资源和人才储备。因此，企业会倾向于将生产基地迁移到市场规模较大的地区。

4. 技术与创新因素

随着生产技术的不断提升，许多劳动密集型产业逐渐被自动化和智能化生产取代。这使得企业在选择投资地时，不再仅仅关注劳动力成本，而是更加注重技术创新能力和人才资源。因此，企业可能将生产基地转移到技术水平较高、人才储备丰富的国家和地区。

在全球竞争加剧的背景下，企业需要不断创新以保持竞争优势。企业会将研发中心、创新团队等布局在创新能力较强的国家和地区，以获取先进技术、吸引顶尖人才并推动产业升级。

这些地区往往也具有较好的知识产权体系。知识产权保护水平的提高有助于激发企业的创新积极性，保障其核心竞争力。在选择投资地时，企业会考虑目标国家和地区的知识产权保护水平。

产业转移受多种因素影响，其中包括要素成本、政策因素、市场因素以及技术与创新因素。要素成本主要涉及劳动力、土地和资源等方面的成本变动，对企业在全球范围内的产业布局产生影响。政策因素涵盖了产业政策、贸易政策以及环境和劳动政策等方面，对企业投资决策和产业转移方向产生重要作用。市场因素包括市场需求、消费水平和市场规模等，对企业在不同市场的竞争优势和产业布局产生影响。技术与创新因素主要涉及技术进步、创新能力和知识产权保护等方面，对产业转移和企业核心竞争力的提升具有关键作用。企业和政府在面对产业转移时，需充分考虑这些因素的综合影响，以实现产业升级和可持续发展。

（三）产业培育策略

1. 政府扶持

政府在产业培育中扮演着至关重要的角色。政府通过提供资金支持、政策优惠和技术指导等方式，帮助企业降低成本、提高竞争力，并在关键领域取得突破。

一是为重点企业提供资金支持。以京东方为例，正是得益于政府的大力支持，这家企业得以在液晶显示领域崭露头角，迅速发展壮大。在京东方面临资金困境时，北京市政府和国家开发银行等金融机构及时介入，为其提供了关键的资金支持，使其得以渡过难关。同时，政府的贷款转股、贴息和补助等政策，也使京东方在市场竞争中获得了有利地位。

二是推动产业链的协同发展。通过与政府、高校等机构建立合作关系，企业能够更好地推动产业创新和人才培养。这种合作不仅有利于企业自身的发展，还能为整个产业生态的繁荣创造条件。

三是通过产业政策扶持重点产业发展。在政策层面，政府可以通过优惠税收、放宽市场准入等手段，为企业营造有利的营商环境。同时，政府还可以通过制定产业发展规划、推动产业标准制定等方式，引导企业走向高质量发展的道路。

在产业培育过程中，政府扶持对企业的成长具有显著的推动作用。政府通过资金支持、政策优惠和产业链协同等多种手段，帮助企业应对市场风险，提升竞争力，并在关键领域实现技术突破。在今后的产业发展过程中，政府扶持仍将发挥关键作用，为国家经济的可持续发展提供强有力的支撑。

2. 产业园区建设

产业园区建设对产业培育也发挥着重要作用。产业园区通过提供一系列基础设施、政策支持和服务，为企业发展创造良好的环境。产业集聚理论认为，将相关产业集中在特定地域范围内，有助于提高整个产业的效率和竞争力。而产业园区正是产业集聚发展的一个典型载体，它可以促进企业之间的合作与竞争，推动产业链的协同发展和技术创新。

首先，产业园区有助于降低企业的生产成本。园区内的企业可以共享基础设施、公共服务和人力资源，从而降低生产成本。此外，产业园区的规模效应也可以为企业提供更有优势的土地、税收等政策支持。其次，产业园区可以促进企业间的合作与竞争。在同一产业园区内，企业之间的距离较近，有利于信息和技术的交流与传播。企业之间可以相互学习、借鉴和创新，推动产业的技术进步。同时，园区内企业间的竞争也可以激发企业的创新动力，提高整个产业的竞争力。此外，产业园区有助于产业链的协同发展。园区内的企业往往涵盖产业链的上游、中游和下游环节，形成产业链完整的生态。这种协同效应可以降低企业间的交易成本，提高生产效率，并为企业提供更多的市场机遇。

在人才培养与创新方面，产业园区也同样具有优势。园区内的企业可以“抱团”与高校、研究机构建立紧密的合作关系，共享人才和研发资源。这有助于推动产业技术的创新，培养更多的专业人才，为产业的持续发展提供人力保障。

产业培育对区域发展具有重大作用。通过培育具有竞争力的产业，可以促进区域经济增长、提高就业水平、推动技术创新和人才培养以及改善区域经济结构。一是促进区域经济增长。通过发展具有竞争力和潜力的产业，可以增加区域的产值、税收和外汇收入，从而提高地区经济的总体水平。同时，产业发展带动相关产业链的延伸，进一步提升区域经济的综合实力。二是提高就业水平。发展壮大的产业可以吸纳大量劳动力，为当地居民提供更多的就业机会。这有助于改善居民的生活水平，减少贫困人口，提高社会稳定性。三是推动技术创新和人才培养。产业发展需要大量专业技术人才和研发资源。政府和企业可以通过产业培育，与高等院校和科研机构建立合作关系，加大技术研发投入，推动技术创新和人才培养，为区域发展提供源源不断的创新动力。四是改善区域经济结构。通过对优势产业的培育和发展，可以促使资源从低效产业向高效产业转移，实现产业结构的优化升级。这将有助于提高区域经济的抗风险能力，增强可持续发展能力。

第二章
我国不均衡区域发展特征

一、“雁行模式”理论与第二次、第三次产业转移

（一）“雁行模式”理论

学界将第二次世界大战后东亚地区的国际分工体系和产业发展过程比喻为“雁行模式”（Geese Formation Theory），这个理论将亚洲国家的经济发展比作一群大雁，在一定时期内，这群大雁会以一个长队的形式飞行，按照一定的次序前后领飞，有助于减少空气阻力和疲劳程度，增强群体的协同作战能力。“雁行模式”理论起源于日本经济学家 Akamatsu（1932）提出的“雁行产业发展形态论”，后经 Okita（1985）和 Kojima（2000）等补充发展，形成了一个关于区域产业转移和产业发展的比较完整的理论解释。该理论提出，产业转移是后发国家实现产业发展的重要途径之一，其可以通过两种途径实现：第一种途径是基于产业内周期，通过对现有产业进行产品升级来推动产业发展。例如，从棉花到羊毛再到合成纺织品等。第二种途径是基于产业间周期，通过转移至新兴产业来推动产业发展。例如，从纺织业到钢铁制造业再到造船业等。这两种途径都可以促进后发国家实现产业的快速发展，实现产业结构的升级和优化。

在“雁行模式”理论中，产业间和产业内的垂直分工是基础，20 世纪 70 年代后，亚洲形成了以日本为核心的技术密集型产业、资本技术密集型产业、劳动密集型产业的“等级式”梯次产业分工体系。在这个体系中，日本是技术密集型产业的领导者，亚洲四小龙等国家和地区在资本技术密集型产业和劳动密集型产业中发挥着重要作用。

第二次产业转移是亚洲国家在产业发展中应用“雁行模式”理论的典型例证。随着欧美、日本等发达国家和亚洲四小龙等国家和地区的制造业产能逐渐饱和，它们将制造业转移到成本更低的发展中国家，其中中国成了最受

欢迎的目的地之一。中国大陆在第二次产业转移中积极承接国际产业转移，形成了以制造业为核心的产业体系，推动了东部地区经济的快速发展。在这个过程中，中国借鉴了“雁行模式”的思想，建立了产业集群，提升了产业的附加值和竞争力，逐步实现了产业结构的升级。因此，第二次产业转移与“雁行模式”理论密不可分，也成了该理论在实践中的重要体现。

（二）第二次产业转移与东部地区的发展

20 世纪 60 年代，欧美将纺织、钢铁等附加值较低的劳动密集型产业向亚洲四小龙和日本转移，从而集中力量发展半导体、通信、电子计算机等新兴技术密集型产业，进而开启第一次产业转移浪潮，由此，日本成了第三个“世界工厂”，“亚洲四小龙”也闻名世界。20 世纪 90 年代以来，欧美、日本等发达国家和亚洲四小龙等新兴工业化国家和地区将自身不再具有竞争优势的产业向以中国为代表的发展中国家转移，形成了第二次产业转移的局面。

中国大陆 1978 年开始实施改革开放政策，吸引外资，为产业转移提供了巨大的市场潜力和有利条件。同时，中国大陆土地和劳动力资源丰富且成本较低，使得企业有更多的选择空间来优化产业布局。随着外资企业的涌入，中国大陆的制造业得到了极大的发展，其中以东部地区最为明显。在产业转移的过程中，外资企业在中国大陆建设和发展，引进了先进的技术和管理经验，带来了高质量、低成本的生产能力，同时也吸纳了大量的就业，提高了居民的收入水平，成为全球“制造中心”。这一次的产业转移不再局限于在其他国家完全丧失比较优势的劳动密集型产业，而是扩展到包括汽车、电子等在内的已经实现了技术标准化的资本密集型和部分技术密集型产业。

产业转移在一定程度上也推动了中国大陆的工业化进程。从 20 世纪 90 年代开始，中国大陆逐渐转向以制造业为主的产业结构，这也是中国大陆经济发展的一大特点。特别是在东部地区，产业集聚效应逐渐形成，一些城市逐渐发展成重要的制造业基地，形成了比较完整的产业链条，从而为经济发展提供了强有力的支撑。中国大陆的制造业发展已经成为全球最为重要的制造业基地之一，而这离不开第二次产业转移的推动作用。

第二次产业转移带来了强大的产业集聚效应，推动了东部地区制造业的发展。在产业转移的过程中，东部地区不仅吸引了大量的外资，也孕育了大批的本土企业和产业链，形成了完整的制造业生态系统，吸引了更多的企业和资本流入。这种产业集聚效应，不仅促进了东部地区制造业的发展，还对其他行业的发展产生了积极的推动作用。特别是在20世纪90年代，东部地区已经成了中国的制造中心，是我国经济的重要增长极。

第二次产业转移推动了东部地区产业结构的升级，从而提高了整个经济的质量和效益。外资企业的引进和扩张，推动了东部地区传统制造业向高端制造业、现代服务业等高附加值产业的升级。这种产业结构升级，使东部地区的产业更加先进，更加适应国际市场的需求，也为我国经济的可持续发展奠定了更为坚实的基础。同时，随着产业结构的升级，东部地区的劳动力结构和技能结构也得到了提升，培育了一批高素质的劳动力和管理人才，为东部地区乃至整个国家的现代化发展提供了有力的支撑。

（三）第三次产业转移与中西部地区发展特点

改革开放以来，我国东部沿海地区通过积极承接国际产业转移，发展外向型加工贸易，逐步形成了以制造业为核心、较为完备的产业体系，推动了经济社会的快速发展，但是西部地区发展相对缓慢，我国经济增长和区域发展不平衡现象较为明显。党的十九大报告提出，要加快实施区域协调发展战略，贯彻新发展理念，建设现代化经济体系。在这样的背景下，自东向西的产业转移政策成了实现该目标的重要抓手。其中制造业无疑成了该政策实施的重点领域，这也就促成了第三次产业转移，但由于中西部地区转移意愿不强、发展思路不同，以及人口、自然资源等要素限制，第三次产业转移规模并不及前两次国际产业转移。

自东向西的产业转移政策是中国为了缩小区域发展差距、促进经济平衡发展而采取的措施。第三次产业转移的主要目的是在中西部地区推动产业结构的升级和优化，推动城乡协调发展，提高中西部地区的经济实力和竞争力。此次转移的政策措施包括税收优惠、土地和劳动力资源优势利用、建设产业园区等。然而，中西部地区在吸引外资、产业发展方面的基础设施建设、产业配套、技术水平等相对落后，转移难度较大。此外，部分地区发展思路存在差异，也限制了其产业转移的效果。

尽管第三次产业转移面临着一些挑战，但是在政策的推动下，一些城市已经取得了一些进展。例如，重庆、成都、武汉等城市加强了基础设施建设，大力引进外资、鼓励本土企业创新，逐步形成了具有一定规模的高新技术产业集群。此外，在政策的推动下，一些中西部地区也开始探索自身的特色产业，积极寻找发展新动能。

第三次产业转移主要呈现出以下两个特点。

一是传统产业向中西部转移规模不大。尽管产业梯度转移政策已经实施多年，但目前中国的产业结构升级和区域发展不平衡问题仍然突出，企业、人才和资金等“东南飞”现象仍然很普遍。事实上，东部地区相对于中西部省份、大部分东南亚和南亚国家，仍具有比较优势。以纺织服装产业为例，尽管部分劳动密集型的生产环节已经或正在向东南亚和南亚国家转移，但面料生产、印染等环节仍集中在我国东部地区。这是因为我国东部沿海地区制造业综合成本相对较低，并且在人才、技术和产业集群发展等方面拥有优势。产业向中西部的转移和外迁并没有大规模出现，主要是因为目前的产业复杂程度对工人技术水平、企业管理水平和产业集群发展等提出了较高的要求。此外，规避贸易壁垒和纺织品长距离运输成本较高等因素也使得劳动密集型的生产环节未大规模向中国中西部地区转移。目前东部地区不少地方纺织企业通过季节性地引入来自新疆等西部地区的工人来降低劳动成本，依然具有较强的国际竞争力。

二是部分中西部地区倾向于通过跨越式布局新兴产业来实现经济发展。在东部地区，企业搬迁成本较高，转移需要有关企业或承接地承担硬性的沉没成本和软性的产业集聚效应损失。以化工产业为例，企业搬迁就意味着生产装置的基本报废，原工厂所在地不可能承担高昂的环境治理成本。因此，一些化工企业并不愿意搬迁到中西部地区。另外，新兴产业增速快、带动性强，成为中西部地方政府的普遍选择。近年来，四川、重庆等地利用劳动力数量多、成本相对较低的优势，直接承接笔记本电脑、手机装配等电子加工业，从无到有形成产业集群。安徽合肥、湖北武汉等地加大资源配套力度，吸引面板显示、集成电路等投资密度大、技术含量高的产业落地。此外，贵州大数据、宁夏煤化工等也是各地力图实现跨越式发展的典型案例。这种跨越式发展方式对中西部地区来说，既可以快速实现产业升级，也存在一定的风险。但是，这种新兴产业的发展速度较快，有实现“弯道超车”的可能性。

（四）第三次产业转移的主要问题分析

结合以上理论研究与分析，我们对于第三次产业转移规模不及预期的原因分析如下：

第一，劳动力的流动“替代”了部分企业转移。自改革开放以来，我国对要素流动的限制越来越少，得益于东部沿海地区的吸纳，中西部地区的劳动力、人才和资本大量流动。这使得要素供给弹性非常大，外来劳动力实际工资增长缓慢，保持了长期的国际竞争力。然而，通过长期实践和经验积累，东部地区以劳动生产率为代表的劳动力质量明显高于中西部地区，使得东部地区仍然保持了劳动力的比较优势，向中西部地区的产业转移难以实现企业成本的明显下降。因此，劳动力的跨区流动代替了一部分产业区域转移。在实践中，为获取企业发展所需的、无法流动的土地资源，是东部地区企业向中西部转移的主要原因。实际上，转移到江西、湖北等地的企业普遍反映招工难，湖北振华宇科等企业称劳务中介招工人头费达 600 ~ 1000 元 / 人。贵州、陕西的很多劳动密集型企业表示其生产成本高于沿海地区。浙江台州商会反映东部产业园区用地紧张，一些厂房已经建到了 24 层。某企业反映其新建投资项目在广东深圳只能拿到 15 亩工业用地，而在湖北黄陂可以拿到 300 多亩，只有去中西部地区才能够满足企业未来发展需求。

第二，产业集聚发展的趋势“妨碍”了企业的分散流动。产业集聚是经济发展的客观规律，它主要具有两个特点：一是极化效应，即先发地区可以不断积累优势，而这些优势又反过来促进经济的进一步发展，提高增长速度和扩大影响范围；二是锁定效应，即一旦形成产业集群，集群内企业的优势将长期存在。然而，单个企业向中西部地区转移将可能失去原集群内的专业市场、产业链上下游的配套厂商和客户群体以及独特的产业文化和制度环境，这将大大降低企业的生产效率，使得企业长期生存和发展都存在困难。一些企业反映，虽然通过“集群”招商在中西部地区落地，也获得了政府提供的各种优惠，但由于当地未能形成产业集聚，优惠政策到期后仍不得不离开，只有情况比较好的企业才能够回到东部集聚区，而另一些企业则变成了“吃政策”的专业户。例如，贵州遵义经济开发区反映，其前几年从深圳招商来的手机制造、轻工、玩具等企业，由于原料和销售都在外地，需要补贴运费等才能够正常生产经营。近几年地方财政困难，补贴无法及时兑现，导致许多企业陷入困境。此外，一些落地企业反映，由于当地缺乏电镀、印染等环境影响较大的产业配套，企业生产成本居高不下。事实上，许多外迁企业回流的重要原因还有国外无法形成产业集聚，只能轻资产运营赚取快速收益。

第三，现行的产业聚集区管理体制“提高”了产业转移的制度性成本。自 1984 年我国设立第一个经济开发区以来，各种形式的产业聚集区成为我国实施增量改革、对外开放的重要领域和载体，为我国经济发展、引进外资、构建产业基础和培育产业工人发挥了重要作用。然而，随着经济的发展，这些产业聚集区从省到县不断涌现，其既保留行政级别又市场化运营的管理体制导致了一系列问题，包括资源分割、转移阻碍和干预市场等，这些问题增加了企业转移的制度成本。例如，一些开发区担心产业转移会影响税收，阻碍园区内企业外地设厂，排斥经营模式和管理模式的创新。此外，地方各级政府在博弈中层层分割工业用地指标，而园区之间缺乏用地指标流转机制，导致大型项目难以落地，小型项目不愿意入驻。近年来，建立“飞地”园区和签订利益分成协议等方法是在现行开发区管理体制下推动产业转移跨区合作的有益尝试。然而，由于“飞出”和“飞入”地隶属不同的行政机构，且缺乏完全的市场主体地位，难以形成长期的、稳固的利益纽带，合作往往只是短期的热情，无法实现园区和企业的长期发展。

第四，其他因素。企业在中西部地区发展普遍面临一些问题和困难，与东部沿海地区相比存在明显差距。首先是基础设施建设滞后，交通、能源、城市服务等方面存在短板。企业反映运输条件不如东部地区，加上本地市场小，转移到中西部存在劣势；限电、电压不稳等问题直接影响生产经营；教育、医疗等服务数量与质量差异大，高素质人才难以扎根，随迁员工流失严重，影响企业竞争力。其次是营商环境差异。企业认为中西部地区在市场经济观念、对外开放程度、政策灵活度、政府办事效率等方面与东部地区存在差异，影响企业经营效率。招商引资时的优惠条件可能兑现不了，甚至可能出现“关门打狗”等现象。此外，人缘地缘亲缘不足，东部地区企业家在家乡创业，管理层大多来自本地，来到中西部地区后商业文化等方面差异较大，难以发挥企业家才能。企业转移也存在一定的成本，包括沉没成本和转移过程中产生的转移成本等，转移动力不足。

二、第四次产业转移与全球价值链重构

（一）第四次产业转移

第四次产业转移是指由于劳动力和土地成本的上升以及外部环境的变化，导致传统第二、第三产业向低成本国家和地区转移，同时以数字化、智能化为代表的新兴技术产业在全球范围内重新布局的过程。在这一过程中，中国东南沿海的产业外移和转型升级趋势日益明显，东南亚等地区成为其首选目的地之一。

改革开放后20年中，中国东部沿海地区以劳动密集型产业为主，这些产业在产业链中处于低端生产环节。然而，2008年全球金融危机和后续一系列的国外反倾销措施的影响导致订单锐减，而经济的迅速发展也带来了地价、劳动力等要素成本的快速上涨。在产业生命周期规律的影响下，这些低端产

业需要升级转型，而东部沿海地区也需要为接收新兴产业的转移留出空间。另外，低端产业和企业已经不能承受高昂的生产成本，他们看准了东南亚市场潜在的机会，选择向海外迁移以开拓新市场、增加利润空间。

中国拥有全球最大、门类最全、配套最完备的制造业体系，同时也是唯一涵盖联合国产业分类中全部工业门类（包括 41 个工业大类、207 个工业中类、666 个工业小类）的国家。这个庞大而多样化的制造业体系在全球范围内具有举足轻重的地位，同时在多个高附加值行业和领域中形成了强大的产业集群。随着全球价值链体系的演变，劳动力成本逐渐降低其在产业转移中的重要性，而生产率、基础设施等因素的影响力逐渐上升，这使得中国的产业升级和产业集群形成在全球产业中具有独特的竞争优势。

中国在全球供应链中占据重要地位，涵盖工业原材料、消费制造、高端制造等多个领域。在工业基础原材料方面，中国多年来一直保持着世界钢铁和煤炭产量的领先地位，同时能源化工产业的产能占全球总量的 40%。在消费品制造领域，中国在纺织品和家具出口方面表现突出，分别占全球市场份额的 37.6% 和 30% 左右。高端制造方面，中国在轨道交通装备、机床设备、专用设备制造等领域拥有强大的全球竞争力，同时电子制造行业也持续增长，特别是在集成电路领域。

根据麦肯锡全球研究院的数据，中国的经济依存度指数自 2000 年以来逐渐上升，从 0.4 增至 2017 年的 1.2。这意味着全球越来越依赖中国的经济体系。同时，中国对世界经济的依存度从 2007 年的 0.9 下降到 2017 年的 0.6。这表明中国已成为全球供应链中不可或缺的一部分。

第四次产业转移浪潮将深刻影响国际资本流向，并加速产业的转移和承接国在贸易结构和份额上的变革。

中国外商投资规模的增速减缓是这一产业转移浪潮的外部表现之一。随着中国劳动力成本的上升，其成本优势逐渐减弱，低端制造业逐渐向成本更低廉的国家或地区转移。尽管中国仍在吸引外商直接投资，但对中低端制造业的吸引力已经低于东南亚等地。然而，中国作为中高端制造业基地仍然具备明显的优势，例如高效的基础设施、全产业链的完备性、充足的工程师人才资源以及庞大的本土市场需求，这些因素将继续吸引外国直接投资。

中国的贸易结构优化和升级是这一产业转移浪潮的另一外部表现。近年来，中国的全球出口份额略有下降，而进口份额有所增长，表明中国作为供应链中枢的规模略有减小，而作为消费国的地位有所提升。进一步分析出口产品结构显示以下特征：在纺织服装产业链中，劳动密集型环节向外转移，而上游纺织原材料和产品的出口份额上升。家居用品产业链中，化工制品类产业向外转移，特别是相对于金属制品类。电子产业链中，中国在下游电子终端产品的出口份额上升，但电子元器件的出口份额略有下降。电气机械产业链整体上升，特别是下游的终端制造环节。

这些变化反映了中国产业链的升级和优化，同时也表明中国在全球供应链中的地位仍在不断演变。总体而言，全球第四次产业转移浪潮以来，中国的产业链发生了深刻的演变，逐渐从低端加工向高端研发与制造产业转移。在保持了当前产业链的长度和高度完备性的基础上，中国的产业附加值和技术要素比重也逐步提升。这一变革使得中国的产业链不再局限于“微笑曲线”底部的生产制造环节，而是逐渐延伸至曲线两端的高附加值研发和品牌环节，同时提升了其在全球产业链中的地位。

（二）全球价值链重构

当我们审视全球经济的演进时，一种明显的趋势变得愈加清晰：全球价值链的重构和产业外移正逐步改变着全球产业格局。这一变革深刻影响着国际贸易、全球投资和国家竞争力，不仅塑造着各国的经济发展路径，还对全球供应链和消费者产生深远的影响。

全球价值链，是指一个产品或服务从设计、原材料采购、生产、分销，最终到消费者手中的全过程。在全球化背景下，各个环节不再受制于单一国家，而是被分散到全球各个国家或地区，以实现最大化效率和降低成本。全球价值链最初是一个比较简单的概念，产品或服务的制造和交付过程由一个国家或地区的企业完成，然后通过出口销售给其他国家的企业或最终消费者。然而，随着全球化的不断深化和技术的飞速发展，全球价值链变得更加复杂和分散。最近几年，这个全球经济的引擎正在经历一场深刻的变革，被称为全球价值链的重构。这一变革不仅涉及制造业，还包括服务业，如金融、信息技术和咨询等。新技术、新贸易政策和全球供应链的重新配置，都在推动全球价值链的重塑。

然而，近年来，全球价值链开始面临一系列重大挑战和变革。第一，贸易保护主义的兴起和贸易政策的变化导致了一些国家之间的贸易摩擦，这使得供应链的稳定性受到威胁。第二，新技术尤其是数字化和自动化，正在改变生产和制造的方式，可能导致某些传统产业的重构和重新定位。第三，环境可持续性和社会责任的压力越来越大，企业需要重新考虑它们的供应链，以减少环境影响，确保道德和社会标准的合规性。

在这一背景下，全球价值链的重构趋势日益凸显。一些企业和国家正在重新评估它们的供应链策略，寻找更加灵活和可持续的解决方案。同时，一些新兴市场国家，尤其是东南亚地区正在崛起，成为全球供应链的重要一环，吸引着跨国公司的投资和制造业务。这种全球价值链的重新配置和重构对全球经济格局和国际贸易体系产生深远影响，需要企业和政府密切关注和应对。在这个不断演变的全球经济环境中，灵活性和创新性将成为维持竞争力的关键因素。

在过去的几十年里，跨国公司逐渐将供应链的各个环节分散到不同国家或地区，以降低成本、提高效率和获取市场优势。这种趋势引发了全球价值链的细分和专业化，每个环节都由全球范围内最具竞争力的企业承担。例如，一个电子产品可能在一个国家的公司进行设计，在另一个国家的公司制造芯片，在另一个国家组装，最后在全球市场销售。这种分工和协作使得产品的制造成本降低，同时提高了产品的质量和创新性。

全球化、数字化和可持续性已经成为塑造全球价值链重构的三大主要力量，它们相互交织共同塑造了未来全球产业格局的关键特征。

全球化已经将市场、供应链和消费者联系在一起，为企业带来了前所未有的机会和挑战。跨国公司在全球范围内追求效率和市场份额，通过将生产环节分散到不同国家或地区来降低成本和获得竞争优势。然而，全球化也带来了复杂性，如贸易政策的不确定性、地缘政治紧张局势以及供应链的脆弱性。这些因素正在促使企业重新评估供应链战略，寻求更加稳定和可持续的解决方案。

数字化技术的迅猛发展正在改变全球价值链的运作方式。云计算、大数据分析、人工智能和物联网等技术正在提高供应链的可见性、透明度和智能化。这不仅提高了企业生产效率，还加强了其对全球供应链的监控和管理。数字化还支持了分散的生产模式，允许企业更灵活地响应市场需求，并更好地与供应商和合作伙伴协同工作。

全球可持续性问题日益引起关注，从气候变化到资源稀缺，企业和政府都面临着不断增加的环境和社会责任。这对供应链产生了直接的影响，迫使企业重新考虑其采购、生产和运输方式。可持续性要求企业减少碳排放、节约资源、提高生产过程的透明度，并确保全球供应链的社会和环境可持续性。这一趋势还推动了对可再生能源、绿色材料和环保生产实践的需求，对全球供应链的重构产生深远影响。

总之，全球化、数字化和可持续性的趋势正在塑造未来全球价值链的面貌。企业需要适应这些变化，制定更加灵活和可持续的供应链战略，以维持竞争力并满足不断增长的环境和社会责任要求。这也为全球经济和国际贸易带来了机会和挑战，需要各方积极应对和合作，以实现可持续的全球价值链重构。

（三）全球价值链重构的机遇与挑战

全球价值链的重构正是数字化和智能化革命的产物，它正在深刻地改变全球经济的面貌。数字化和智能化技术为企业带来了前所未有的机遇，但同时也伴随着一系列挑战。本部分将探讨这些机遇和挑战，以帮助企业更好地应对全球价值链的重构。

机遇方面：

一是提高生产效率。数字化和智能化技术可以显著提高生产效率。自动化流程、物联网传感器和大数据分析使企业能够实时监测生产线，识别问题并迅速采取措施。这不仅降低了生产成本，还提高了产品质量并加快了交货速度。

二是个性化生产。数字化技术允许企业实现规模化生产的同时提供个性化产品。3D 打印技术和智能制造系统使定制化生产成为可能，满足了消费者对多样性的需求。

三是全球协作。数字化和智能化促进了全球协作。云计算和在线协作工具使供应链的各个环节能够更紧密地协同工作，加快了产品开发和上市的速度。

四是市场洞察。大数据分析和人工智能技术使企业能够更好地理解市场趋势和消费者需求。这有助于企业更准确地预测需求并制定相应的市场战略。

挑战方面：

一是数字化风险。数字化和智能化带来了数字化风险，如网络安全威胁和数据隐私问题。企业需要投入更多资源来确保其数字资产和客户数据的安全。

二是技术升级。投资和维护数字化、智能化系统需要大量资金和技术能力。许多企业可能需要升级它们的基础设施和培训员工，以适应这些新技术。

三是人力资源挑战。自动化和智能化可能导致一部分工作岗位的消失。企业需要考虑如何重新培训和重新配置它们的员工，以满足新的工作需求。

四是法规和伦理。随着技术的发展，法规和伦理问题也变得更加复杂。企业需要遵守各种数据保护和隐私法规，同时也需要处理人工智能和自动化在伦理方面的问题。

数字化和智能化技术为全球价值链的重构带来了巨大的机遇，但同时也伴随着一系列挑战。企业需要积极采用这些技术，但也要谨慎应对相关风险和问题。只有在充分了解并灵活应对这些因素的情况下，企业才能在全球价值链的重构中蓬勃发展。

（四）我国的应对策略

全球价值链的重构正在推动世界范围内的产业变革和贸易格局的重塑。中国作为全球制造业大国，必须积极应对这一挑战，以保持其在全球价值链中的竞争优势。在这一背景下，加强区域协同治理并推动全国一体化发展已经成为中国的关键战略之一。

一是做好区域协同治理。中国的不同地区拥有各自独特的产业基础和资源禀赋。为了更好地应对全球价值链的重构，各地区应积极进行产业升级，并根据各自的优势形成特色产业集群。例如，沿海地区可以继续发展高端制造业，而中西部地区可以发展新兴产业，如清洁能源和数字经济。此外，区域基础设施的建设是区域协同治理的重要一环。中国应加大交通、能源、信息技术等基础设施的投资，以实现各地区的互联互通。高速铁路、物流枢纽和数字化基础设施的发展将有助于降低物流成本和提高生产效率。

二是推动全国一体化发展。全国一体化发展要求更加优化的资源配置。政府可以制定政策，鼓励人才、技术和资本的跨地区流动，以便更好地满足各地区的需求。这将有助于加强不同地区之间的合作与竞争，推动全国整体竞争力的提升。人才是全国一体化发展的核心。中国可以建立更加开放的教育和培训体系，培养具有跨领域和跨地区背景的复合型人才。这将有助于满足不同地区不同产业的需求，提高全国的创新能力。

三是以数字化和智能化作为一体化发展的重要支撑。中国应大力推动数字化转型，利用大数据、人工智能和物联网等技术提高生产效率和产品质量。数字化将成为实现区域协同治理和全国一体化发展的重要工具，也可成为区域合作的重要抓手。智能制造将成为中国产业升级的关键。中国可以鼓励企业投资研发智能制造技术，以提高生产过程的自动化和智能化水平。这将有助于满足全球价值链中对高质量、高效率生产的需求。

在全球价值链重构的挑战下，中国应以加强区域协同治理和推动全国一体化发展为战略支撑。通过区域产业升级、基础设施建设、人才培养和数字化转型，中国可以更好地适应全球价值链的变化，提高竞争力，实现可持续发展。这将有助于中国在全球经济格局中发挥更加重要的作用。

第三章
对口协作对区域发展的重要作用

一、对口协作区域协调发展的意义

区域协调发展是我国新时代发展重要的战略之一，是现代化经济体系的重要组成部分。党的二十大报告提出，要大力促进区域协调发展，构建优势互补、高质量发展的区域经济布局和国土空间体系。通过跨区域合作促进区域协调，塑造要素有序自由流动、主体功能约束有效、基本公共服务均等、资源环境可承载的新格局，有助于增强发展的整体性、协调性。然而，受到经济发展新常态的影响，区域发展也面临着诸多挑战，比如区域间发展的差距较大、区域协调发展的机制不完善等。在此基础上，中共中央、国务院发布的《关于建立更加有效的区域协调发展新机制的意见》指出，在建立区域战略统筹机制中，需着重统筹发达地区和欠发达地区发展，以承接产业转移、构建跨区合作园区等方式，加强发达地区与欠发达地区产业深度合作。

产业转移与区域发展自有市场规律，在完全市场的情况下，无须宏观调控引导，产业自会选择其效率最高的配置方式。然而，市场发展与现实需求的错配是一个常见的问题，这种错配可能会导致市场资源的浪费、市场效率低下，甚至引发一系列的社会问题。市场上的供求双方往往存在着信息不对称的情况，这会导致供给方无法准确地了解需求方的真实需求，从而造成供给与需求的错配。资源持续向发达地区集中，导致大城市病等系列问题，对口协作作为宏观调控的手段之一，可有效引导产业集聚及转移，避免忽视社会需求和社会责任。以深圳市为代表的先富地区将逐步带动欠发达地区。

专栏1　深圳市“飞地”园区委托加工的工作指引

一、委托加工条件

本工作指引所指的“委托加工”是指由我市规模以上工业企业（即委托方）提供主要原材料，委托其他工业企业（即受托方）按照要求加工生产产品并收取加工费的经营活动。需同时满足以下条件：

委托方和受托方签订委托加工合同（非购销合同）。

委托方购买主要原材料（价值占比50%及以上），但不与受托方结算；受托方只收取加工费，成品返还委托方销售。

委托方和受托方按规定设置委托加工业务核算账簿，并建立进出仓制度。

受托方开具加工费发票，委托方以加工费发票作为原始凭证进行账务处理。

二、委托加工模式

按照生产方式不同，常见的委托加工模式主要有OEM、EMS和ODM三种。

模式一：OEM（Original Entrusted Manufacture），即“代工生产”或“定牌生产”，委托方不直接进行生产，将全部或部分生产环节交由受托方完成的生产方式。比如荣耀委托比亚迪、深科技为其提供手机代工生产；比亚迪委托安泰科技、弗迪科技等为其提供共模组件、车身控制器等代工生产。

模式二：EMS（Electronic Manufacturing Service），即“专业制造服务生产”，受托方除提供传统的OEM代工生产外，还提供存货管理、货物运输、产品维修等服务。比如苹果委托富士康为其提供手机整机制造、物流、维修等一系列生产服务；联想、英特尔等委托环旭电子进行电子产品EMS生产服务。

模式三：ODM（Original Design Manufacturer），即“研发设计定制生产”，委托方不仅将全部或部分生产环节交由受托方，还将全部或部分研发、设计环节交由受托方完成的生产方式。比如丰田委托立讯精密进行汽车整车ODM业务；苹果委托闻泰科技进行摄像头模组ODM生产服务；INDIEV公司（美国加州电动车公司）委托富士康进行整车ODM生产。

三、工作路径

（一）有产能外溢需求，并已委托其他公司生产。

1. 如受托方为委托方在深子公司，引导委托方、受托方各提供50%原材料，实现委托方、受托方合计产值最大化。

2. 如受托方为委托方在外地子公司，在与外地子公司进行结算时，引导企业尽可能将利润留在总部企业，提高在深总部的营业盈余，提高企业增加值率。

3. 如受托方为其他公司，引导委托方与受托方签订委托加工协议，将产值纳入深圳。

（二）有产能外溢需求，但未委托其他公司生产。

1. 企业要在外地新设子公司，引导企业在飞地园区新设子公司，并签订委托加工协议，将产值纳入深圳。

2. 企业不新设子公司，委托其他企业生产，引导企业签订委托加工协议，将产值纳入深圳。

四、“飞地”园区委托加工

规划建设“飞地”园区，科学有序引导工业企业产能外溢客观需求，通过委托加工方式实现产值回归。

（一）设立专门园区或者划定承载区。

与合作地政府加强沟通协调，设立专门的委托加工园区或者在“飞地”园区内划定专门区域，入园或者区内企业全部采取签订产业监管协议的方式，明确使用委托加工模式，统一、规范实施委托加工业务，按照国家统计有关标准，保障产值等数据应统尽统。

（二）配套高标准厂房。

组织我市国企与我市委托方对接、摸查需求，打造定制化、高标准、低成本、可租可售的连片先进制造业空间，并按照“低成本开发、高质量建设、成本价＋微利提供”供给模式，推动高标准厂房供给与优质成长型企业需求的精准匹配。

（三）加强产业引导。

组织招商对接活动，宣传“飞地”园区政策支持与服务覆盖。鼓励企业以产业链供应链核心环节留在深圳为原则，按照“企业总部、研发设计、核心工厂+生产基地”的形式在“飞地”园区设立分公司、子公司。

（四）优化营商环境。

充分调研我市工业企业外地生产基地比较集中地区的惠企政策、普工成本、综合营商环境，在“飞地”园区的选址和建设中充分借鉴。

（五）推动落实专项政策。

原则上在“飞地”园区可以享受技术改造、科技创新券、职业技能培训以及“鹏城优才卡”等我市部分政策，“飞地”园区内实施的项目在符合有关规定和条件的前提下，可由注册地在我市的集团或总部企业申请，并对涉及财政资金的政策进行约束，要求在深实现的工业总产值、增加值以及财力贡献不低于上一年。“飞地”园区专有政策清单如下：

1. 园区落户奖励。两地政府共同协商研究，对于在“飞地”园区落户的项目，视投资额和承诺贡献等情况给予落户奖励。重大项目实行“一事一议”，由两地政府共同协商研究。

2. 企业技术改造政策。对于我市工业企业在“飞地”园区进行企业技术改造的，适当放宽项目所在地为深圳市的限制。

3. 开通企业认定绿色通道。“飞地”园区内的企业可申请我市市级“专精特新”“高新技术企业”等企业认定。

4. 允许委托方转让科技创新券。允许我市工业企业将其申领的创新券转让给其受托方使用，转让额度不得超过我市工业企业申领总额度的30%，使用范围需符合《深圳市科技创新券管理办法》相关规定。

5. 将受托方纳入职业技能培训补贴范围。由委托方为受托方进行员工技能提升免费培训的，可纳入职业技能培训补贴范围。

6. 按规定申请“鹏城优才卡”。委托方在“飞地”园区设立子公司、分公司的，对符合条件的人才，可按照《深圳市“鹏城优才卡”服务办法》规定，申领相应层次的“鹏城优才卡”，并享受相关政策待遇。

（六）推进专属服务。

将委托方在“飞地”园区设立的子公司、分公司一并纳入我市现有企业服务体系，在“深 i 企”平台开设专区，统一受理并协调解决企业诉求。支持深圳国际仲裁院为“飞地”园区委托加工提供仲裁服务，由深圳国际仲裁院作为仲裁机构，快速及时解决。

二、对口协作区域协调发展的典型案例

深圳市对口协作地区产业园共20个，涉及省内城市2个（汕尾、河源）、省外城市8个（喀什、哈尔滨、百色、河池、赣州、吉安、广安、保定）。结合深圳发展壮大战略性新兴产业集群和培育发展未来产业集群的发展需求，统筹考虑对口协作地区产业特点、园区空间、原材料供应、市场覆盖、要素成本等因素，明确对口协作地区重点发展产业、合作模式及发展思路。其中，哈尔滨以联合创新和市场对接模式为主，赣州、百色、河池以资源互补模式为主，喀什以对口帮扶和市场对接模式为主，河源以资源互补和产业外溢模式为主，汕尾、广安、保定和吉安以产业外溢模式为主。

（一）深圳企业在对口协作地区投资设立企业情况

1. 从全国商事登记数据库数据来看

依据深圳市“四上”企业①及2017—2022年来新设注册规模1000万元以上且缴纳社保的企业信息，确定83628家目标企业。研究结果显示，目标企业中共1802家深圳企业在对口协作地区有产业项目投资，投资设立企业2534家，注册资本2629.94亿元，出资额1369.36亿元（见表3-1）。

表3-1　深圳企业在对口协作地区产业投资分布

区域	所投企业（家）	深企出资（亿元）	驻深央企		市属国企		民营企业		外资企业	
			所投企业（家）	深企出资（亿元）	所投企业（家）	深企出资（亿元）	所投企业（家）	深企出资（亿元）	所投企业（家）	深企出资（亿元）
南宁	620	359.9	32	57.38	11	61.94	516	205.7	61	34.88
赣州	489	251.51	3	0.84	4	19.67	453	223.61	29	7.39
河源	478	174.05	—	—	2	19	443	145.87	33	9.18
哈尔滨	264	108.42	15	7.22	10	3.38	218	88.75	21	9.07
汕尾	237	123.43	—	—	1	0.13	207	62.41	29	60.89
桂林	134	77.55	1	0.51	1	0.02	115	72.66	17	4.36
汕头	76	20.94	2	0.31	5	3.14	67	17.47	2	0.02
喀什	62	20.83	—	—	4	7.13	54	13.23	4	0.47

① “四上”企业包括规模以上工业企业、资质等级建筑业企业、限额以上批零住餐企业、国家重点服务业企业。

续表

区域	所投企业（家）	深企出资（亿元）	驻深央企		市属国企		民营企业		外资企业	
			所投企业（家）	深企出资（亿元）	所投企业（家）	深企出资（亿元）	所投企业（家）	深企出资（亿元）	所投企业（家）	深企出资（亿元）
毕节	55	176.9	5	135.47	2	0.44	47	40.99	1	0.0015
百色	46	15.75	5	1.44	—	—	37	13.97	4	0.34
广安	31	29.11	—	—	2	15.51	24	10.28	5	3.32
河池	25	6	—	—	—	—	23	5.73	2	0.27
昭通	12	3.76	—	—	—	—	11	3.03	1	0.73
巫山	5	1.21	2	1.04	—	—	3	0.17	—	—
察隅	—	—	—	—	—	—	—	—	—	—
总计	2534	1369.36	65	204.21	42	130.36	2218	903.87	209	130.92

2. 从对口协作地区反馈深圳企业在当地投资情况看

从反馈情况看，深圳企业在 15 个对口协作地区投资超 100 万元产业项目共 691 个，深圳企业投资额 4325.66 亿元，占总投资额的 67.97%（见表 3–2）。

表 3–2　深圳企业在对口协作地区投资的项目所在地分布

项目投资地	项目数量（个）	项目类型			总投资（亿元）	深企投资额（亿元）	就业人数（万人）	营业收入（亿元）
		产业项目类（个）	风险投资类（个）	园区运营类（个）				
赣州	213	206	3	4	1387.28	948.81	42.02	389.81
河源	131	121	2	8	691.7	497.81	12.87	1267.05
哈尔滨	118	107	5	6	2080.82	1459.38	—	—
南宁	48	36	11	1	437.86	233.01	2.4	135.62
汕尾	51	45	1	5	1106.42	636.03	6.52	202.97
百色	26	25	1	0	189.93	160.19	0.47	558.6
河池	23	23	0	0	80.94	50.13	0.36	8.31
广安	26	21	0	5	119.14	101.2	0.64	12.75
汕头	20	17	0	3	92.91	86.68	—	142.59

续表

项目投资地	项目数量（个）	项目类型			总投资（亿元）	深企投资额（亿元）	就业人数（万人）	营业收入（亿元）
		产业项目类（个）	风险投资类（个）	园区运营类（个）				
喀什	21	18	1	2	133.04	121.32	1.73	5.05
桂林	10	8	1	1	43.2	30.94	0.07	7.44
毕节	3	2	1	0	0.83	0.16	0.02	0.23
巫山	1	1	0	0	0.4	0	—	0.15
察隅	—	—	—	—	—	—	—	—
昭通	—	—	—	—	—	—	—	—
总计	691	630	26	35	6364.47	4325.66	67.1	2730.57

3. 深圳企业整体迁移情况

整体迁至对口协作地区企业共 530 家，无驻深央企、市属国企迁出，外资企业迁出 1 家，为从坪山区迁至广安的三洋电梯（中国）有限公司，其他 529 家为民企。深圳企业迁至对口协作地区的去向分布见图 3–1。

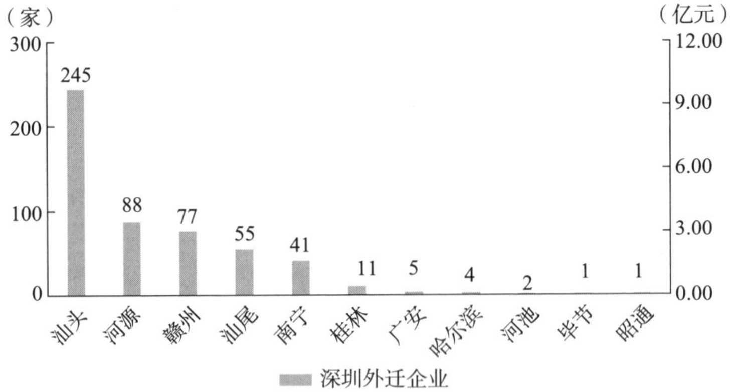

图 3–1　深圳企业迁至对口协作地区的去向分布

其中，外迁企业中批发和零售业 343 家（超六成）；其次为建筑业（70 家）；再次为租赁和商务服务业（42 家）；最后是制造业迁出 16 家等。

（二）对口协作地区企业在深圳投资设立企业情况

1. 从全国商事登记数据库数据来看

对口协作地区企业以股东身份在深圳投资设立法人企业 1428 家，注册资本 1741.25 亿元，出资额 357.72 亿元。因相关数据无法查询，仅分析其投资地区分布和行业分布信息，对口协作地区企业来深投资的地区分布见图 3–2。

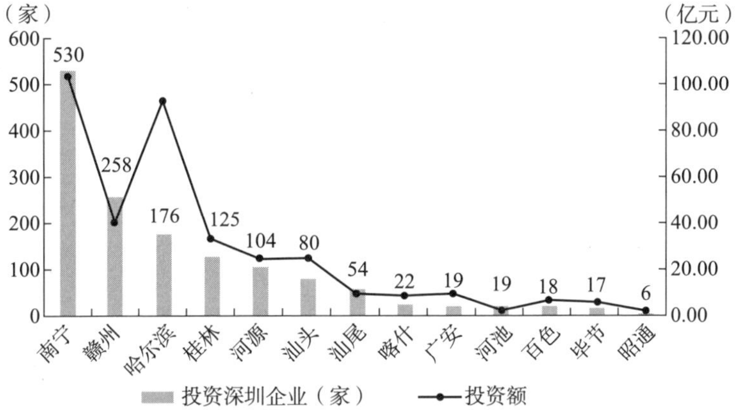

图 3–2　对口协作地区企业来深投资的地区分布

2. 对口协作地区企业整体迁入深圳情况

对口协作地区迁入深圳的企业共 440 家，迁入外资企业 9 家，其他 431 家为民企，迁入地见图 3–3。

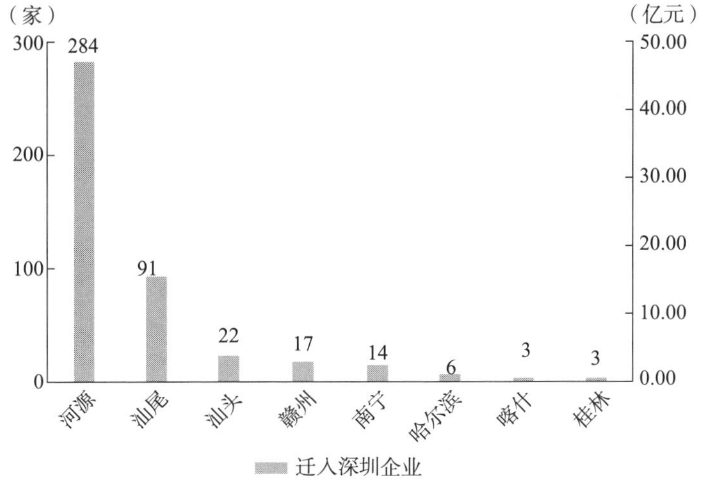

图 3–3　对口协作地区迁入深圳的企业来源地分布

其中，迁入行业中建筑业335家（超七成）；其次为批发和零售业（62家）；最后为信息技术服务业（10家）等。

三、对口协作地区资源禀赋及惠企政策对比分析

（一）对口协作地区的资源优势分析

主要从区位优势、科研优势、人力资源优势、自然资源优势、农文旅优势等方面进行部分地市优势比对（见表3–3）。

表3–3　部分对口协作地区比较优势情况

区域	区位优势	科研优势	人力资源优势	自然资源优势	农文旅优势
哈尔滨	东北亚交通枢纽，全国十大国际航空枢纽之一，日、韩、蒙、俄远东地区均处在哈尔滨“2小时航空交通圈”内	①科研载体多：拥有哈尔滨工业大学、哈尔滨工程大学等本科院校48所，重点实验室228个，院士工作站16个，国家级工程技术研究中心4个，国家级企业技术中心11个 ②科研人数多：拥有两院院士38名，科研人员4.6万名	在校生人数多，拥有高校69所，招生23.76万人，在校学生72.31万人。其中：研究生7.84万人、本专科生64.47万人；教职工5.36万人，专任教师3.46万人。每10万人拥有大学文化程度的人才数为2.05万人	①矿产：已探明可供工业利用的矿产25种，熔炼水晶、砷、石棉、硅石等储量居全省第一 ②水资源：有松花江、呼兰河、阿什河等，人均占有水量1140立方米 ③土地面积：哈尔滨总面积5.31万平方公里	①粮食产量：位于世界三大黑土带之一松嫩平原，2021年粮食播种面积达3000万亩，粮食产量在255亿斤以上，主要为玉米、水稻、大豆 ②文化多样：国际著名旅游城市和冰雪文化名城，素有“东方小巴黎”“东方莫斯科”的美名，1998年被评选为首批中国优秀旅游城市
南宁	东盟之窗，与东盟国家合作交流广泛，越南、柬埔寨、泰国、老挝、缅甸、马来西亚等6个东盟国家在南宁设立总领事馆，东盟10国和日韩在南宁设立商务联络部	科研载体多，有广西大学等37所大中专院校，其中研究生培养单位7个，成人高等院校5所，25家院士工作站，6家博士后科研工作站	人力总量高，2021年南宁市人才资源总量达301.97万人，年均新增高中（中专）以上青年人才9.4万人。每10万人拥有大学文化程度的人才数为1.88万人	①水资源：较为丰富，多年平均降水量在1241～1753毫米。郁江（南宁水文站）平均天然径流量397亿立方米，其中入境水量382.5亿立方米 ②土地面积：南宁市总面积2.21万平方公里	①粮食产量：南宁农业经济总量多年领跑广西，茉莉花、香蕉、木薯、甜玉米等特色产品产量均居全国第一。南宁市蔬菜、水果、畜牧业产值均已超过百亿元 ②民族多元：南宁是一个以壮族为主体、多民族聚居的城市

续表

区域	区位优势	科研优势	人力资源优势	自然资源优势	农文旅优势
赣州	赣粤闽湘四省通衢区域性中心城市，深度融入大湾区“2小时经济圈”。赣州国际陆港是全国第八个内陆开放口岸，全国内陆第一个国检监管试验区，入选国家“一带一路”多式联运示范工程	高层次人数多，享有国家政府特殊津贴人员73人，省政府特殊津贴54人。国家级百千万人才工程入选1人，省级百千万人才工程入选64人。赣州市专业技术人才中获得高级职称的人才为2.18万人，技能人才中高级工以上的高技能人才10.13万人	人力总量高，农村劳动力383.14万人，其中赣州市农村劳动力转移就业总人数201.3万人	①矿产丰富：是我国重要的有色、稀土和萤石矿产资源产业基地。已发现钨、稀土、萤石和铀等110种矿（含亚矿种），其中查明资源储量83种，已开发利用63种 ②土地面积：赣州市总面积3.94万平方公里，占江西省总面积的23.6% ③生态优势：森林覆盖率达76.23%，是全国18个重点林区和十大森林覆盖率最高城市之一	①粮食产量：赣州拥有农业产业化市级龙头企业201家、省级113家、国家级5家，规模以上的农业龙头企业678家，规模以上农产品加工企业412家 ②革命老区：在土地革命战争时期，赣州是中央苏区的主体和核心区域，被称为“红色故都”
汕头	临近西太平洋国际黄金航道，岸线资源丰富，天然良港众多，是中国海上丝绸之路的重要始发港，全国27个主要港口之一，国家“一带一路”重点建设的15个港口之一	科研载体多，有本科层次高校2所、专科层次高校3所。国家级孵化器1家，国家备案众创空间1家，国家级企业技术中心1家，市级新型研发机构5家、工程技术研究中心32家	—	海上风力资源多，澳岛是广东省第一大岛，有“风县”之称，为全国三大风力发电场之一	著名侨乡，素有“百载商埠”的美誉，有500多万海外华侨、华人和港澳台同胞，形成一个具有世界影响力的潮商群体。汕头已与180多个国家和地区建立经贸往来关系
河池	—	—	人力总量高，总人口433万人。河池市共有专业技术人才7.72万人，农村劳动力资源总数达217万人，外出务工总人数达132万人	中国有色金属之乡，富有以稀有、稀散、稀贵和稀土元素为主体的战略性关键金属矿产资源，铟储量位列世界第一，锡储量占全国1/3	①桑蚕丝绸产业：2021年河池市桑园面积达到94.42万亩，鲜蚕产量16.32万吨，连续17年稳居全国设区市首位；河池市共有规模以上蚕丝绸加工企业25家 ②河池巴马是世界闻名的长寿之乡，中国首个地级世界长寿市

续表

区域	区位优势	科研优势	人力资源优势	自然资源优势	农文旅优势
百色	—	—	—	①我国十大有色金属矿区之一，蕴藏铝、锑、铜、水晶等57种矿藏。其中铝矿探明储量达7.5亿吨，占全国1/4 ②森林覆盖率达73.03%，生态服务功能总值2000亿元，现有国有林场18个 ③年均日照大于1600小时，太阳总辐射年辐照量十分丰富	果蔬产量高，是全国重要的“南菜北运”基地，2021年粮食总产量113.49万吨，蔬菜产量（含食用菌）327.76万吨，园林水果产量210.45万吨

注：“—”代表不具备相对优势。

（二）对口协作地区各项政策优势分析

各惠企政策有相似面，也有差异面，具体为：从综合类政策分析看，省城及实力较强城市综合类政策优惠力度大，中小城市因财力原因优惠力度较小，但有些城市为更好激励头部企业上市、上规模，支持力度甚至大于省城。比如毕节市对新上市企业给予高达1000万元奖励，高于哈尔滨和南宁（500万元）。从产业类政策分析看，各地产业政策种类繁多，但皆具地方特色。以哈尔滨和毕节北南城市对比为例，前者的产业政策尽显北国冰雪文化名城和东北经济“领头羊”的地位，其政策有《哈尔滨市战略新兴产业投资基金管理暂行办法》等；后者则凸显西南一隅小城的朴素和资源特色，其政策有《毕节市人民政府关于推动深圳市烤烟产业高质量发展的实施意见》等。从其他类政策分析看，针对生产要素成本方面给予优惠措施，比如出台人才集聚用地住房和用电补贴等方面的政策。一般而言，大城市的要素类政策优惠力度更大。

四、对口协作地区的生产要素比较优势对比

按照用地、用水、用电、用气、用工、厂租和运输费用等生产要素来划分，分析对比情况见表3–4。

表 3–4　对口协作地区优势生产要素比对（部分数据为预估数）

区域	用地价格（万元 / 亩）	用水价格（元 / 吨）	用电价格［元 /（千瓦·时）］	用气价格（元 / 立方米）	人力成本（元 / 月）		厂房租金［元 /（平方米·月）］	运输费用（元 / 吨）			
					普工	技术工人		空运	公路	铁路	海运
南宁	33.6	2.99	0.28 ~ 0.31	3.32 ~ 4.16	3000 ~ 6000	3000 ~ 8000	11 ~ 25	2700 ~ 8000	140 ~ 400	150 ~ 260	200 ~ 500
赣州	3.37 ~ 5.91	3.24	0.57 ~ 0.61	3.02	平均工资：6774		12 ~ 15	2500	120	220	140
河源	—	3.35	0.47 ~ 0.78	5	3000 ~ 4000	4000 ~ 8000	8 ~ 15	—	200	130	—
哈尔滨	46	4.3	0.55 ~ 0.58	3.69	平均工资：7465		8 ~ 12	5600	2800	700	80 ~ 120
汕尾	16.8	3.2	0.47 ~ 0.52	6.2	3000 ~ 7000	—	6 ~ 15	—	150 ~ 170	220	130
桂林	4.1	3.6	0.53 ~ 0.92	6.57	4500	—	8 ~ 12	3500	120 ~ 500	200	—
汕头	34.67	2.64	0.47 ~ 0.52	5.08	5115	6496	10 ~ 30	—	240	—	120
喀什	10	3.5	0.35	1.77	平均工资：3500		4 ~ 6	10000	1300	140	—
毕节	17 ~ 19	3.7	0.68	4	平均工资：6292		9 ~ 11	—	100 ~ 300	120	—
百色	22	3.96	0.87 ~ 0.9	1.5 ~ 3.83	3000 ~ 6000	—	5 ~ 10	—	285	189	230
广安	6	3.45	0.5 ~ 0.65	1.98 ~ 2.5	3000 ~ 5000	4500 ~ 7500	8 ~ 12	2700 ~ 4500	700 ~ 900	200 ~ 250	200 ~ 500
河池	4 ~ 10	3.65	0.66	5.06	3000 ~ 5000	4500 ~ 7500	11 ~ 15	—	100 ~ 225	200 ~ 250	—
昭通	—	4.4	0.39 ~ 0.41	4.93	1500 ~ 2500	2500 ~ 3000	3 ~ 12	—	300 ~ 450	—	—
巫山	20 ~ 30	5.4	0.6 ~ 0.65	2.79	3500 ~ 4500	—	5 ~ 7.5	4400 ~ 4500	1200	200 ~ 250	—
察隅	1.49 ~ 3.39	1.4	0.68 ~ 0.71	—	平均工资：6500		—	—	1000	—	—

五、对口协作地区的产业协作分析

（一）对口协作地区的产业园和产业基础分析

1. 对口协作地区部分产业园建设情况

下面从产业协作和园区（含市场化园区）重点培育产业出发，结合深圳发展壮大战略性新兴产业集群（20类）和培育发展未来产业（8类）及发展方向等需求，研究各园区宜承接产业及方向（见表3–5）。

表3–5　对口协作地区部分重点园区建设情况对比

区域名称	重点产业园区	重点发展产业	宜承接深圳“20+8”产业及方向
哈尔滨市	深圳（哈尔滨）产业园	人工智能、机器人、信息软件、智慧农业等	智能机器人、智能终端、智能传感器、软件与信息服务
赣州市	深赣港产城	国际物流、智慧仓储、新能源、新材料、航空航天、新一代电子信息	新能源、新材料、半导体与集成电路、航空技术
毕节市	深圳华润（毕节）循环经济产业园	建筑材料、环保产业、食品医药、电子信息等	新材料、安全节能环保、生物医药、大健康、半导体与集成电路、智能终端等
广安市	广安（深圳）产业园	高端装备制造、智能电子信息、新材料等	工业母机、智能机器人、智能终端、智能传感器、新材料等
喀什市	喀什深圳产业园	纺织服装、电子信息和现代物流等	智能机器人、安全节能环保、精密仪器设备、现代时尚等

2. 对口协作地区的优势产业分析

对口协作地区均依托各自资源禀赋，形成了各具特色的支柱和优势产业，为承接深圳战略性新兴产业和未来产业细分行业奠定了产业基础（见表3–6）。

表3–6　部分对口协作地区的支柱产业分析

区域名称	支柱产业	产业概况	宜承接深圳“20+8”重点产业
哈尔滨市	绿色农产品深加工产业	位于最佳奶牛养殖带，农业资源富集。2021年粮食总产量253.9亿斤；绿色农产品深加工产业实现产值1122.5亿元	大健康、生物医药、工业母机、智能机器人、细胞与基因（生物育种）等

续表

区域名称	支柱产业	产业概况	宜承接深圳“20+8”重点产业
哈尔滨市	先进装备制造产业	拥有雄厚的工业基础，产业配套设施齐全，已形成较完备的装备制造产业体系；2021 年先进装备制造业产值 912.6 亿元	大健康、生物医药、工业母机、智能机器人、细胞与基因（生物育种）等
	现代生物医药产业	拥有化学药、生物制品、中药、生物技术制药、特医食品等多个成熟的产业集群	
南宁市	电子信息产业	电子信息产业自 2018 年起连续 4 年成为南宁市工业产值最大的产业，2021 年占比 26.55%，全年平均用工人数占深圳市制造业用工数的 21.3%	计算机与网络通信、智能终端、智能机器人、生物医药、大健康等
	水果产业	中国热带水果、粮食和经济作物生产基地之一；沃柑面积 92.7 万亩，占全国种植总面积的 1/3；火龙果面积 18.8 万亩，产量 39.8 万吨，是全国第一大火龙果产区	
	生物医药	已形成以中药民族药和医疗器械为主，化学药、生物技术药为补充的产业格局，现已有规模以上生物医药企业 50 多家	
赣州市	稀土钨矿产业	素有“稀土王国”“世界钨都”美誉，中重稀土和黑钨储量世界第一。深圳市稀金产业集群产值已突破千亿元	新能源、智能终端、超高清视频显示、半导体与集成电路等
	电子信息产业	积极承接粤港澳大湾区产业升级转移，赣州市电子信息产业发展迅猛，成为工业增长的“领头羊”。2022 年 1—5 月，赣州市电子信息产业实现营收 643.28 亿元，利润总额 29.52 亿元	

（二）对口协作地区的产业协作能力分析

从深圳“20+8”重点产业集群的行业特点来看，产业主要集中于国民经济行业中的制造、科技服务以及信息技术服务等行业，极依赖科研院所、实验室平台、孵化中心等科研载体和高层次人才。鉴此，筛选出哈尔滨、南宁、赣州、百色、汕头和毕节等宜承接深圳“20+8”产业转移地区，宜承接网络与通信、智能终端、数字创意、新能源、新材料、生物医药和海洋产业等 18 项战略新兴产业集群以及合成生物、空天技术和深地深海 3 项未来产业，具体见表 3-7。

表 3-7 哈尔滨等 6 个地市对接深圳“20+8”产业综合优势情况

地区	综合优势	宜承接“20+8”产业集群	宜承接“20+8”细分行业
哈尔滨市	①资源：科研、土地、区位 ②政策：重点产业和企业政策齐全 ③生产要素：工业用电、厂租、海运 ④典型产业园：深哈产业园、科技创新城 ⑤产业基础：食品制造、装备制造、石化工业、医药、航空航天、新材料	①智能终端 ②智能传感器 ③智能机器人 ④精密仪器设备 ⑤新材料 ⑥生物医药 ⑦海洋产业 ⑧空天技术 ⑨合成生物	①可穿戴设备、智能车机、核心器件；②智能传感器装备材料、传感器材料；③工业机器人、无人机（船）、控制器；④探测器、高端示波器、频谱分析仪；⑤生物医用材料、高分子材料；⑥化学创新药、现代中药；⑦海洋工程和装备业、海洋生物医药业；⑧空天装备制造、航空航天材料及部件；⑨生物创制、人工噬菌体、人工肿瘤治疗
南宁市	①资源：人力、区位、土地 ②政策：具有专门对接粤港澳政策 ③生产要素：工业用地、工业用水、工业用电 ④典型产业园：广西—东盟经济技术开发区、南宁高新技术开发区 ⑤产业基础：现代农业、食品加工、造纸、电子信息材料	①网络与通信 ②超高清视频显示 ③智能终端 ④数字创意 ⑤新材料 ⑥大健康 ⑦智能网联汽车	①固网、移动通信关键元器件与模组；②面板生产、终端制造；③智能手机、个人电脑、VR/AR；④创意设计、影视制作；⑤电子信息材料、新能源材料、生物医用材料；⑥康复养老、现代农产品、种质资源与基因发掘；⑦电机电控、快速充电设施
赣州市	①资源：自然资源、人力、区位、土地 ②政策：具有重点产业政策和专门对接粤港澳政策 ③生产要素：工业用地、工业用电、工业用天然气 ④典型产业园：深赣港产城 ⑤产业基础：家居制造、矿产开发、新能源	①现代时尚 ②工业母机 ③智能机器人 ④激光与增材制造 ⑤新能源 ⑥新材料 ⑦空天技术 ⑧深地深海	①家具、钟表、家具智能芯片；②主轴、丝杠导轨；③工业机器人、特种机器人；④特种光纤、高性能激光器；⑤高效燃气轮机、高能量密度储能、燃料电池；⑥电子信息材料、新能源材料、高分子材料、前沿新材料、高端锂离子电池负极材料；⑦空天装备制造、航空航天材料及部件；⑧深海高端装备
百色市	①资源：矿产、土地、区位、人力 ②政策：针对产业园优质企业补贴 ③生产要素：工业用天然气 ④典型产业园：铝基新材料新山产业园 ⑤产业基础：铝、林业、新能源、新材料	①智能终端 ②智能传感器 ③智能机器人 ④激光与增材制造 ⑤新能源 ⑥安全节能环保 ⑦新材料 ⑧空天技术	①智能手机、个人电脑、VR/AR、智能可穿戴设备；②智能传感器设计、制造、封测、装备材料；③工业机器人、特种机器人、无人机（船）；④高功率超快激光器与装备、增材制造装备与系统；⑤海上风电、高效燃气轮机、高能量密度储能、燃料电池；⑥应急处置救援技术装备、高效节能技术装备、先进环保装备；⑦电子信息材料、新能源材料、高分子材料、绿色建筑材料；⑧空天装备制造、航空航天材料及部件、无人机

续表

地区	综合优势	宜承接“20+8”产业集群	宜承接“20+8”细分行业
汕头市	①资源：区位、科研、资源 ②政策：针对招商引资和用地保障较多 ③生产要素：工业用水、工业用天然气 ④典型产业园：国家高新区、华侨经济文化合作试验区 ⑤产业基础：新材料、服装纺织、玩具制造	①智能终端 ②数字创意 ③现代时尚 ④新能源 ⑤新材料 ⑥生物医药 ⑦海洋产业	①智能手机、个人电脑、VR/AR、智能可穿戴设备；②创意设计、数字文化装备；③服装、家具、黄金珠宝、钟表；④智能电网、分布式光伏、海上风电；⑤电子信息材料、新能源材料、高分子材料、前沿新材料；⑥化学创新药、现代中药、先进制药设备以及数字化医疗；⑦深海智能感知、深海信息
毕节市	①资源：矿产、空间、人力、政策 ②政策：针对企业成长奖金高 ③生产要素：不具相对优势 ④典型产业园：七星关经济开发区、深圳华润（毕节）循环经济产业园 ⑤产业基础：电子信息、化工、新能源	①网络与通信 ②半导体与集成电路 ③超高清视频显示 ④智能传感器 ⑤新能源 ⑥新材料 ⑦生物医药	①网络通信芯片、关键元器件与模组；②电路设计、制造、封测、半导体材料；③新型显示器件、面板生产、终端制造、4K/8K视频采集器件与设备；④智能传感器设计、制造、封测、装备材料、新型传感器材料；⑤智能电网、分布式光伏、高效燃气轮机；⑥电子信息材料、新能源材料、高分子材料、绿色建筑材料；⑦化学创新药、现代中药

通过对口协作，可以将发达地区的优势资源与欠发达地区的需求进行对接，实现资源共享，促进产业转移，将发达地区的产业转移到欠发达地区，从而带动欠发达地区的产业发展，有助于欠发达地区优化产业结构，加快经济发展。此外，对口协作还可以帮助欠发达地区拓展市场，拓宽产品销售渠道，提高市场份额，提升整体产业竞争力，提高经济效益。

第四章
探索区域合作“飞地经济”模式

以“经济＋社会”模式，增强“飞地经济”对经济空间重构和区域协调发展的作用。

我国“飞地经济”经历了三个发展阶段。20世纪90年代后的“飞地经济”对经济空间布局调整和促进区域协调发展发挥了良好的作用，2017年国家发展改革委等八部门联合印发《关于支持“飞地经济”发展的指导意见》，“飞地经济”进入快速发展期。但需清醒地认识到我国“飞地经济”存在三大问题：合作体制机制激励不足；行政区之间对GDP、财税等经济指标分成不够合理；合作主要是自上而下的任务，产业导入“拉郎配”现象严重。这些问题的核心是合作各方的权责利不对等。为此，在总结广东“深汕合作”、上海跨省合作、江苏“南北共建”和浙江“山海协作”经验、教训的基础上，提出以“经济＋社会”模式，推动“飞地经济”提质升级。重点包括四大内容：一是建立互利共赢的合作体制机制，并明确退出机制；二是由飞出地全面主导飞地的经济和社会事务；三是通过优化营商环境，飞地以市场化手段导入产业；四是建立完善的保障机制，为“飞地”的“进入—运营、管理—退出”提供全流程的保障。

一、“飞地经济”对我国经济空间重构、区域协调发展的重要作用

“飞地”是一种跨行政区域的特殊经济地理现象，“飞地经济”是指两个相互独立、经济发展存在一定落差的行政区域，打破原有的行政区域限制，通过跨空间的行政管理和经济开发，实现两地资源互补、经济协调发展的一种区域经济合作模式。

我国的飞地实践可分为三个阶段：第一阶段是历史、民族原因形成的飞地，飞出地主要集中在河南、湖北、湖南、宁夏、贵州、四川、重庆等中西

部地区，飞入地集中在临近的省份，是处理民族和历史问题的一种手段；第二阶段是20世纪五六十年代，在计划经济时期形成的农林牧工矿和监狱等功能区飞地，飞出地主要集中在北京、天津、上海等地，飞入地开始出现在跨省份、长距离的地区，是将其他区域的资源向中心城市集聚的途径；第三阶段是20世纪90年代至今，在市场经济时期形成的，以经济发展为主要目的、以工业园区为主要形式的飞地，飞出地主要是长三角和珠三角的中心城市，飞入地主要是周边经济相对欠发达的地区，主要包括江苏“南北共建”、广东“深汕合作”、浙江“山海协作”的省内飞地和上海与长三角其他省份合作共建的跨省飞地，以及苏州工业园、天津生态城和中新知识城等国际合作的飞地，是在我国城市群发展战略下，中心城市带动欠发达地区发展的重要抓手。

本书重点关注的是第三阶段的飞地，这类飞地根据合作深度，分为：①输血模式，主要是1996年开始的，9个东部沿海省市和4个计划单列市对口帮扶10个贫困省区，方式是以扶贫为目的的财政转移支付；②造血模式，主要是2003年后，长三角和珠三角在帮扶基础上建立的飞地园区，发达地区不仅输出资金，还提供项目、园区运营和经济管理经验，以江苏的“南北共建”、广东的“深汕合作”和浙江的“山海协作”为代表，是带有帮扶和援助性质的、自上而下推动的产业合作；③共赢模式，主要是2008年后，上海跨省合作产业园区，通过经开区、新区、海关特殊监管区以及城区向外拓展空间，输出项目、园区管理经验，带动飞入地经济发展；④融合阶段，主要是2017年后，广东的深汕特别合作区调整体制机制，“深汕合作”进入新阶段，由飞出地全面主导飞入地的经济和社会事务。

“飞地经济”对我国经济空间布局和区域协调发展发挥了重要作用。一是满足了飞出地和飞入地的发展需求。江阴—靖江工业园是江阴的机制与资本优势和靖江的沿江土地和劳动力优势结合；浦东祝桥启东产业园既满足上海浦东祝桥镇土地减量化，需要企业外迁的需求，也响应启东发展工业，承接上海企业整体搬迁的号召。二是形成了以点带面的经济发展空间布局。广东的“深汕合作”，确立了珠三角与粤东西北对口帮扶模式的新模式，推动广州与清远、深圳与河源合作模式的升级，广州和深圳在粤北地区建立的“飞地经济”进一步推动以汕头和湛江为代表的粤东和粤西城市加强与广深等粤港澳大湾区城市的联系和对接；浙江的“山海协作”在2018年结对县达到54对，建立了25个省级山海协作产业园，杭州和绍兴对衢州、宁波和嘉兴对丽水实现县与县结对全覆盖，形成“市—县—镇（乡）—集体经济薄弱村”的协作网络。三是促进了区域协同发展。以广东的“深汕合作”为例，深圳在汕尾的飞地推进深圳将产业和基础设施跨越惠州，进一步向广东东部地区延伸，以“深圳总部+深汕基地”的产业发展模式，发挥深圳科技创新优势和产业溢出效应，尤其是2018年调整合作机制后，深圳为飞地重点引进了战略性新兴产业、未来产业等优质产业项目，与深圳形成了分工明确的产业空间布局，并将轨道交通和高速公路布局到飞入地，优化飞入地对外连接的基础设施。

二、“飞地经济”取得阶段性成效，但合作模式仍有待完善

“飞地经济”有效调整了我国经济空间布局，以对口帮扶、协作等形式开展的跨行政区合作促进了区域协调发展，2017年国家发展改革委、国土资源部、商务部等八部门联合印发了《关于支持“飞地经济”发展的指导意见》，但要让“飞地经济”持续健康发展，也必须清醒地认识到我国“飞地经济”主要是强行政力自上而下的推动，合作各方的权责利不对等，目前亟待解决三大问题。

第一，合作的体制机制激励不足。以广东的深汕特别合作区为例，1.0版本（2008—2011年）是省级产业转移工业园，主要承载深圳单向转移到汕尾的项目，但进展缓慢；2.0版本（2011—2017年）升级为深汕特别合作区，党工委和管委会是广东省委、省政府的派出机构，深圳和汕尾双方“共商、共建、共享、共管”，是带有“帮扶”和“援助”性质的合作时期，但合作方的权责利的划分不明确、合作体制复杂，导致机构职能交叉、利益冲突、沟通不畅；3.0版本（2017年至今）将合作区调整为由深圳全面主导的经济功能区，成为深圳完全意义的飞地，深圳的高新技术企业开始规模化向合作区布局，包括城际轨道、高速铁路、高速公路、港口和机场等交通基础设施的规划和建设全面推开，保障性住房和三甲公立医院等公共服务载体开工建设。

而江阴—靖江工业园作为江苏“南北共建”模式的首个试点，园区投资开发、经济管理以江阴为主，社会事务、土地、劳动力和环境配套以靖江为主，这种类似深汕特别合作区第二阶段的合作体制实际运行中也困难重重。园区管理体制调整可分为两个阶段，第一阶段（2003—2007年）确立以省直管飞地部分权限的机制，第二阶段（2007年至今）以委托授权的方式，将涉及两市的一些管理权限交给园区。靖江充分授权后，减少了飞地在行政管理上的冲突，但同时需要自筹资金开发建设，土地指标也得不到靖江倾斜，2013年双方收益分成期到期，两地协调飞地事务的联席会议中断，飞地陷入

产业结构老化、招商引资困难的境地，江阴百亿元资本外迁，却并未选择这块在靖江的飞地。

第二，GDP 统计指标和财政税收缺乏合理共享。我国目前的“飞地经济”主要是经济发达地区作为飞出地，相对落后地区作为飞入地，以承接飞出地产业转移为主，这就涉及飞出地的 GDP 和财政税收等经济指标。

飞出地为最大化自身利益，大多采用委托加工的形式进行合作。以广东省为例，深圳—汕尾和深圳—河源的飞地以“总部＋基地”合作方式为主，产值、税收大部分计入深圳，但GDP计入飞入地①。这种模式在短期内可能导致飞出地 GDP 指标下降；而飞入地付出了土地、资源、资金等，却无法获得相应的税收和产值，导致各方政府的合作积极性受损，影响飞地的推动力度。通过实地调研发现，由于缺乏两市间对飞地 GDP 指标的分成，在深圳产业升级、企业转移中，基层政府很难有动力促进企业的集体搬迁或产能外溢。

第三，产业合作的市场化程度较低。江苏的“南北共建”、浙江的“山海协作”主要推动力是省级政府，这两种飞地带有帮扶和援助性质，在上级政府的强考核机制下，地方政府推动也较有动力，但产业导入“拉郎配”的现象较明显。强政府干预飞地的产业导入，导致产业从飞出地行政性的搬迁，不仅不利于产业发展，更伤害飞出地的经济，难以形成产业协同，更缺乏合作发展的持续性。

三、以“经济＋社会”模式，推动“飞地经济”提质升级

以上问题的根源是合作各方的权责利不对等，总结长三角和珠三角“飞地经济”的经验、教训发现，飞出地如果缺乏对飞地社会服务职能的主导权，就很难发挥经济管理的作用。

为此，建议飞出地以“经济＋社会”模式，采取四大举措，由飞出地全面主导飞入地的规划、建设、运营和管理，推动“飞地经济”提质升级。

（一）建立互利共赢的合作体制机制

首先，以飞出地作为飞地发展的单一主导力量。“飞地经济”的主要推动力量是政府，明确飞出地对飞入地经济的主导地位，统一飞地的规划、建设、运营和管理。

① 《中华人民共和国统计法》规定 GDP 核算依照属地原则。

其次，建立有效协调和沟通机制。“飞地经济”主要有省级跨市飞地和跨省飞地，借鉴长三角经验，建立决策层、协调层和执行层“三级运作”的区域协调机制，有助于平衡合作各方的利益。

再次，建立长效利益分享机制。实现事权、人权、财权上的对等，合理根据合作各方的需求和投入分配 GDP、财税、土地收益等利益。

最后，合理设计退出机制。遵循成本—收益原则，合理设计合作期限、续约方式和退出机制，保障合作各方的利益，提高开发效率。

（二）推广“经济 + 社会”的运营管理模式

首先，由飞出地全面接管飞入地的经济社会事务。包括发改、司法、工商、消防、户籍等经济社会事务统一由飞出地负责，消除由于经济管理部门和社会服务部门分别由飞出地和飞入地负责造成的“政出多门”。

其次，由飞出地派出干部任飞入地主要领导。一方面，易于调动飞入地资源，加大飞入地的支持力度；另一方面，有利于加强飞入地与飞出地的联系，提高合作各方的协作能力。

上海跨省合作和广东“深汕合作”证明“经济 + 半社会”和“经济 + 社会”的飞地运营管理模式有助于降低行政分割造成的负面影响，优化飞入地的营商环境，实现飞出地产业发展经验和社会管理能力的全面输出。

（三）推动以市场化方式引入产业协同发展

上海跨省合作和广东“深汕合作”的飞地均是由飞出地企业发展需求引发的政府间合作，飞入地主要负责营造良好的产业发展环境，这种自下而上的、较高市场化的“飞地经济”，更易于实现产业协同发展，降低政府“拉郎配”造成的资源浪费和投资低效。

一方面，打造良好的营商环境。由飞出地负责，构建政务服务等软件配套和交通基础设施等硬件配套，对标飞出地，营造公平、高效、稳定、可预期的营商环境。

另一方面，制定正确的产业政策。制定与飞出地和飞入地切合的产业目录，以奖补等手段，创造成本洼地、人才高地。

（四）建立“进入—管理运营—退出”的全流程保障机制

融资方面，创新筹集建设资金途径，通过 PPP、发行企业债券等形式，引入社会资本，以市场化的方式拓宽融资途径。

空间方面，创新土地指标管理制度，统筹解决建设用地规模、耕地保有量、永久基本农田保护面积和耕地占补平衡指标。

人力方面，创新户籍管理制度，探索将飞地范围内的人口转为飞出地户籍，统一飞入地干部队伍管理、吸引人才流入和解决飞入地的农民市民化问题。

监督方面，建立“飞地经济”考核制度，通过 GDP 和财税分享机制，建立飞出地和飞入地对飞地的考核内容，加大合作各方对飞入地的支持力度。

退出方面，明确合作期限和续约条件，建立股权转让等市场化方式，建立飞地的退出途径，提高合作各方的投资效率，降低行政干预的风险。

第五章
区域合作实施路径

区域合作是一项系统工程，主要包括六个模块内容，分别为管理体制、产业规划、国土空间专项规划、开发模式报告、投融资报告和招商运营报告。具体内容可以根据实际情况予以适当调整。

一、管理体制

由于区域合作尚处于探索阶段，尚未有比较成熟的体制机制，参考开发区的管理体制，设计区域发展与对口协作园区管理体制。结合不同开发区的功能及地区背景环境，地方政府对开发区的管理体制进行了丰富的制度创新实践，目前开发区管理体制已走向多元化。

（一）开发区管理体制的类型

在实践中，开发区大致形成了管委会、区政统筹、企业型三种基本管理模式。管委会管理模式是我国开发区最初体制机制创新的产物，也是目前我国开发区最普遍采用的体制模式。经过 10~15 年的发展，开发区一般完成了第一阶段的发展后，管委会管理模式出现分化，部分开发区仍坚持管委会管理模式并取得骄人的成绩；部分开发区在管委会管理模式的基础上进行创新，发展出区政统筹的一种新模式。另外，企业型管理模式也在第一批 14 个开发区中出现。

1. 管理委员会管理模式

管理委员会管理模式一般具有以下特点：

（1）在总体组织框架上，管理委员会是当地政府的派出机关，而非一级人民政府，主要行使政府授权的经济管理职能；所在市委派出开发区工作委员会，不设人民代表大会和政治协商会议，这是区别于一般行政区管理体制的标志。一般还组建一个由管委会直接管辖的开发建设总公司作为经济活动法人。

（2）在组织人事方面，开发区管委会一般具有高级别干部配置和高管制授权安排等特征，其领导人地位甚至高于该城市所辖区县，开发区在某些领域享有省一级的权力，很多超过了所在的城市。在干部任免上，管理委员会领导实行任命制，而非选举制，管理委员会下级干部实行聘任制。

（3）在管理委员会内部，机构设置高度精简，相关职能部门合署办公，并不与现在政府机构一一对应，其机构和人员编制比行政区管理体制要精简得多。

（4）国家级开发区设立一级财政，可以组织税收和编制、实施财政预算，相应地制定特殊的区域管理的规范性文件，实现依法治区。管理委员会管理模式见表 5–1、图 5–1。

表 5–1 管理委员会管理模式

存在形态	单一管委会模式，开发区管理委员会，作为所在地、市政府派出机构，代表市政府全面负责开发区的经济开发规划和管理，为飞入地企业服务，拥有有限的行政审批权
发展阶段	管委会模式是我国开发区最普遍采用的体制模式，我国东部、中部和西部开发区大多采用这种模式。这种模式更适用于开发区初期和起步阶段（开发区建立后 10 ~ 15 年），或人口较少的、相对独立的中小型开发区
基本要素	首先政府要给开发区管委会相当程度的授权；其次管委会的首要任务是开发，而不是管理，开发区的规划、招商引资、基础设施建设等为其核心首要任务；特点是规划优先、招商优先、基础设施建设优先、人才引进优先
运行机制	内设机构精简，一般管委会内设机构包括党政机构办公室、招商投资局、建设规划局、经济发展局、组织人事局、财政局，结构精简，决策高效，运作高效，通过机构合并，一个机构对口多个外部机构

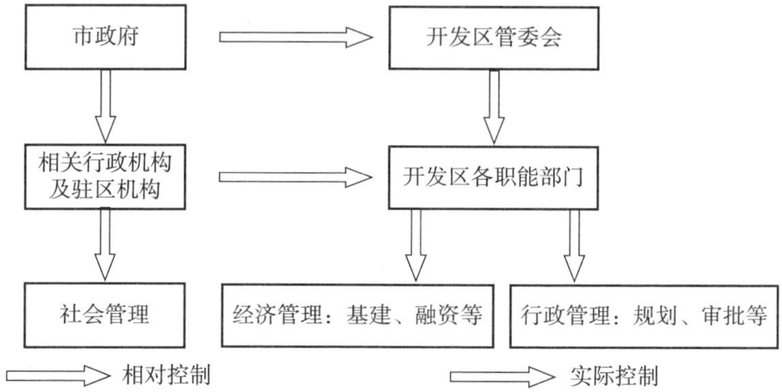

图 5–1 管委会管理框架

这种高度授权、特事特办、专心发展经济的管理模式，是目前我国国家级开发区采用最多的管理模式，其优点为：

（1）管理委员会拥有独立的经济管理权和较大的行政管理权，从源头上保证了体制创新的动力和活力；同时开发区管委会的高层次、高授权，对降低交易成本、协调一线矛盾、屏蔽外部环境干扰、获取政府高层信息具有直接帮助。

（2）作为相对独立的管理机构，管理委员会可以脱离来自各个方面的牵制和干扰，在所在地政府的领导下，因地制宜制定建设规划和发展目标，从而保证开发区又好又快发展。

（3）机构设置精简、高效，体现了“小政府、大社会”的精髓。管理委员会下设职能部门受其统一领导，目标取向一致，有效避免和降低了存于运行机制内部的扯皮、摩擦和内耗。同时，由于进行合理的职能归并，不搞上下对口，管委会内设机构的行政资源得到高度整合，大大提高了工作效能。其精简高效的机构设置，对优化区域发展环境有重大意义。

这种模式的薄弱之处在于：

（1）行政授权不到位，宏观控制缺乏力度。开发区管理权限的下放一般都是根据开发建设的需要，缺乏整体性和综合协调管理力度，管理机构缺乏权威性。

（2）管委会作为准政府，在法律上突出管理经济事务的职能，管理社会事务的职能不完备。随着开发区不断发展必然产生越来越多的社会事务管理需求，这种管理模式并不能完全适应新的形势发展的需要。

（3）开发区与所在行政区在领导、规划、管理、开发、建设等方面的权利和经济利益上的再划分容易发生冲突。

在对我国185个国家级开发区的问卷调查中，其中171家采用的是管委会管理模式。一方面是因为管委会管理模式同我国大多数开发区的发展阶段相匹配。我国大多数开发区目前发展还处于初级和中期发展阶段，开发范围较小，开发区行政级别不高，管委会管理模式能充分发挥所在政府优势，集中力量发展基础设施和经济建设，充分发挥管委会管理模式的优势。另一方面也说明管委会模式仍有其明显的先进性的存在。随着近30年的发展，我国许多东部十分发达的开发区仍选择管委会管理模式，而且取得了十分突出的成绩，这说明如果充分发挥管委会管理模式精简高效的优势，并能有效地解决其弊端，管委会管理模式是十分具有活力的。

2. 区政统筹型管理模式

随着国家级开发区完成第一阶段的开发职能，逐步进入发展的第二阶段，开发区为解决自身发展空间不足问题，为现有产业提升预留空间，开发区发展从产业集聚过渡到人才集聚，开发区面临城市化发展的内生需求。开发区原有管委会管理模式出现分化，部分仍沿用管委会管理模式，部分开发区在管委会管理模式的基础上进行创新，一种在管委会管理模式上发展而来的混合型管理模式正在悄然兴起。区政统筹型管理模式是以准政府的管委会管理模式为主导，发展衍生出来的一种新型的管理模式。它主要是指开发区管理委员会通过受委托管理，与乡镇、行政区合并管理。其宗旨是在加快开发区自身发展的同时，通过体制设计，发挥开发区“工业反哺农业、城市支持农村”的辐射带动作用，促使开发区由单一工业区向多功能综合性产业区转变，实现统筹城乡发展、统筹经济社会发展、统筹区域发展，同时很好地解决了开发区发展空间不足的问题。区政统筹型管理模式见表 5–2。

表 5–2　区政统筹型管理模式

存在形态	两种：一种为平行整合统筹（对应级别的开发区和行政区间的整合）；另一种为垂直委托管理（街道乡镇委托管理）
发展阶段	一般在开发区发展进入 15 ~ 30 年的阶段，为弥补开发区自身发展空间不足并为未来产业发展提供空间，并且在此阶段开发区完成产业集聚到人口集聚的转变，对服务业产生需求，城市化建设逐步出现。目前部分东部和先发开发区采用区政统筹型管理模式
基本要素	规划优先；财政独立；招商引资为主；独立的行政审批权；外向型经济的管理；独立统计；主要领导交叉兼职；编办批准机构；决策机制
运行机制	主要领导交叉兼任，两套班子，一体运行，各有侧重。开发区同行政区和乡镇政府的整合和委托管理中保持强势，在经济发展、招商引资上以开发区为主，社会事务以行政区为主。决策机制分开，财政分开。一般设立行政审批中心，保持开发区的高效运作

从表现形式来看，区政统筹型管理模式可以细分为以下两种：

（1）垂直委托管理（街道乡镇委托管理）。随着开发区管辖范围扩展和经济实力的增强，建区初期单纯管委会管理模式不能充分满足开发区与辖区乡镇统筹管理、协调发展的需要，“管委会 + 托管乡镇”管理模式应运而生，这一类型是管委会模式的拓展，是上下级间的合并。其主要特征为：受当地政府的委托，对周边乡镇进行经济社会的统一管理，将周边乡镇纳入开发区的统一规划，发挥开发区的辐射带动作用，通过开发区形成的强势工业基础、品牌效应，以及创新的管理体制来带动周边区域经济快速发展。

（2）平行整合统筹（对应级别的开发区和行政区间的整合）。开发区和行政区管理职能合一，两块牌子、一班人马，内设机构基本保持行政区管理机构的编制和职能。"区政合一"的优点可以用"合并、扩大、升级"来归纳。开发区和行政区合并，最主要的是解决了开发区开放空间不足的问题，使得两区在人才、土地、基础设施、招商引资、公共服务等方面的优势得到互补，解决了原有开发区土地资源、公共社会服务资源对其发展的"瓶颈"问题。两区优势的有机结合，集多项政策、功能于一体，行政事务、经济事务、社会事务于一身，具有一般开发区和行政区都不可比拟的特殊优势。区政合一的模式一定程度符合未来开发区的发展趋势，特别适合我国目前位于经济比较发达地区、发展进入成熟期的开发区，这些开发区已经完成产业集聚功能，正在向人才集聚和多元融合阶段发展，园区经济开始向城区经济过渡，城市的多种功能开始在开发区形成有机融合，开发区开始向"产城融合"的方向发展。区政合一的模式有利于发挥开发区规划先行、产业集聚、招商引资等方面的长处，以及行政区在公共社会服务方面的优势，使得两者优势互补。当然，这种模式也存在弊端，如庞大的机构设置会对原有开发区的精简、高效提出挑战，因此这种模式的成功与否主要取决于合并后的管理模式是否能发挥开发区、行政区各自的优势，同时又能更好地解决效率问题。平行整合统筹管理模式框架见图 5–2。

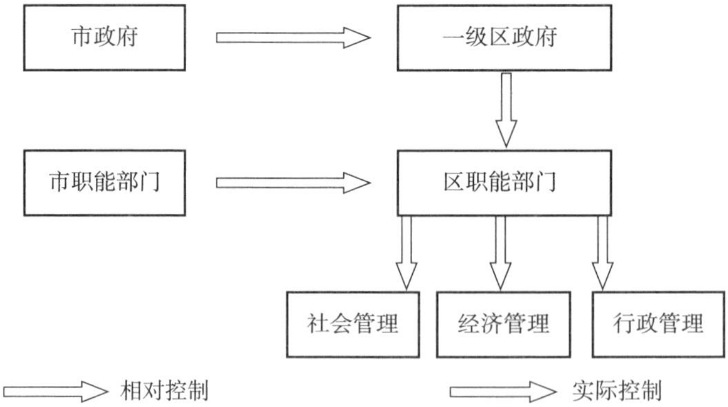

图 5–2　平行整合统筹管理模式框架

3. 企业型管理模式

企业型管理模式是一种完全由经济组织方式管理开发区的体制模式。开发区内不设专门的行政管理机构，而是设立一个诸如开发总公司之类的法人管理主体，承担开发区内经济活动的组织和管理，统一负责开发区的基础设施建设、资金筹措和运用、土地开发和使用权转让、房产经营、创造投资环境、吸引国内外资金和先进技术等。开发区开发公司管理，需要由当地政府赋予其管理权力和职能，包括项目审批等经济管制权力和必要的特许经营开发职能等。开发区内的其他行政性事务，仍然由所在地政府的相关职能部门来管理。开发区可根据需要决定是否设立管委会，但管委会的职能一般很弱，开发区主要以开发公司作为主体进行经营管理。企业型管理模式适合于区域功能相对单一、地域面积较小的开发区，由于首创于深圳蛇口，又被称为“蛇口模式”。企业型管理模式见表 5-3。

表 5-3　企业型管理模式

存在形态	目前具有央企整体开发、中外合资开发和建委下面所属公司开发的模式
发展阶段	在开发区发展的初期和中期阶段都比较适用，而且企业型管理模式是我国开发区未来“走出去”的可能选择之一。在首批国家级开发区中企业管理模式就已存在，但目前在国内开发区中并不普遍。适合于当地经济发达、区域功能相对单一、地域面积较小的开发区
基本要素	整体土地转让；充分行政授权；独立行使开发管理权；区域发展规划；财政体制独立；产权清晰
运行机制	开发区成立一个开发总公司之类的法人管理主体，承担开发区规划、招商、建设、开发工作，政府没有授权，其他管理需要所在地政府部门协调

这类管理体制的优点在于：

（1）企业化的管理经营模式，可以完全依照企业制度运作，避免了政企不分、经营风险转嫁的可能性，公司自主经营、自负盈亏，有利于把握资金的利用率和投资成本的回收，公司还可以通过多样化的资本市场运作来壮大公司实力，凭借丰富的开发经验，扩大经营范围和领域，走品牌化的道路。

（2）机构精简，有利于引入高效、精干的管理体制，加强对入区企业的各项服务；管理成本低、运作效率高。

这种模式的弊端在于：开发公司收入来源单一，持续发展资金不足。开发公司承担了一定的政府职能，进行了大量的公共事业开发，但由于开发主体不是一级行政组织或行政派出机构，无法从税收收入中获得必要的投资补偿，公共基础设施成本主要靠工业和商业用地开发收入来补偿，导致开发区出现基础设施开发水平较低、地价过高、债务过重等问题。

（二）开发区管理体制典型案例

1. 天津开发区

管理模式：管委会管理模式。

天津开发区自1984年12月建立，一直沿用的管理体制是：天津市行使宪法赋予直辖市（省级）人民代表大会的立法权，建立由四个地方性法规和一个政府规章组成的基本法制框架，确立了以天津市人民政府派出机构的形式，组建“天津经济技术开发区管理委员会”，受权代表天津市人民政府对天津开发区实行统一管理。

基本要素：

（1）天津市作为直辖市，可以系统立法，针对天津经济技术开发区一次性设立四个地方性法规《天津经济技术开发区条例》《天津经济技术开发区企业登记管理规定》《天津经济技术开发区劳动管理规定》《天津经济技术开发区土地管理规定》，使得天津开发区的每一项行政管理行为，都具备严格的法律依据。

（2）天津经济技术开发区管理委员会是天津市人民政府派出机构，管委会主任由上级政府任命，行政级别为正厅级。

（3）根据精简高效的原则，天津经济技术开发区管理委员会下设18个行政职能部门，每个机构执行相关的多种职能，一个机构对口多个上级机构。每个机构的人员编制也不是平均分配，在机构和编制方面都突出了开发区重点发展外向型经济的区域功能。

（4）设立一级财政，建立预决算制度。这是准政府管委会模式的标志。引进外资的审批权限由市政府完全下放，在开放区内的管理权具有高度的自主性。

（5）依托滨海新区体制，天津开发区很好地解决了产业化和社会化的矛盾。滨海新区为完全的行政区，经过滨海新区的体制创新，天津开发区成为滨海新区最重要的一个功能区，滨海新区的体制创新为天津开发区的社会化和城市化功能提供很好的补充。

主要特点：

（1）天津开发区一直坚持管委会管理模式，并取得辉煌成就，荣获国家级经济技术开发区综合发展水平“十五连冠”，特别是在经济发展方面成绩突出，是管委会管理模式的成功典范。

（2）为了维持开发区的体制优势，管委会在协调上级、同级政府及垂直管理部门关系方面做了大量工作，不断改善区域投资环境，高效服务区内企业。

（3）开发区管委会优化行政审批体系，统筹现场集中审批、联合审批、网上审批、代办审批等机制，提升效能，并落实 ISO 9000 质量管理体系，提升管理标准化程度，确保开发区的高效，优化开发区的整体投资环境。

（4）开发区管委会在社区管理、文化、教育、卫生、环保等方面采取措施，建设和谐宜居城区。

2. 宁波开发区

管理模式：区政统筹型管理模式。

宁波开发区 1984 年 10 月经国务院批准设立，规划面积 3.9 平方公里，当年年底开发区管委会成立，作为宁波市政府的派出机构全面负责开发区的规划、开发、建设和管理。1988 年 9 月应宁波市政府的邀请，中国五矿和中国机械两大央企与宁波开发区管委会三方组建联合发展公司，与开发区管委会实行“两块牌子、一套班子”的管理体制，统一负责开发区的开发建设和经营管理，当年曾被誉为开发区建设的“宁波模式”。1992 年国务院批准宁波开发区扩大到 29.6 平方公里，并与北仑港工业区合并，开发区管委会和联合发展公司实行政企分开。北仑港工业区于 1986 年 12 月经国务院批准设立，面积 70 平方公里，曾设管理委员会，开发区扩大后，管理职能进行统一整合。2002 年 11 月，宁波市委和市政府决定，宁波开发区和北仑区实行新的管理体制，经过 10 多年的实践，基本形成了适应发展需要、符合本地实际的管理模式，这一模式简称为“两块牌子、两套机构、一体运作、各有侧重”。

基本要素：

（1）目前体制运行的主要依据是浙江省人民代表大会常务委员会公布的宁波经济技术开发区条例和中共宁波市委 2002 年甬党办〔2002〕13 号文件。

（2）开发区管委会主任、党工委书记（宁波市委常委）同时兼任北仑区委书记（管委会办公室与北仑区委办公室合署）。开发区管委会第一副主任（党工委副书记）兼任北仑区区长。

（3）浙江省编办批准的北仑区政府职能机构 23 个，开发区管委会职能机构 6 个，实际使用中机构和人员均可打通。各职能机构可视工作需要同时挂两块牌子，机构人事以北仑区委名义统一管理。

（4）开发区财政局与北仑区财政局合署，但保持两本账。收入依据有关规定执行，支出两区统筹安排。开发区财政预决算经主任办公会议决定后，报北仑区人民代表大会备案。

（5）职能划分上，开发区负责招商引资、重点项目建设、对外开放等经济事务。北仑区负责文教、卫生、民政、治安等社会事务。经济开发事务以开发区主任办公会议决策为主。社会管理事务以北仑区政府常务会议决策为主。

（6）人民代表大会、政协工作（包括对口上级人民代表大会、政协的相关工作）纳入北仑区范围进行。司法工作也以北仑区的名义开展。

主要特点：

（1）整个行政区内统一招商布局、统一拆迁政策、统一社保标准等，较好地保证了经济发展的强劲动力和牵引作用。同时，经济发展方面的政策、措施主要通过开发区管委会的决策和工作机制实施，也在相当程度上保持了行政审批、企业服务的优势，使得国家级开发区投资环境好的“名片效应”得以延续。

（2）开发区的大量社会事务让渡于行政区管理，充分利用了现有的行政资源，避免了新设机构、上下衔接、另定指标等问题，也减少了互相扯皮等现象。

（3）行政区的人员多于开发区的人员，如何让原有行政区的人员也认识到开发区体制在以开放促改革的大局，以及经济发展和经济体制改革中起到的牵引作用及其存在意义，从而保持全区域开发开放、创业创新的良好氛围是一个新课题。另外，如何最大限度地发挥管委会和区政府两套决策体系的各自优势，扬长避短，这对各级领导干部的驾驭能力提出了新挑战。

3. 上海漕河泾开发区

管理模式：企业型管理模式。

上海漕河泾新兴技术开发区是国务院批准的全国首批 14 个国家级经济技术开发区之一，自成立伊始，漕河泾开发区一直采取的是企业型管理模式。

基本要素：

（1）目前体制运行的主要依据是 1990 年 4 月 8 日上海市第九届人民代表大会常务委员会通过的《上海漕河泾开发区管理暂行条例》。

（2）开发的主体是政府组建的一个开发建设公司。上海市漕河泾新兴技术开发区发展总公司成立于 1988 年，为国有有限责任公司，统一负责漕河泾开发区的基础设施建设、资金筹集和运用、土地开发和土地使用权转让、房产经营，营造良好的投资环境，吸引国内外资金和先进技术，兴办各类企业及技术和产品贸易等综合服务。

（3）以条例的形式固化政府赋予漕河泾开发区的一些政府管理职能，并行使市政府授予的部分管理事权，主要包括外资项目初审权、入区项目规划方案预审权、入区项目环保预审权、高新技术企业认定的初审、在地化统计及人才引进等工作。

（4）开发区的社会化和城市化事务主要依托所在地的政府职能部门，需要开发公司与当地政府有通畅的沟通渠道，即市区联动、区区合作。市区联动是指开发区同上海市的关系属于紧密联动，在市级层面上，包括商务部、发展改革委以及科委等一些政府行政事务的受理和处理尽量放入园区。区区合作是指漕河泾开发区同徐汇区和闵行区两个行政区的合作，在行政事务，包括综合治理、治安、环境等以及招商引资方面的区区之间的合作。

主要特点：

（1）1991 年漕河泾开发区被批准为国家级高新技术产业开发区，兼备国家级经济技术开发区和高新技术开发区"双重"功能定位，在高新技术产业集聚和创新发展方面取得可喜成绩。

（2）漕河泾开发区的管理体制概括来说，是"人大立法、政府管理、公司运作"。

（3）漕河泾开发区在区外联合办园方面积累了一定的经验，是未来开发区"走出去"的有益尝试。

4. 广州开发区

管理模式：区政统筹型管理模式。

1984 年至 1998 年广州开发区独立运行，实行管委会模式，1998 年至 2002 年广州开发区完成同广州高新技术产业开发区、广州出口加工区、广州保税区"四区合一"合署办公的管理模式，试行"四块牌子、一套人马"。2005 年广州开发区与萝岗行政区双轨并行，实行"统一领导、各有侧重、优势互补、协调发展"的"两区统筹"管理模式。目前，广州开发区以国家级功能区"四区合一"、功能区与行政区"两区统筹"的大部门管理模式为核心，逐步形成了精简高效、为民亲商、务实创新的行政管理体制，为推动全区经济社会科学发展不断增创体制新优势。

基本要素：

（1）目前体制运行的主要依据是《广州经济技术开发区条例》（广州市人民代表大会常务委员会 2003 年 5 月 7 日）。广州开发区管委会法律主体地位不明，其中《广州经济技术开发区条例》适用区域只限于广州经济技术开发区，高新区、保税区、出口加工区却一直没有专门适用法律，这就导致管委会对这三个功能区域的法律主体地位依据不充分，一定程度上制约了开发区整体的发展。

（2）开发区党委、管委会与萝岗区党委、政府的主要领导实行交叉任职，开发区管委会主任、党工委书记同时兼任萝岗区区委书记。开发区管委会第一副主任（党工委副书记）兼任萝岗区区长。

（3）两区职能相近或相同的职能部门实行“两块牌子、一套人马、合署办公”。率先实行大部制改革，目前，全区党政工作部门有 20 个，相比其他行政区少 8 个，行政编制相比其他行政区少 40%。广州经济技术开发区管理委员会（广州高新技术产业开发区、广州出口加工区、广州保税区管理委员会与其合署办公，简称广州开发区管委会）为广州市政府的派出机构，广州开发区管委会设 13 个工作部门。

（4）人民代表大会、政协工作（包括对口上级人民代表大会、政协的相关工作）纳入萝岗区范围进行。司法工作也以萝岗区的名义开展。

主要特点：

（1）资源更丰富，管理更便捷。广州开发区实行“四区合一”后，开发区、高新区、保税区和出口加工区四区的优惠政策相互覆盖，优势互补。合署办公后，开发区可在一个机构对外洽谈招商事宜，行政管理服务更便捷周到，外商也感到更加便利。

（2）以经济技术开发区为合并基础，合并后开发区管委会仍作为市政府派出机构的性质不变，享受市一级政府管理权限不变，一级独立财政体制不变，干部人事和机构编制管理权限不变。

（3）同萝岗区的合并，补齐了开发区在城市化和社会化服务方面的短板，文化、教育、体育、卫生等资源得到有效的整合，开发区更加协调发展。

二、产业规划

编制产业规划的目的是准确选择主导产业和细分行业，构建产业链和产业圈层，对园区在产业链和价值链中的位置进行定位，并为精准招商提供依据。产业规划的重点内容包括三个方面：一是对园区产业发展条件进行分析，包括区位交通条件、产业资源条件、配套政策条件等，重点分析周边地区可利用的资源条件，挖掘园区产业发展比较优势。二是对园区产业发展进行定位。从上位规划、产业发展资源、周边市场需求、国内产业转移等多维度确定备选产业。从产业发展性、带动性、适应性、竞争性、环保性和风险性等多个角度进行综合评价，筛选出开发区主导产业和重点细分行业。三是对园区产业链和产业圈层进行构建，明确园区在各产业链中的位置，以及重点发展的环节和引入的企业，并以每个主导产业形成一个产业组团。

影响产业选择的因素是一个复杂的问题，涉及经济、市场、社会、技术等多个方面。探讨影响企业或个人产业选择决策的关键因素，如市场需求、竞争情况、技术发展、政府政策等，需要从经济学、战略管理等角度进行分析。总体来说，上位规划、地方基础、区域发展、行业发展是影响产业选择的关键因素之一。上位规划方面，政府政策可以极大地影响特定产业的发展。政府的支持政策可能会鼓励企业进入某些产业，如提供补贴、税收优惠等。政府的监管政策也可能限制某些产业的发展。地方基础方面，成本结构与地理位置之间存在紧密联系，某些地区的成本可能较低，因此在这些地区选择特定产业可能更具竞争力。而一些高附加值的产业可能更倾向于在高成本地区设立，因为其技术和人才优势可以抵消高成本。区域发展方面，不同地区的经济、社会和资源状况可以影响企业的产业选择决策，不同地区拥有不同的资源，如人才、原材料、基础设施等，区域市场需求和消费者行为可能存在差异，区域的经济状况、人口结构和消费趋势都会影响企业选择进入特定产业的决策。行业发展方面，涉及对市场规模、增长率、竞争情况和趋势进行评估，通过分析市场数据和趋势，可以判断是否有足够的机会发展某个产业，市场趋势预测通过分析历史数据和市场变化，试图预测未来市场的发展方向。这有助于企业预测市场需求和趋势，从而做出更明智的产业选择。

三、国土空间专项规划

编制国土空间专项规划的目的是按照产业组团发展规律，对空间开发保护利用做出专门安排，为园区滚动开发落地实施提供空间保障。重点内容包括三个方面：一是按照产业协同发展需求进行空间总体布局，确定组团的四至范围。可分为组团、单元和地块 3 个层次进行布局，即每个组团形成一个产业链，每个单元完成一个产业环节，每个地块落地一家重点企业。二是按照上级国土空间规划要求细化落实，对各组团和单元的主导功能、用地性质、用地比例进行设定，对基础设施和公共服务设施进行合理布局。三是根据产业属性特点和投资回报需要，对各单元和地块进行控制指标设计，对具体地块用途和开发建设强度等做出实施性安排，明确规划约束性指标和刚性管控要求。

（一）与产业的衔接

园区开发空间规划，要按照产业组团发展和产业圈层规律对各主导产业进行组团式和单元式布局，为产业发展构建适宜的空间载体。不同的产业对空间规划落地提出了不同的要求，可以从四个维度进行考虑：一是园区总体定位维度，根据主导产业的类型（劳动密集型、资本密集型、技术密集型、知识密集型），可决定园区的代际；二是园区用地与功能维度，根据产业规模和细分产业类别，以及从业人口的结构与层次，可决定空间的用地性质和功能配比；三是各行业的生产组织方式和物流方式，决定了园区的对外与内部交通组织；四是企业生产、生活所消耗的能源种类和数量，决定了园区的基础设施与公共设施的建设方案。园区产业规划与空间规划的关联性分析见表 5–4。

表 5–4 园区产业规划与空间规划的关联性分析

关联维度	产业发展需求	空间规划落地
总体定位	主导产业类型（劳动密集型、资本密集型、技术密集型、知识密集型）	园区代际
用地与功能	产业规模与细分产业类别	工业用地类型和面积
	从业人口数量与结构、职住平衡要求	住宅面积配比
	产业人口的层次与需求	商业和公共服务的配置方案，以及商业业态
交通组织	原材料和产品销售地、运输方式	对外交通联系需求（如港口、铁路站点、机场、保税区等）
	产品规格与物流方式	内部道路等级和规格
基础设施与公共设施	企业生产、生活所需能源供应量	水、电、气等基础设施场站规模及管网布局方案

（二）空间形态的演化

空间规模扩大、城市功能演变、产业要素聚集等，对空间属性提出了新的规划要求。一方面，要求按照产业发展需求，进行合理的空间结构布局与规模尺度划分，提升土地集约用地效率；另一方面，要求体现产业园区的“区域合作特色”，寻求与一般产业园区的差异化发展，激发跨区域合作的产业活力。此外，要求处理好规划范围内的市政及公共设施匹配关系，提高产城融合度。基于以上园区模式涉及的关键性空间问题，围绕空间形态、用地性质、功能配置等内容，对园区规划的普适性特征进行重点梳理。

1. 循序推进、多规合一的空间规划流程

为确保园区模式下产业园区空间规划的高起点、高水平、高效率，从前

期筹划、规划编制、建设实施以及相关保障措施，采取全流程空间规划方案。以统筹编制、逐层递进、分步实施为原则，坚持“三步走”的规划路径（见图 5-3）。

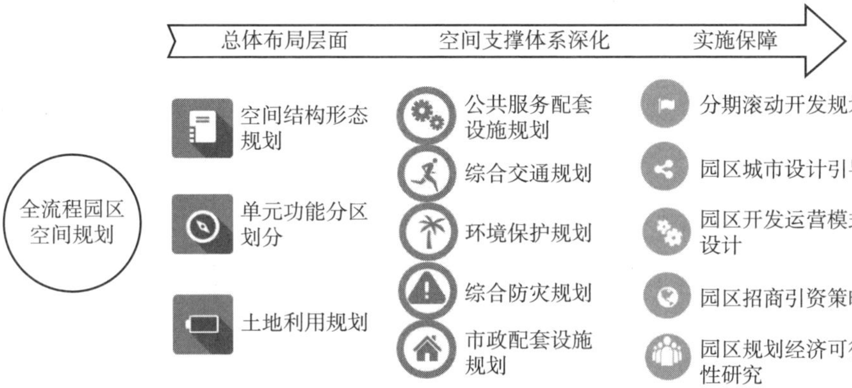

图 5-3　园区规划工作全流程示意

第一步，空间总体布局层面。园区模式空间规划应遵循城市经济社会发展规划、城市总体规划和土地利用总体规划等上位规划，依据产业规划对空间的需求，结合当地空间资源要素特征，明确产业功能组团及其空间布局模式。同时根据园区组团式空间结构形态，进一步对各组团进行单元功能分区与管控规划。

第二步，空间支撑体系层面。园区模式坚持“产城融合”发展理念，围绕交通、市政、公共服务、智慧管理以及生态技术等方面，开展园区综合交通、环境保护、市政及公共服务设施等专项规划编制，明确各类设施的规模需求、发展导向、底线保障等规划要点，构建全方位的园区支撑体系。与此同时，注重衔接周边区域相关专项规划，实现“多规合一”和产城一体化发展。

第三步，空间规划实施层面。园区模式应结合产业发展目标、招商引资计划、地块开发规模及结构、开发投资盈利等因素，提出合理的开发范围、开发时序、开发标准、开发强度、土地管理及其他相关保障机制的规划实施指引。

2. 层次清晰、组合灵活的空间布局结构

园区产业发展模式下，产业圈层包括 4 个层次：一个园区可构成一个产业圈层，产业圈层由多条产业链融合而成，各产业链包括多个产业环节，每个产业环节由多家企业来实现。

与园区产业发展模式相对应的空间布局亦包括4个层次：整个园区对应产业圈层，每个组团对应一条产业链，每个单元实现一个产业环节，每个地块满足一家或多家同类型企业所需用地。各规划层次清晰且可模块化实施，有利于各级规划的有效衔接与功能区的灵活组合。产业与空间四维度层次结构见图5-4。

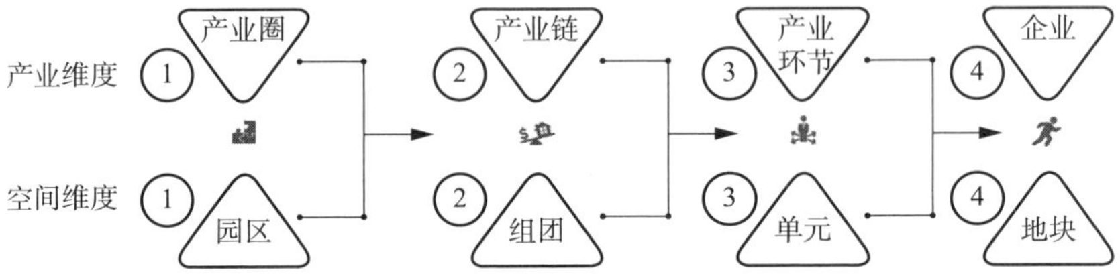

图5-4　产业与空间四维度层次结构

根据空间层次划分的重点，以下对组团和单元划分的要点进行说明。园区模式下的园区组团划分，一是要基于各边合区的地形地貌等自然特征，延续城市功能区空间布局结构，顺应城市发展足迹，合理划分园区组团空间结构；二是要坚持以服务产业发展为核心的规划理念，优先考虑为主导产业和核心产业发展提供必要的物理空间；三是要按照产业链组织方式构建相对完善的产业链功能闭环空间载体，各组团之间功能互补、相互依存；四是要基于投资盈利需求，通过组团规划突出核心地块价值，保障投入产出平衡。园区模式下的单元规划，强调系统控制与规模分解，侧重与组团划分的衔接，既保障产业单元相对独立完善的功能，又充分考虑各单元之间的协调与呼应。一方面，园区模式单元规划，以园区组团空间结构形态为基础，结合产业发展的空间需求，以单元划分的形式组织各产业环节，营造特色鲜明且功能相对完善的产业单元；另一方面，园区模式单元规划在符合各编制单元内建设用地面积、经营性建筑总量、公共开放空间面积、公益性设施用地面积、园区道路网密度等刚性控制要求下，产业单元内部可依据组团功能划分、产业发展需求及土地空间特征进行灵活的组合与布局，促进实现单元之间的良性合作与分工。

3. 功能兼容、业态丰富的土地利用规划

园区模式土地利用规划将用地指标落实到单元，各单元根据自身主导产业功能要求，按照“单元、街区、地块”三级规划开展土地利用划分与管控，并坚持用地混合、弹性预留、刚性管控的规划原则。

从用地功能实现来看，园区模式下的适度用地混合对园区发展具有积极的作用。园区模式用地结构应按照单一用地性质和混合用地性质进行合理的地块划分，为用地兼容性预留适当弹性。从而实现在较小的土地空间范围内“多业混合，成本缩减”的目标，促进边合区形成“贸、工、商、旅”等多业态融合发展的产业圈层。

从土地利用效率来看，根据园区总体层面规划的人口结构、土地规模、用地配比、建筑总量、基础设施容量等指标，以量化的方式逐一分解到各单元，结合建设项目和土地出让需求，以多个地块组成的街区为单位，实现街区内部动态平衡，提升土地利率效率。

从指标管控标准来看，在满足单元用地性质、土地兼容性、单元建筑总量等控制要求下，可围绕用地面积、用地性质、开发强度及配套设施规模等要素，进行“内部均衡调整”，但规划允许的调整内容必须约束在管理单元范围以内，不得跨单元调整，保障园区建设的有序引导和有效管控。用地混合、功能兼容的地块划分示意见图 5–5。

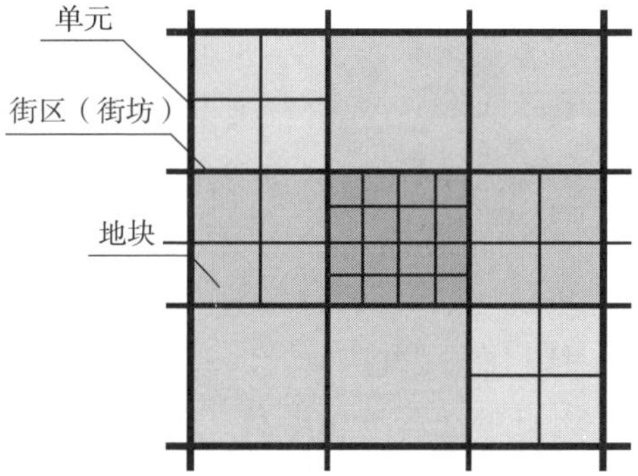

图 5–5 用地混合、功能兼容的地块划分示意

4. 配套完善、分级设置的公共服务系统

园区模式空间规划依据园区目标定位、用地条件、开发强度及人口规模等综合因素，结合各边合区特色，明确配套设施配置标准，围绕教育设施、医疗卫生设施、文化体育设施、行政管理设施等方面，构建全方位的配套支持体系。

根据服务半径设置三个级别的配套中心。园区模式配套设施规划应遵循上层次规划的主导产业、空间布局、产城融合及职住平衡等要求，结合地形条件、配套性质、辐射范围等因素，按园区级邻里中心、片区级邻里中心、社区级邻里中心三级分类设置。首先，在配套设施的空间布局上，应基于三级配套系统服务范围，适当安排“环单元、环组团”总体布局，实现各组团及单元之间的配套资源共享；其次，各单元内部公共配套系统应拥有一定的独立性与完善性，以就近满足其内部产业或生活配套服务需求为导向，采用相对集中的分散布局，即各类公共服务设施分别布置，并相对集中于一定地段。

根据组团和单元性质规划配套设施内容。规划应针对各组团及单元功能特征，定向安排其配套内容。一是产业功能单元以构建一站式服务中心及产业需求为导向的生产型配套为主；二是综合功能单元以商业商务、行政办公、会展酒店、居住配套、文化娱乐、医疗服务、教育配套、公园绿地、零售餐饮等综合性配套为最终发展目标；三是服务功能单元主要以配置文化服务、商业商务、会议展览等配套功能为主。

5. 尺度适宜、快速成形的地块开发控制

园区模式下空间开发尺度适宜控制、开发强度弹性调整、开发时序循序渐进，契合边合区产业发展与开发经济可行性的要求。

在开发体量方面，园区模式限定开发规模，各组团划分面积一般控制在1.5平方公里至3平方公里范围内，单元划分面积控制在0.5平方公里至1.5平方公里范围内，空间开发尺度可控，3～5年内可快速开发成形。

在开发强度方面，园区模式空间管控灵活，根据各组团功能的定位和需求，将开发指标落实到单元；单元依据自身主导产业要求，为下层次街区或地块相关用地指标的制定预留弹性，合理避免了单一层次的地块控制指标过细而缺乏弹性的问题，实现均衡灵活发展的空间模式。

在开发时序方面，园区模式按照“园区开发与产业发展联动”的总体思路，实施“一园多区、以点带面”滚动开发，成熟一块，开发一块，始终保持园区的开发时序与产业发展进度一致，结合各边合区特色，优先开发产业用地，发展产业单元和物流单元，适时推出居住单元，择机发展商业服务设施。

6. 政府引导、统筹协调的开发组织保障

园区模式下的规划既要考虑政府的发展意图，又要兼顾投资者的开发回报，更要顾全产业投资人及公众对园区的基本诉求。园区模式空间开发坚持统一规划、统一征收、分块建设、分步推进的基本原则，制定总体的空间布局方案、多主体协同推进的推进计划及分区分期的滚动开发实施方案。园区开发时序如图5-6所示。

在统筹规划方面，园区开发模式要求统一规划，强调规划先行，高标准编制园区总体规划、各组团和单元详细性规划，以及土地、交通、基础设施等专项规划，统筹各组团和单元的功能及用地平衡。在统筹征收方面，园区采取统一征收、利益兼顾的模式，制定统一的征收目标、征收时序、补偿方方式、征收标准，兼顾片区发展过程中各方的利益与诉求。在统筹开发方面，园区采取政府引导、多方参与的模式，政府作为规划主体与开发总协调人，协调各组团和单元开发主体、基础设施开发主体，以及重点企业之间的关系，以统一建设、品质提升为核心发展理念，保障开发目标的一致性、配套设施的公共性、组团风貌的协调性。

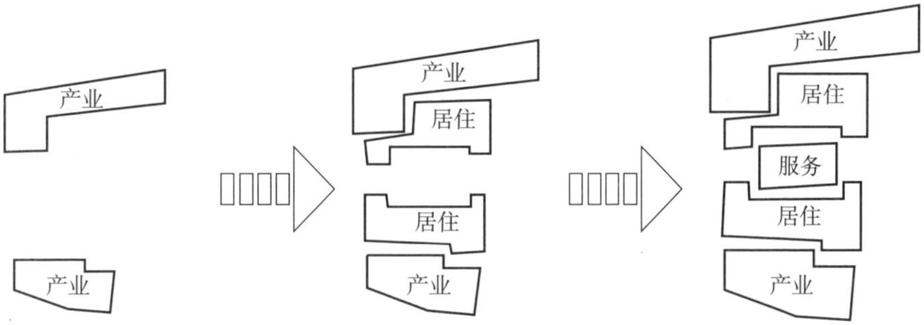

图 5-6　园区开发时序示意

四、开发模式报告

（一）多元化、市场化、专业化的开发模式

为减轻政府开发压力，提高开发效率和专业水准，开发模式要向开发主体多元化、开发机制市场化和开发能力专业化转变，在开发策略上要采用分类开发、分片开发和分期开发。

园区开发可引入土地开发商、基础设施开发商、房产开发商、公共设施开发商等多开发主体参与，发挥各开发主体的专业能力和产业导入能力，将园区工程按性质进行分类，落实到各开发主体，分片、分期进行推进，按照市场化原则，各投资主体实现自身投入产出平衡，构建可持续发展的开发模式。

根据边合区特性，下面重点介绍四类具体的小组团开发模式。

1.“园中园”开发模式

“园中园”开发模式指在园区范围内划定一定面积的工业用地，有偿或无偿转让给专业的园区开发商或大型产业投资人，由其对该范围的土地进行开发，具体内容如下：

• 在规划原则上，“园中园”开发范围的开发建设需遵循边合区的总体规划和建设指导文件。

• 在园区管理上，划片开发范围与其他园区范围实行统一标准的市政运维管理，由运营公司统一实施，“园中园”开发商按标准缴纳市政运维管理费用。

• 在供地方式上，启动区的划片开发土地，可考虑按零租金的方式向划片开发商转让，后期可参照市场价格转让（或以配套费的方式收取）。

• 在土地开发上，“园中园”开发商负责所开发地块红线范围内的土地整理、市政道路及管网、绿化的投资，相关工程应优先考虑由“园中园”开发商总承包。

• 在物业开发上，“园中园”开发范围内的厂房、宿舍、住宅及商业等地上建筑由“园中园”开发商开发投资，但应由开发商优先承建。

• 在产业招商上，“园中园”开发范围内用地，主要由“园中园”开发商进行招商，管理机构配合提供行政服务。

2.“飞地园区”开发模式

2017 年 6 月，国家发展改革委等八部门印发《关于支持“飞地经济”发展的指导意见》（发改地区〔2017〕922 号），提出要创新“飞地经济”合作机制，发挥不同地区比较优势，优化资源配置，完善发展成果分享机制。边合区要实现跨越式发展，可考虑参照深汕合作区等成功的“飞地经济”案例，与发达城市政府合作，由发达城市指派市属国资开发平台公司在边合区开展“飞地园区”建设，具体内容如下：

• 在园区规划上，由“飞地园区”开发商与边合区管理机构共同开展规划编制，包括产业规划、空间规划及投资可行性研究等。

• 在供地方式上，由边合区管委会或所在地政府，将生地供应给“飞地园区”开发商（如发达城市的市属国资企业），管委会或所在地政府负责征地拆迁工作，拆迁补偿经费由双方协商，共同承担。

• 在园区管理上，建立联席会议作为园区管理的总协调机构，发达城市由市政府和省政府主要领导牵头。

• 在土地开发上，“飞地园区”开发商负责所开发地块红线范围内的土地整理、市政道路及管网、绿化的投资，而位于“飞地园区”开发地块边界上的市政、道路建设投资，由“飞地园区”开发商与边合区管理机构协商各自分担比例。

• 在物业开发上，“飞地园区”开发范围内的厂房、宿舍、住宅及商业等地上建筑由“飞地园区”开发商投资建设。

• 在产业招商上，“飞地园区”开发范围内的用地，由“飞地园区”开发商进行招商。

• 在收益分成上，“飞地园区”产生的税收由双方决定分配比例，原则上应保障“飞地园区”开发商获得合理的投资回报。

专栏 2　深汕合作区的“飞地”模式

在全国各类型的“飞地”模式中，深汕合作区在“飞地”模式创新中走在前列。2011 年 2 月，深汕特别合作区经广东省委、省政府正式批复设立，区党工委和管委会为省委、省政府派出机构，享有地级市一级管理权限，并委托深圳、汕尾两市管理，具体由深圳主导经济管理和建设，汕尾负责征地拆迁和社会事务。合作区管委会明确了以“依托深圳、联动汕尾、立足深汕、实干兴城”为发展理念，以“深圳总部 + 深汕基地”为发展模式。

由于采用两地共管模式，在行政管理和财税分享方面存在一定的博弈，深汕合作区开发建设进展并不顺利。2017 年根据广东省委、省政府的部署，按照“10+1”模式（深圳 10 个区 + 深汕合作区）将合作区整体调整为由深圳全面主导，管理机构改为深圳市委、市政府派出，深汕合作区成为真正的“飞地”后，大量深圳企业纷纷涌入。截至 2018 年 4 月，华为、华润、腾讯、深业集团、深圳特区建发集团、深圳振业集团、深圳赛格、深圳天健、盐田港、中交城投、中城建、中广核和恒大等已签约入驻深汕合作区。一批龙头企业的进驻，带动了深汕合作区产业发展，加速了深汕合作区城市和园区载体建设。

3. 对口援建“产业转移园”开发模式

2018 年 10 月，在商务部的主持下，17 个边境经济合作区分别与各自对口的国家级经开区签订了对口帮扶协议，在此协议的基础上，通过协调国家级经开区所在地政府，将国家级经开区对口帮扶政策上升为对口援建“产业转移园”，并提供资金支持、管理人才支持和招商支持。对口援建“产业转移园”模式的具体内容如下：

• 在园区规划上，由国家级经开区管理机构与本地管理机构共同制定，重点借鉴国家级经开区的园区规划成功经验。

• 在土地供应上，由本地管理机构或政府，将土地供应给“产业转移园”开发商，本地管理机构或政府负责征地拆迁工作，拆迁补偿经费由双方协商，共同承担。

• 在园区管理上，以本地管理机构为主，“产业转移园”开发商派人参与管理，并由双方所在地政府组建协调机构，协调双方关系。

• 在园区开发上，由“产业转移园”开发商与当地开发机构组建合资公司，共同对“产业转移园”进行开发。

• 在产业招商上，主要由“产业转移园”开发商进行招商，当地管理机构配合做好落地服务，重点引进国家级经开区优势产业。

4.“特色小镇”开发模式

以独具特色的产业业态和边境风貌为基础，以“特色小镇”模式推进合作区开发，符合小组团开发模式和当地资源禀赋。“特色小镇”开发模式应按照政府引导、企业主体、市场化运作的要求，创新建设模式、管理方式和服务手段。“特色小镇”开发模式应以边境生态、跨境旅游、民俗风情为元素，按照特色鲜明、产城融合的原则进行开发，规划面积一般控制在 3 平方公里以内，建设面积一般控制在 1 平方公里以内，特色小镇在创建期间及验收命名后，积极申报国家级特色小镇，获取国家特色小镇专项资金支持。

（二）多层次、多维度、全方位的盈利模式

根据产业园区全生命周期发展模式，产业园区 6.0 盈利模式包括六种方式：土地经济、能源经济、房产经济、产业经济、商务经济和服务经济。产业园区盈利模式体系如图 5–7 所示，产业园区盈利模式解析如表 5–5 所示。

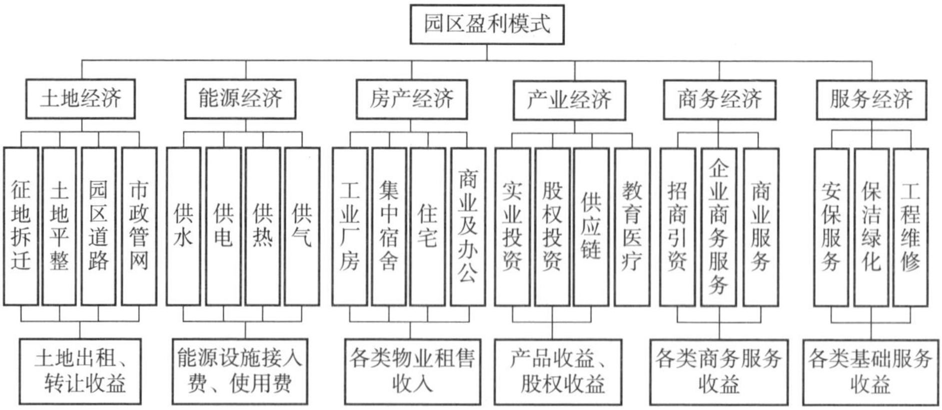

图 5–7　产业园区盈利模式体系

表 5–5　产业园区盈利模式解析

盈利模式	盈利项目	盈利点
A. 土地经济	土地开发	工业用地出租出售
		物流、商贸用地的出租出售
		商业与住宅用地的出租出售
B. 能源经济	水	水费
		污水处理费
	电	电费
	燃气	燃气费
C. 房产经济	工业厂房	物业租售收入
	集中宿舍	物业租售收入
	住宅	物业租售收入
	商业及办公	物业租售收入
D. 产业经济	股权投资	产业投资股权收益
	实业投资	产品销售收入
	物流中心	物流服务收入
	商业中心	商业收入
	酒店	酒店收入
	教育	教育产业收入
	医疗	医疗产业收入
E. 商务经济	政府服务	招商引资服务费
	企业服务	人力资源服务费
		信息化服务费
		展览展示收费
F. 服务经济	保安、保洁、绿化	物业管理费、卫生费
	工程维修	维修费

1. 土地经济

开发商进行土地开发，并将熟地出让或出租给产业投资人，通过获取土地出让和出租收益来收回土地开发投资。开发成本包括征地拆迁、场平、道路及管线、广场绿化投资等，开发收益包括工业用地、商住用地的出租与出让收益等。

2. 能源经济

开发商可引入专业基础设施投资商，投资和运营园区内基础设施，通过各类基础设施的接入费和能源使用费来回收基础设施的投资。如给水厂由专业水务公司建设，向合作区和城区供水，政府完善市政管网，水务公司负责向园区企业和市民供水，通过向使用者收取接入费和水费来回收投资；可引入专业污水处理公司进行投资和运营，由园区企业付费，政府适当给予补贴；集中供热站需经预测使用量，能达到规模效应再进行投资，也可考虑由大型企业自建，并向整个合作区供热；引入专业变电设施投资商对变配电设施进行投资，并通过电价趸售的方式进行回收投资。

3. 房产经济

开发商进行房产投资，将工业厂房及仓库、集体宿舍、别墅、公寓、住宅等物业租售给企业与个人，实现物业开发收益。房产开发要根据合作区发展阶段和不同企业、各类人群的物业需求，适时推出不同的物业组合，使土地和物业的增值内部化。

4. 产业经济

园区发展经验表明，产业投资越来越成为园区盈利的重要方式，且产业投资可贯穿整个园区的生命周期。开发商可通过土地作价出资、物业作价出资、租金作价出资、现金投资、基金投资等多种方式进行产业投资，产业投资方式以股权投资为主、实业投资为辅，根据园区产业转型需要，在园区发展成熟后考虑开展企业孵化等产业投资模式。

5. 商务经济

开发商通过为企业和员工提供全方位的商业配套，建设生产生活配套服务设施，提供餐饮、购物、商务、娱乐、旅行等商业服务获取收益，还能通过开展政策咨询、管理咨询、物流服务、人力资源和知识产权服务等生产性服务获取收益。

6. 服务经济

开发商通过为园区企业提供有偿的基础服务来获取收益，包括物业服务、维修服务、办公采购服务、装修服务、停车服务等。

以上 6 类盈利模式中，由于土地和物业升值空间有限，应重点考虑能源经济、商务经济、产业经济，特别是要构建产业投资盈利模式，利用合作区低成本优势获取产业投资回报。在市场化开发难以实现投入产出平衡的情况下，合作区及上级政府应适当给予开发商一定税费减免或 VGF（生存性缺口补贴）。

五、投融资报告

（一）筹划产业园区全生命周期资金计划

对园区开发项目进行全生命周期资金筹划，首先要对项目进行全生命周期投入产出测算。根据规划方案和开发计划计算项目投资和制订分年投资计划，结合盈利模式和运营模式计算项目各项营业收入，并对应计算实现各项收入所需支出的成本、税金等，从而计算各年度净利润及利润分配情况。产业园区全生命周期投资测算模型如图 5-8 所示。

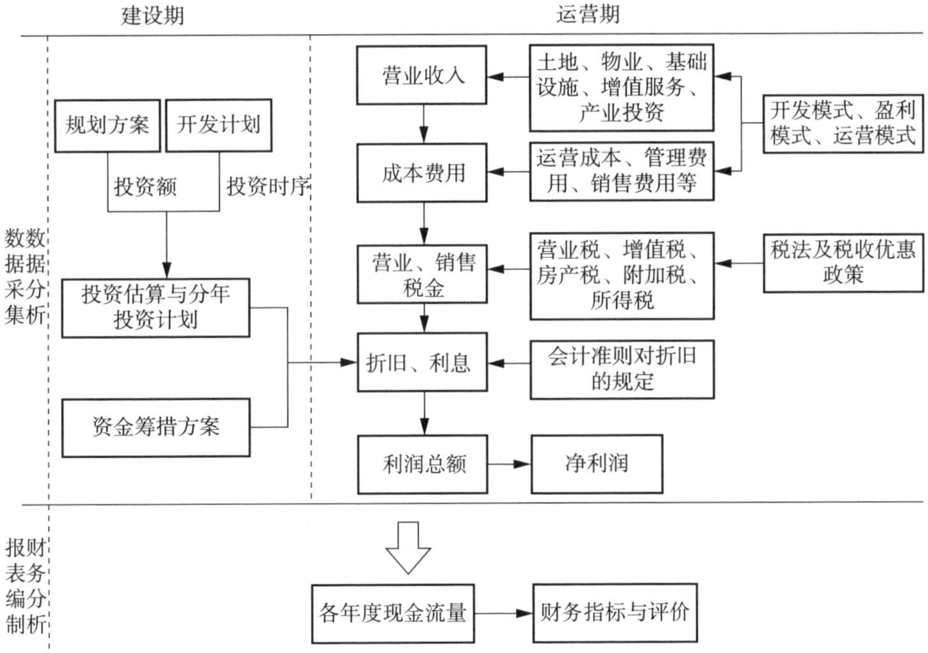

图 5-8 产业园区全生命周期投资测算模型

根据以上测算模型，进一步计算项目各年度的资金流出与流入，以及各年度净现金流量，由此得出各年度资金需求情况。产业园区全生命周期净现金流量如图 5–9 所示。

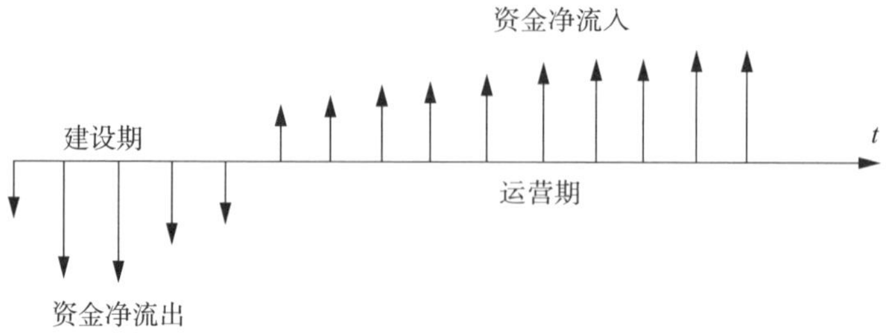

图 5–9 产业园区全生命周期净现金流量示意

（二）结合多元化开发模式引入社会资本

在当地财政吃紧、投入有限的背景下，要大力引入社会资本对合作园区进行开发。2017 年 2 月，国务院办公厅印发《关于促进开发区改革和创新发展的若干意见》，明确指出要引导社会资本参与开发区建设，探索多元化的开发区运营模式，而且对于产业园区 PPP 开发项目，国家发展改革委也为其在发行债券方面提供了绿色通道。园区要加强政企合作，由园区平台公司引入社会投资人（专业园区开发商）作为战略投资人，共同组建园区开发公司或项目开发公司，园区平台公司可以地作价出资或现金出资，利用社会投资人的资金实力和融资能力为股东合资公司提供融资服务。同时，要创造盈利条件，鼓励由社会投资人独资开发，缓解政府投资和融资压力。园区开发公司或项目公司股权与融资模式如图 5–10 所示。

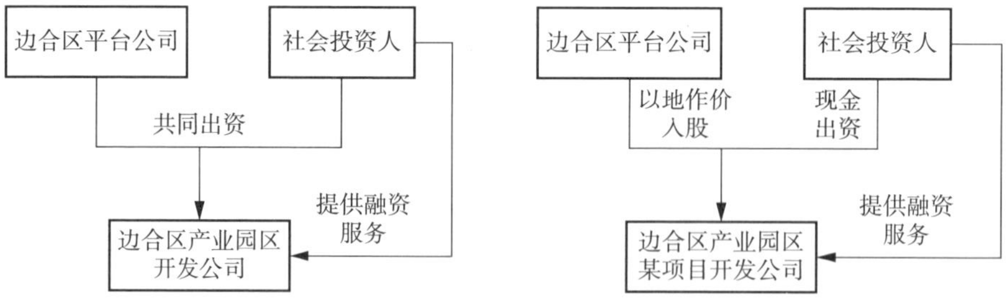

图 5–10 园区开发公司或项目公司股权与融资模式

（三）针对资金和资产结构制定融资方案

产业园区的融资方式有 20 多种，不同发展阶段和不同开发模式其资金需求也存在较大的差异。合作园区的开发盈利特点是盈利能力和偿还能力相对较低，实现盈利的周期相对较长，为此，园区开发的融资要重点考虑融资期限长、融资成本低的融资方式，可重点考虑的融资方式有三类：一是寻求政策性、开发性金融支持；二是发行 PPP 项目专项债、产业专项债和平台公司债等；三是以物业收益或公共事业收益为基础进行资产证券化。适合园区开发特点的三种融资模式如图 5–11 所示。

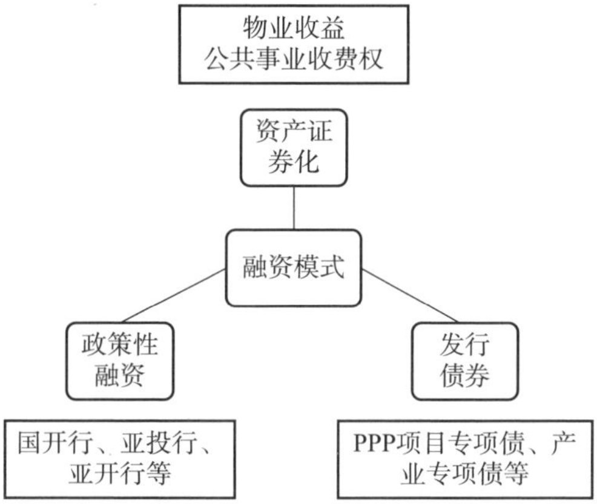

图 5–11　适合园区开发特点的三种融资模式

1. 政策性、开发性金融支持

政策性、开发性金融支持主要提供机构为国家开发银行、进出口银行、亚投行和亚开行等。国家开发银行、进出口银行资金支持主要有三个优点：额度大、利率低和期限长，满足园区开发前期投入大、资金回收慢的要求，由于合作园区大多地处贫困地区，属于国家开发银行、进出口银行重点扶持项目，国家开发银行、进出口银行提供的资金融资成本可低于基准利率，相对于其他融资工具，还款周期可长达 15 年，且融资额度大，与园区的还款能力和周期相匹配。国家开发银行、进出口银行开发性资金与一般性质的融资方式项目具有明显的成本优势和期限优势。以苏州工业园为例，在园区开发早期，开发公司自有资金在一两年的时间内即全部投入，此时开发公司选择了国家开发银行作为其主力合作银行，突破了基础设施建设的资金“瓶颈”，保障了园区的快速发展。从 2000 年开始，国家开发银行先后向园区承诺了多期贷款，累计承诺额 194.11 亿元，累计发放额 134.5 亿元，占到园区基础设施建设累计投资的 1/3。国家开发银行资金较长的偿还期限，使得开发公司可以提高基础设施建设标准，而无须考虑短期还款压力，这样土地和物业升值大部分掌握在开发公司手中，实现了园区开发利益的内部化。亚投行近年来加大了对欠发达地区“互联互通”基础设施领域的融资额度，边合区可积极争取。亚开行以扶持后发地区发展为首要任务，边境地区也是其支持对象，2016 年 2 月，临沧边合区基础设施综合发展项目列入国际金融组织贷款 2016—2018 年备选项目规划，贷款额度 2.5 亿美元。

2. 发行 PPP 项目专项债、产业专项债等

为拓宽政府和社会资本合作（PPP）项目融资渠道，国家发展改革委于 2017 年 4 月发布了《政府和社会资本合作（PPP）项目专项债券发行指引》，引导社会资本投资 PPP 项目建设，积极发挥企业债券融资对 PPP 项目建设的支持作用。园区平台公司可考虑与社会投资人组建 SPV 公司，发行 PPP 项目专项债为园区开发融资。为支持产业发展，国家发展改革委发布了《社会领域产业专项债券发行指引》，园区开发商或企业可根据主导产业的发展情况，重点在农副产品加工产业和旅游产业方面，发行农副产品加工产业专项债和旅游产业专项债。

3. 资产证券化

资产证券化是盘活合作园区存量资产的重要手段，以未来的收益实现当前的融资，且属于表外融资，对融资主体的财务形象影响小。同时，资产证券化的金融工具为投资者提供了一种相对安全、收益稳定、流动性强、透明度高的产品，是目前较为常用的融资工具。合作园区开发机构可考虑将其持有的工业厂房、物流中心租金收入作为基础资产进行资产证券化融资，还可以考虑以园区基础设施特许经营权和收费权作为基础资产进行证券化融资。以特许经营权和收费权为基础的资产证券化交易结构如图 5–12 所示。

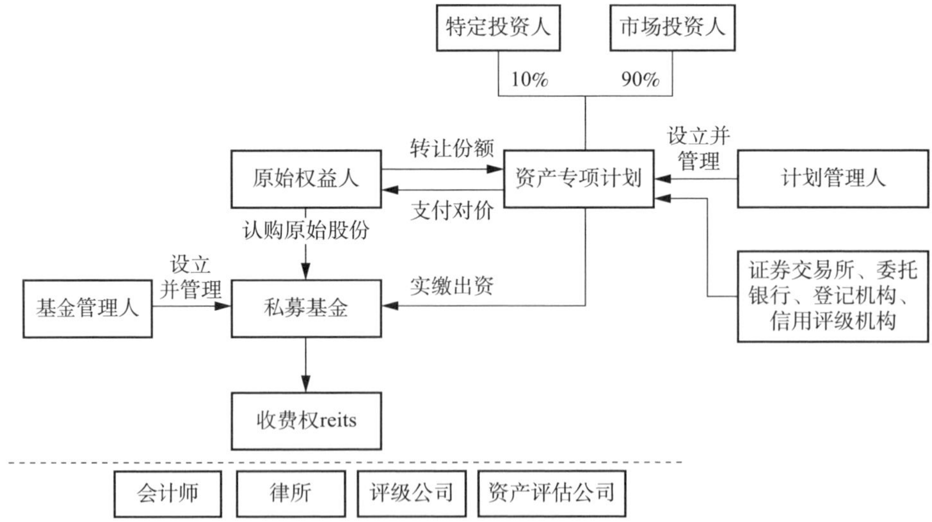

图 5–12　以特许经营权和收费权为基础的资产证券化交易结构

专栏 3　宝湾物流发行资产证券化产品

2018 年底，由宝湾物流控股有限公司作为发行人的“长江楚越—宝湾物流第 1 ~ X 期资产支持专项计划”获深交所审议通过，拟发行金额共 100 亿元。宝湾物流控股有限公司是深圳赤湾石油基地股份有限公司与中国南山开发（集团）股份有限公司共同投资成立的高端物流设施投资平台，也是中国最大的国资物流地产商。

该项目从拿到审批开始计算，预计建设期 12 ~ 18 个月，园区达到稳定运营的成熟期一般需要 2 ~ 3 年，按照平均租金 28 元 /（平方米·月）、出租率 92% 估算，园区投入运营后，除利息费用外，可达到 37% 的净利率。ABS 的发行能在运营未成熟时为其提供资金，而在项目稳定收入来源后偿还债券。

宝湾物流资产证券化基本信息如下表所示。

宝湾物流资产证券化基本信息

类别	详情
债券名称	长江楚越—宝湾物流第 1 ~ X 期资产支持专项计划
债券类别	ABS
拟发行金额	100.00 亿元
行业	运输仓储
承销商 / 管理人	长江证券（上海）资产管理有限公司
项目状态	通过

六、招商运营报告

（一）升级招商理念，制定合作园区精准招商

一是引导园区从土地招商模式向产业招商模式升级。随着产业园区的转型发展，企业对园区的服务环境提出了更多元的要求，仅为企业提供用地的土地招商模式越来越难以满足企业的发展需求。要达到招商目的，不仅要为

企业提供土地、物业等物理环境，更需要为企业提供一系列的投资促进服务。投资促进从广义上讲，指一切有利于投资实现的行为，参与的对象是社会的全体成员，通过消除或减少影响投资的不利因素，为企业提供成本更低廉、效率更加高效的生存发展环境，让每一个投资者的每一个项目都能实现投资和发展。

二是引导产业集群招商向产业生态招商升级。早期的园区主要招商方式为产业集群招商，产业集群招商表现出的特点为块状经济，形成块状产业集群效应，其不足在于各块状产业相互之间关联度较低。产业链条招商弥补了块状经济的不足，以实现产业链为目标，通过引进和自建，有目的地将各环节串联，形成完整的产业链条，不仅有助于增强产业链上下游企业之间的相互依存关系，还提高了园内企业的稳定性。产业生态招商主要是通过对生态圈层的构建，不仅在产业链纵向延伸中针对产业上下游进行招商，也在横向协作产业中，构建完善的配套产业体系，形成产业及关联服务配套产业在多环节的连接与交流，通过内部产业圈层培育，形成产业内部各种资源的流动、碰撞，并激发新产业的诞生，实现自我循环、内在共生的产业生态圈层。

三是积极推动传统招商向新型招商升级。传统招商渠道主要包括投资推介、协会招商、驻地招商等形式。为整合招商资源，提高招商效率，需要对招商渠道进行升级和创新，具体可包括资本招商、平台招商、联合招商、双向对流招商和校友招商等新型招商渠道，充分发挥对口帮扶经开区管委会、各地商会、行业协会、校友会和各类产业论坛作用，建立招商引资管理体制、运行机制和考核办法。

（二）结合园区实际，选择合适招商模式

除一般的招商模式外，合作园区特有的开发模式还包括“园中园”招商模式、“飞地园区”招商模式、对口援建招商模式和“特色小镇”招商模式。

“园中园”招商模式指按照“政府引导、市场主导”的招商原则，充分发挥“园中园”开发商自身产业优势，以自身产业作为主导产业优先导入，合作园区管理机构和当地政府协助“园中园”开发商进行上下游配套产业招商，形成以“园中园”开发商为主要招商实施主体，政府提供协助和支持产业落地的招商模式。合作园区管理机构和当地政府为“园中园”开发商提供相关招商引资服务，包括但不限于企业落地过程中的对接、工商注册、财税咨询等服务。目前，已有个别合作园区自发探索了“园中园”招商模式，并取得

了较好的成效，以云南临沧边境经济合作区南伞园区为例，正在建设的中缅鞋业轻纺文化产业园，依托深圳市龙岗区鞋业商会对珠三角鞋业轻纺企业的影响力，通过产业链上下游整体转移，将东部沿海鞋业轻纺企业整体转移至临沧，迅速形成产业集聚效应。中缅鞋业轻纺文化产业园围绕鞋业产业打造产业链条，构建创意、研发、采购、展览展示等功能齐全、配套完善的专业园区，并通过鞋业轻纺产业的带动，打造一座新型鞋业轻纺类工业基础较强的现代工业城镇。

"飞地园区"招商模式指由双方政府合作，以发达地区政府为主搭建合作招商平台，根据产业发展规划，由发达地区政府牵头负责将其优质产业资源，特别是国资平台企业和产业龙头企业导入，并由龙头企业带动上下游产业链整体转移，形成政府牵头、龙头进驻、上下游跟随的招商模式。该招商模式实现了发达地区产业的增量扩张和产业链延伸，又为飞入地带来相应的产业、扶持资金和就业机会，形成一种良性的产业外溢，实现多方共赢的局面。如在深汕特别合作区的招商中，由深圳市政府牵头，将华为、华润、腾讯、深业集团、深圳特区建发集团、深圳振业集团、深圳赛格、深圳天健、盐田港、中交城投、中城建、中广核和恒大集团等一批深圳的龙头企业引入合作区，迅速形成了产业集聚。

对口援建招商模式指由国家级平台与合作园区管理机构双方共同组建招商平台，按照"政府引导、企业主体、市场运作、合作共赢"的原则，充分发挥国家级经济开发区成熟产业优势和产业外溢效应，根据合作园区产业资源禀赋，引导对口产业环节向边合区转移，并将国家级经开区投资促进政策、公共服务平台、产业配套服务等产业发展经验对合作园区进行输出的招商模式。对口援建产业转移园模式是国家级经开区与合作园区对口帮扶的升级版，将更大范围和更深层次地促进两地在投资促进、人才交流、信息互通等领域的全面合作。如江苏吴江经开区发展总公司与河口城市投资开发建设有限公司组建合资公司在河口边合区内共建"吴（江）河（口）产业园"项目。

"特色小镇"招商模式应坚持市场主导，引入有实力的文化、旅游龙头企业作为特色小镇开发商，并以其作为特色小镇的招商主体，充分挖掘并利用边合区的特色资源，打造特色小镇个性化 IP，对小镇进行形象定位、产业定位、项目定位、市场定位，并以此作为招商指引，在合作园区管理机构的支持下，将小镇招商与边合区城市营销相结合，通过多种媒介进行推广宣传，由特色小镇开发商引入旗舰和主力客商，吸引上下游配套和鼓励个人建立工作室，形成独具边境特色的文旅产业生态。

（三）绘制产业图谱，分类细化招商流程

建立以产业图谱为指导，分类循序招商的招商流程。一是建立招商数据库，以产业规划和细分产业定位为指引，通过核心产业集聚区域、重点产业园区、上市企业、独角兽企业、行业隐形冠军及优质中小企业等多个方面建立招商大数据。二是进行企业筛选，输出产业目录，并绘制产业图谱。三是搭建招商平台。该平台具备招商实施及运营服务两种功能，招商实施层面主要通过产业图谱进行企业筛选，输出符合产业定位的企业名录。四是分类循序招商，根据企业名录按照龙头企业、创业企业、基础商业、服务平台及配套合作机构进行分类，通过招商小组进行分类招商，从而达到精准招商的目的。产业招商流程如图 5-13 所示。

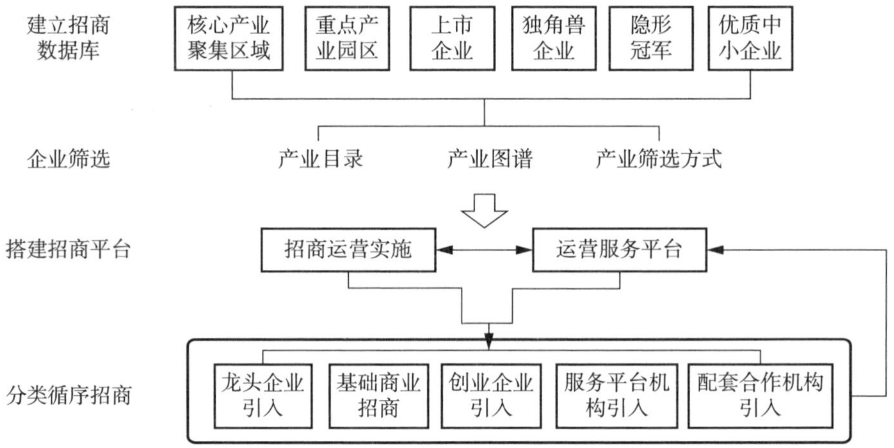

图 5-13　产业招商流程示意

（四）提升运营水平，构建全方位运营体系

1.“三位一体”的园区运营理念

基于产业与企业需求基础，重点面向“员工”这一以人为本的运营核心，开展运营体系设计。在产业需求层面，需考虑不同类型的产业对园区形态有不同的要求，如物流园、文创园、科技园、金融区、生物医药园与航天科技园等。在企业需求层面，不同规模、不同生命周期以及不同类型的企业对物业要求也有所不同。上市企业与总部型企业注重企业形象的打造，因这类企

业已处于成熟阶段，人员配备充足，通常选择物业服务周到且具有独立形象的独栋建筑，而中小型企业则由于资金有限、人员较少等因素，相比办公场地大小，其更加看重园区内的企业配套服务。在员工需求层面，需考虑不同年龄段不同收入水平的差异化、个性化需求。

2. 以企业发展为导向的运营服务体系

在招商引资阶段，打造“一站式”企业入园服务体系。园区作为产业发展的载体，主要服务于入园企业及企业员工。根据企业所处发展阶段，为企业提供全方位的配套服务，本阶段重点是招商引资服务和人力资源服务。在招商引资阶段，首先需要明确目标客户锁定，并在充分了解客户需求之后，与客户进行洽谈、签约乃至设计个性化的入驻方案。在入园阶段，主要为入园企业提供一站式便利化服务，如企业注册代办、入园手续办理、开荒清洁等。

根据企业成长各阶段，打造企业全生命周期“服务链”。园区企业在发展过程中经历种子期、初创期、成长期、稳定期和蜕变期五个时期，各阶段企业特点不同，对应的配套需求也大不相同。设立企业综合服务平台，能够了解企业在发展过程中需要解决的困难和问题。打造企业全生命周期“服务链”不仅有利于扩大服务对象，还能为企业提供全面的综合性服务。企业全生命周期服务清单如表 5–6 所示。

表 5–6　企业全生命周期服务清单

	种子期	初创期	成长期	稳定期	蜕变期
特点	项目处于创意和发明阶段	各类资源要素的组合使用 公司生存有基本保障	企业以扩大经营为目的，形成规模化生存	企业进入大规模发展阶段	企业规模和产品类型发生增量变化
配套企业	工商注册 税务代办 投融资对接	办公家具、文具采购 打印机设备租赁 企业管理咨询 人才招聘 厂房租赁 知识产权咨询 投融资对接 产业链上下游对接服务	产品整合营销推广 企业管理咨询 法务服务 企业品牌策划 知识产权申报 上市服务 投融资对接 公共检测平台服务	企业品牌推广 产品设计 后期市场调研 后期企业所在行业调研 投融资对接 对外投资服务 企业交流服务 IPO 辅助对接	知识产权交易服务 高端人才培训、交流、招聘服务 股权债权辅助管理 证券商对接 银行对接

续表

	种子期	初创期	成长期	稳定期	蜕变期
企业家需求	创业辅导 法务咨询 产品、行业市调 提供决策信息 商务服务	政策辅导 搭建政府关系网 企业经营管理辅导 企业家圈层组建 经营所需信息收集 商务服务	政策传递 拓展政府关系网 对接高端企业家圈层 企业家知识、技能培训服务 子女入学辅助服务 企业经营管理辅导 财务管理知识辅导	高端人才对接 企业家圈层对接 私人定制商务、生活配套服务 高级技能、知识培训 资产管理咨询 企业经营咨询 财务咨询	企业转型升级辅导 政府资源对接 行业资源对接 区域资源对接 商务配套服务

3. 以员工需求为导向的运营服务体系

根据不同产业人才层次的不同，总体需要满足企业员工的四类需求，即环境保障、基本需求、文化需求和社群需求。合作园区现阶段重点满足基本需求与环境保障，特别需要注意满足外籍劳工的需求保障。基本需求方面需要保障园内软硬件配套设施，如食堂、宿舍 / 公寓、无线网络、快递物流等。在环境保障方面注重生产、生活、生态的有机平衡，设置休闲运动场所及绿色公共空间。在外籍劳工的需求方面，应考虑配备翻译，设计符合对方国家生活习惯的环境等因素。

02

CHAPTER

第二篇

区域合作实践篇

第六章
汕尾：区域合作的体制机制

近年来，国家赋予珠三角发挥更大功能和更高定位的发展使命。中共中央、国务院2019年先后印发的《粤港澳大湾区发展规划纲要》《中共中央、国务院关于支持深圳建设中国特色社会主义先行示范区的意见》和中共中央办公厅、国务院办公厅2020年印发的《深圳建设中国特色社会主义先行示范区综合改革试点实施方案（2020—2025年）》，逐步明确了深圳承担“双区”建设的历史使命，也给周边地区带来了新的历史发展机遇。在构建以国内大循环为主体、国内国际双循环相互促进的新发展格局下，更加重视国内国际市场经济循环核心圈及产业体系的构建与完善。

汕尾作为近年广东省经济增速领先的城市，面临新的城市发展机遇。与深圳合作日趋紧密，2018年深汕合作区合作升级、2019年成为粤港澳大湾区辐射的第一圈层、2020年纳入深圳都市圈，汕尾向西融湾的格局已形成；与珠三角产业发展互补，形成了初具规模的产业转移工业园、产业转移集聚地等若干产业发展平台，承接深圳等珠三角核心城市外溢产业的规模逐年上升，逐步形成与珠三角紧密关联的产业体系，汕尾“以产兴城”的路径已明晰；城市进入关键发展阶段，汕尾2018年跨越千亿元GDP门槛，经济追赶势头强劲，但目前仍处于工业化中期阶段，以推进工业化进程实现城市跨越发展的窗口期已来临。

为贯彻落实广东省委、省政府对汕尾在“一核一带一区”中的发展要求、紧抓新的历史发展机遇、顺应经济社会发展的内在需求，需要在准确分析汕尾发展动力及条件基础上，找准汕尾到2035年的城市发展战略定位，明确中长期的阶段性发展目标和支撑目标实现的产业体系、城市空间组织架构等，并提出可落地的策略体系。

一、战略基础分析

汕尾站在新的发展起点，需全面分析发展的战略基础。从战略环境看，汕尾的发展拥有三大优势基础，包括被纳入城市群发展战略、参与承接新一轮产业转移，以及进入城市关键爬升期。从战略资源看，汕尾拥有三大优势条件，包括综合生产要素成本相对低廉、区位交通便利和环境优良、深汕区域合作机制成熟。

（一）战略环境

1. 汕尾被纳入城市群发展战略

尽管汕尾目前未被纳入国家级城市群发展规划，但广东省区域发展规划已指明汕尾通过西融，被纳入珠三角的发展方向。汕尾通过被纳入珠三角的城市群，融入区域协调发展格局的政策路径已形成。

（1）城市群发展模式成为国家战略，汕尾未被纳入国家级规划

城市群成为国家推动区域协调发展的主要抓手。城市群模式经由区域统筹发展而来，是区域协调发展的精细化阶段。一是区域统筹发展阶段（2000—2009 年），国家先后出台包括珠三角在内的五项国家级区域发展规划，形成以东部地区为重点、其他区域协调统筹发展的格局。二是城市群发展阶段（2010 年至今），“十二五”期间出台的《全国主体功能区规划》和《国家新型城镇化规划（2014—2020 年）》明确了城市群发展战略，划定了珠三角等全国 21 个城市群；“十三五”期间出台包括粤港澳大湾区在内的三个国家级区域发展规划，强调城市群内部的协调发展。

汕尾尚未被纳入国家级区域发展规划。汕尾周边围绕着粤港澳大湾区（2019 年）、赣闽粤原中央苏区（2014 年）和海峡西岸经济区（2011 年）等三个国家级区域发展规划城市群，但汕尾均尚未被纳入。由于缺乏国家级政策的支持，汕尾需要通过强化与周边城市联系，争取政策覆盖。

（2）省级规划将汕尾纳入深圳都市圈，紧抓历史发展机遇

广东省级规划明确要求汕尾融入珠三角。深汕特别合作区使汕尾与深圳合作内容逐步深化。2011 年汕尾与深圳合作共建深汕特别合作区；2013 年建立深圳—汕尾对口帮扶机制；2016 年深圳实施“东进战略”，开启第二轮对口帮扶汕尾工作；2018 年深汕特别合作区进行体制机制改革，成为深圳经济功能区。省级规划为汕尾与深圳合作提供政策支持。2017 年《广东省新型城镇化规划（2016—2020 年）》要求汕尾加入深莞惠大都市区，成为区域性中心；

2019 年广东省都市圈发展规划将汕尾纳入深圳都市圈。

2. 汕尾承接新一轮产业转移

汕尾承接新一轮产业转移机遇和挑战并存。汕尾通过积极承接珠三角外溢的产业，可构建和升级自身产业体系，但汕尾也面临与省内外其他城市及境外对珠三角产业转移资源的正面竞争。

汕尾经济发展进入承接新一轮产业转移机遇期。以我国东部沿海地区引领的新一轮产业转移已经开启，珠三角是最主要的产业转出地。珠三角企业的整体转移以在省内转移为主，占比达到 52%；珠三角企业的部分转移以向省外转移为主，省内转移占比约为 21%。2018 年汕尾承接产业转移数量明显上升，通过进一步积极主动承接珠三角产业转移，可构建和升级汕尾自身的产业体系。

汕尾承接产业转移面临省内其他城市激烈竞争。深圳和广州是新一轮产业转移的主要转出城市，产业主要在珠三角内部转移。汕尾承接珠三角整体转移和部分转移的企业数量均排在全省末位，面临与省内其他城市对深圳、广州产业转移资源的激烈竞争。提升承接产业转移的积极性和竞争优势，是汕尾紧抓产业转移机遇的必然选择。

汕尾承接产业转移面临省外及境外激烈竞争。对深圳转移企业的走访调研反馈，汕尾仅在土地及成本上具备一定优势，但人才、市场需求及政策吸引力不足。汕尾亟待完善产业配套体系，通过增强城市承接产业能力，争取承接更多的产业转移资源。

3. 汕尾进入城市发展新阶段

汕尾迈入城市爬升的关键节点。深圳、佛山、东莞等珠三角及粤东粤西中心城市的经验显示，城市在 GDP 实现千亿元规模后进入关键爬升期，约 7 年可实现 GDP 翻一番，并逐步分化为跨越式发展和稳态发展两种发展模式，在两种不同发展模式影响下形成城市实力分层。跨越式发展模式下的深圳、佛山、东莞、惠州、珠海和中山在迈入千亿元 GDP 规模后，城市经济总量经过 10 年发展，GDP 超过 3000 亿元；而稳态发展模式下的茂名、湛江、汕头、江门等，迈入千亿元 GDP 后，城市经济总量经过 10 年发展，GDP 仍维持在 2000 亿元规模。汕尾 2018 年实现千亿元 GDP 规模，进入城市爬升关键期，亟须明确城市未来发展模式、定位和路径。

汕尾进入需要大规模投入资源阶段。据测算，汕尾如果选择稳态发展模式，在各城市保持过去 5 年平均发展增速条件下，则将稳定在全省靠后的位次；但汕尾如果选择跨越式发展，则可通过约 10 年时间成为粤东西北的头部城市，紧跟湾区城市发展规模；到 2035 年成为全省排名靠中游的城市。如要实现跨越发展，根据广东省深圳、佛山、东莞、惠州等跨越式发展城市的经验，汕尾需要投入充裕的土地资源、积极吸引就业人口流入。

（二）战略资源

1. 要素综合成本优势

汕尾在产业空间、劳动力、水电等生产成本上具有较大竞争优势。汕尾厂房租金约为深圳市的 30%、工业用地价格约为深圳市的 54%、用工成本约为深圳市的 58%、用电成本约为深圳市的 74%、用水成本为深圳市的 84%。与省内其他城市比较，在厂房租金、土地出让价格、用工成本等方面具备一定竞争优势。汕尾生产成本与周边城市对比如表 6–1 所示。

表 6–1　汕尾生产成本与周边城市对比

项目		汕尾	深圳	东莞	惠州	广州	河源	清远	江门
普通厂房租金［元 /（平方米·月）］		8 ~ 12	15 ~ 30（原关外） 30 ~ 60（原关内）	12 ~ 18	11 ~ 14	18 ~ 30	8 ~ 9	6 ~ 10	10 ~ 20
工业用地出让价格（元 / 平方米）		290	480（原关外） 600（原关内）	384	450	600	255	390	524
在岗职工年均工资（元）		64288	111709	69937	77634	111839	68940	77341	71317
水（元 / 吨）		1.9	2.25	2.1	1.9	1.83	1.15	1.33	1.8
110 千伏大工业电价［元 /（千瓦·时）］	峰		1.0581	1.0695	1.0693	1.0695	0.9302	0.9302	0.9626
	平	0.5190	0.7056	0.6599	0.6598	0.6599	0.5755	0.5755	0.5834
	谷		0.2616	0.3449	0.3448	0.3449	0.3027	0.3027	0.2917

数据来源：内部整理。

2. 区位交通资源优势

汕尾市地处广东省沿海、紧邻粤港澳大湾区。近年来汕尾内连外接的交通基础设施建设日趋完善。通过高速铁路、城际铁路、高速公路等多种交通方式，汕尾逐步形成综合性交通网络，进入粤港澳大湾区“一小时”交通圈。

（1）外部交通

铁路方面，汕尾市将形成“七横一纵”的铁路运输格局，包括东西走向的 5 条高铁、2 条城际和南北走向的 1 条货运铁路。一是运营中的厦深高铁，兼顾客运与货运功能，是汕尾与深圳联系的主要轨道交通。二是建设中的广汕高铁、汕汕高铁和深汕高铁，广汕和汕汕高铁于 2023 年建成通车，将有助于汕尾实现与广州、汕头之间的快速通达；深汕高铁将连接深圳与深汕合作区，有助于将汕尾到深圳的交通时间缩短在 1 小时内。三是谋划中的龙汕铁路、汕梅高铁、深汕城际，龙汕铁路为汕尾南北向的货运铁路，兼顾客运功能，既是汕尾新港的后方运输通道，也是汕尾与我国中部及京津冀地区连接的通道；汕梅高铁和深汕城际，将分别有助于加强汕尾与粤北和珠三角的联系。四是近期计划开工建设的深大城际，尽管未到汕尾，但可利用现有轨道交通，实现汕尾快速通达深圳宝安机场。

公路方面，汕尾外连的高速公路规划形成“四横三纵”的高速路网。在运营的包括深汕西高速、潮莞高速 2 条东西向的高速，以及惠深沿海高速、兴汕高速、河惠汕高速、潮惠高速的部分路段。兴汕高速规划在近期完成建设，增强汕尾与粤北及中部地区的快速联系；深汕西高速正在改扩建，将满足汕尾与深圳之间日趋紧密的联系需求；深汕第二高速将利用惠深沿海高速、深汕西高速，向东延长至深汕合作区，向西延长至深圳坪山区，汕尾可通过优化与深汕合作区深东大道的联系，接入深汕第二高速，增加与深圳之间的道路联通。

（2）内部交通

汕尾市域内部交通现已建成“两横一纵”的市域内高速公路网，逐步实现“五纵三横”主骨架高速公路网的建设目标。其中，已建成的“两横一纵”分别为潮莞高速、深汕西高速与兴汕高速，打通陆河水唇至深汕赤石、华侨管理区（市界）至深汕鹅埠、海丰黄羌（市界）至汕尾红海湾田干之间的联系。待“五纵三横”高速公路网建成后，将增加陆丰甲子至深汕鹅埠、甲子至东港、陆河水唇（市界）至碣石、深汕赤石至梅陇农场以及深汕赤石至鹅埠的高速公路，实现汕尾市区与市区组团的快速通达。

（3）港口资源

汕尾市拥有汕尾港区（老港）、汕尾新港区、陆丰港区以及海丰港区 4 个港区。汕尾港区（老港）将逐步转型为客运港口，未来规划深惠汕海上客运航线、恢复开通汕尾至香港客运航线，货运功能逐渐转移至汕尾新港；汕尾新港区将作为货运功能发展的重点；陆丰港区被定位为陆丰市生产生活物资供应的重要平台与汕尾市发展海洋产业的核心引擎，湖东作业区重点为中广核陆丰海洋工程基地提供服务；位于深汕合作区的小漠港区，现已被纳入深圳港，作为盐田港的喂给港，将建成国际物流港，被定位为粤东核心海港枢纽及综合性海港商贸区。

3. 深汕合作机制优势

深汕合作对汕尾的社会经济发展发挥良好的示范作用，深汕特别合作区给汕尾提供良好借鉴，深圳对口帮扶汕尾给汕尾提供良好产业资源。在“深圳总部 + 汕尾基地”“深圳研发 + 汕尾生产”的发展模式下，电子信息、新能源汽车等产业项目加速落地。

深汕特别合作区提供良好的借鉴。截至 2020 年 8 月，深圳市在深汕合作区设立的企业已达 2111 家，其中制造业 190 家，形成了电子信息、新材料等领域的企业集聚。合作区的产业选择及产业配套政策等给汕尾提供了良好的产业发展示范。

深圳对口帮扶有助于汕尾加强与深圳的全面对接。在深莞惠“3+2”经济圈合作框架下，每年定期举办党政主要领导联席会议。深圳从产业发展、就业帮扶、基础设施及“两不愁、三保障”兜底等方面对汕尾进行对口帮扶，截至 2020 年，汕尾获得深圳帮扶的产业项目 1593 个，按“一县一业、一村一品、一户一策”建立特色产业农民专业合作社 131 个。

二、实施策略

（一）深度融湾的开放门户

1. 完善内外通达的区域性交通枢纽

积极对接深圳市及粤港澳大湾区交通发展规划，争取实现“113”交通圈[①]的发展目标，构建高效便捷、内外通达的交通运输体系。

对外交通：汕尾争取与粤港澳大湾区之间实现 5 条高铁、2 条城际铁路、5 条高速公路的高效快速联系；谋划与大湾区核心城市的海上客运航线、建设汕尾通用机场，构建“海陆空”“三位一体”的区域性交通枢纽。

对内交通：争取增加 2 条疏港铁路，努力构建汕尾“五纵三横”高速路网框架。全市公路网总里程约 8010 公里，其中高速公路约 530 公里，一级公路约 895 公里；公共交通结合 TOD、智慧城市等先进模式，构建综合性发展的城市智慧交通网络，实现公共交通分担率达到 30% 以上。

① “113”交通圈即城区与各区县间 1 小时左右通达，与大湾区主要城市 1 小时左右通达，与省内其他城市 3 小时左右通达。

（1）强化与深汕合作区交通联系

汕尾可通过接入深汕合作区，增加深汕高铁、深汕城际2条接入深圳的轨道交通和深汕新高速、深汕第二高速、河惠汕高速3条接入粤港澳大湾区的高速公路。

共同推进项目：重点配合深圳积极推进深汕城际、深汕新高速等重大交通基础设施项目前期工作。

优化交通连接：积极推进珠东快速路开工建设，采取增加轨道交通班次和补贴高铁票价、高速通行费等举措优化与深汕合作区的交通。

（2）推进汕尾港规划建设

整体推进汕尾港规划建设，对接粤港澳大湾区核心港口圈，优化与汕潮揭港口群的物流通道，强化港口功能，实现“以港立市”。

一是加快疏港铁路和公路的建设。重点推进汕尾北向和东向的疏港铁路和公路建设，加强与汕潮揭城市群的货运交通联系，强化港口基础设施功能建设。主要包括龙汕铁路、陆丰港区湖东作业区疏港铁路建设，以及兴汕高速海丰至红海湾段、五华至陆河段，深汕西改扩建汕尾段等疏港公路的建设。

二是加快推进港口基础设施的规划建设。首先，对汕尾货运港区基础设施进行全面升级，重点推进汕尾新港（红海湾）与陆丰港区建设对接深圳港，积极主动承接湾区核心城市疏解的食品等散杂货的货运功能，对接盐田港，争取承接深圳东部港区的部分集装箱货运功能。其次，打造智慧港口，运用“互联网+”的云计算和大数据技术，推进汕尾港航综合信息管理平台建设工作，提升汕尾港航安保系统巡查和港航管理服务信息化工作。

（3）恢复海上客运功能

积极谋划联通粤东与湾区城市联系的海上客运航线，打造粤东海上客运航线基地，逐步恢复汕尾老港区的海上客运功能。

分阶段建立与粤港澳大湾区的海上客运联系。近期重点推进汕尾老港恢复港口客运功能，与深圳和惠州等联合落实《粤港澳大湾区发展规划纲要》关于深惠汕海上客运航线的任务；远期将汕尾老港拓展为粤东海上客运航线基地，建立汕尾到深圳、香港、澳门、珠海、中山、广州、汕头等城市的海上客运航线。

谋划通往全球重要客运港口的中长途客运航线。借助临近香港、深圳、广州等国际客运港口的优势，建立汕尾与湛江、海口、北海、上海、新加坡等国内外城市的海上客运联系。

发展与粤港澳大湾区核心机场的海空联程服务。谋划建立汕尾老港到香港机场、深圳机场的直达客运航线，实现与粤港澳大湾区综合交通运输服务的有机衔接，进一步优化汕尾对外交通的通达性。

（4）完善市域路网建设

加快搭建“五纵三横”的市域交通主框架。重点加快推进珠东快速路建设，建设南北走向的兴汕高速和兴汕高速陆丰支线 2 条高速公路。

加强干线路网与交通枢纽站点的衔接。重点推进汕尾市区与各区县间的干线公路建设，增强各区县与汕尾火车站、汕尾港口片区、汕尾通用机场等重大交通基础设施的通达性，穿城道路实行客货分流，构建快速连通和高效衔接的内、外交通一体化网络。

（5）构建智慧综合公交体系

以 TOD 模式建设城市综合性公共交通枢纽站点，分阶段逐步形成多层次、一体化、综合性的城市智慧交通网络。

近期（至 2025 年）：城区重点完善常规交通，谋划地面轻轨交通；各区县间构建中运量交通网络，建设常规公交与快速公交衔接的公交换乘枢纽。以高铁站点周边为试点，进行 TOD 模式集约化开发，并搭建城市智慧交通管理信息平台。

中期（至 2030 年）：重点完善路面轻轨轨道交通网络，初步构建立体化交通系统，并围绕枢纽场站进一步开展多元化、集约式的城市开发，在枢纽场站周边构建城市生活服务邻里中心。

远期（至 2035 年）：进一步完善城市轨道交通体系，谋划建设地铁，形成以轨道交通和中运量交通为主体、常规公交为辅的智慧交通体系。各区县以区域内交通枢纽站点为核心，建设集公交换乘、商业服务、商务办公以及生活服务于一体的多功能服务中心。

（6）推动汕尾通用机场建设

重点推进汕尾通用机场①的规划研究。积极争取汕尾通用机场纳入《全国通用机场布局规划》和广东省“十四五”规划项目库，力争到 2035 年建成。

2. 营造比肩自贸区的一流营商环境

优化营商环境是汕尾实现战略发展目标的首要任务。通过复制前海自贸

① 汕尾通用机场初步选址于汕尾市海丰县城东镇东侧，定位为民用支线机场，作为深圳宝安机场、广州白云机场以及香港国际机场的支线。

区改革创新经验，对标国内一流营商环境，构建汕尾营商环境；建立营商环境动态评估机制，通过市域内竞赛、城市间竞争，在对比中找差距和短板，以评促建。

（1）复制前海自贸区改革创新经验

以复制前海自贸区改革创新经验为抓手，优化汕尾营商环境。深圳为建设先行示范区和落实综合授权改革试点，在前海自贸区加快制度创新。汕尾应紧抓“双区”发展机遇，充分利用深汕两市合作基础，积极参与深圳都市圈建设，建立与前海自贸区的紧密联系。通过复制前海自贸区在投资、贸易、金融、法治、体制机制等方面的成功经验，对标先进，营造同等的良好营商环境。前海自贸区制度创新经验如图 6–1 所示。

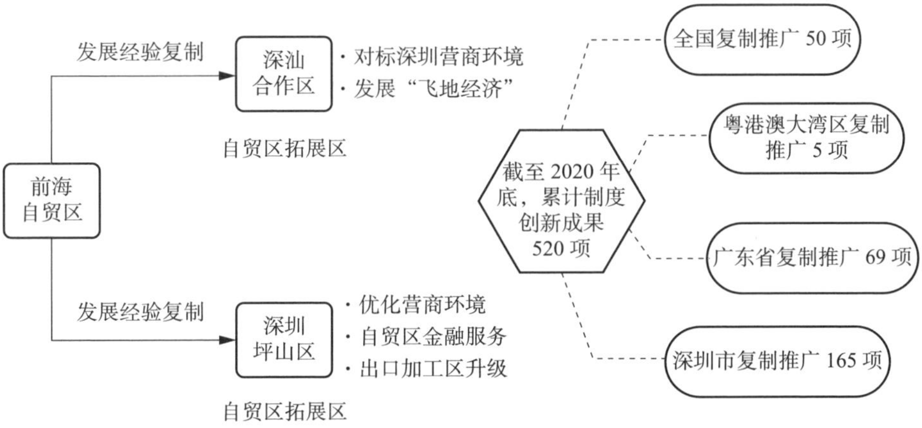

图 6–1　前海自贸区制度创新经验

（2）开展汕尾市营商环境动态评估

对营商环境开展动态评估，以评促建。对汕尾的营商环境进行动态自评。结合世界银行、国家发展改革委和台湾地区电机电子工业同业公会对营商环境的评价指标体系，委托第三方机构建立契合汕尾特征的营商环境评价体系，并开展跟踪评估，推出营商环境“红黑榜”，从竞争中找短板。积极将汕尾纳入全国城市营商环境评价范围，开展横向对比，从差距中找短板。

3. 强化服务产业精准招商引资机制

（1）实施产业链链长责任招商

实施市领导担任产业链链长的精准招商工作模式。由市委、市政府各分管领导担任“5+N”产业体系的产业链链长，并以对应的责任部门，成立具体产业的招商工作组。按照“一位市领导、一个牵头部门、一个工作方案、一套支持政策”的工作模式，推动产业招商工作有序开展。

产业链链长责任招商工作模式“五步法”：①调研摸查。调研梳理产业链发展现状，全面掌握产业链重点企业、重点项目、重点平台、关键共性技术、制约因素等情况。②建链补链。研究制定产业链图、技术路线图、应用领域图、区域分布图，实施制造业产业链“四图”作业。③招商推进。研究制订做优做强做大产业链工作计划，统筹推进产业链企业发展、招商引资、项目建设、人才引进、技术创新等重大事项。④政策引导。研究制定支持各产业链发展的政策措施。⑤协调机制。研究建立产业链发展日常调度通报机制，加强工作协调，协调解决发展中的重大困难问题。

（2）对产业转移资源开展靶向招商

紧抓新一轮产业转移机遇，以靶向招商打造产业转移承接地。委托第三方机构深入研究全国产业转移趋势，实现精准靶向招商。在以国内大循环为主体、国内国外双循环互相促进的新格局下，把握全球产业转移方向，以承接产业转移为抓手嵌入全球产业链。

重点加强与东部沿海中心城市的招商对接，承接产业转移。应紧跟产业转移趋势、响应自身产业发展需求，深入了解备选招商企业，以产业链“建链、补链、强链”的差异化发展需求，积极引入相关企业资源。如在电子信息产业转移上，深圳、北京和上海是主要转出地；在汽车制造业上，上海、北京、重庆为主要转出地；在农副食品加工上，北京、成都、青岛是主要转出地。

（3）创新招商方式，挖掘乡贤投资潜力

增加新型招商方式，实现精准招商。新型招商以资本招商、国有平台招商、社会中介招商、乡贤资源及园区运营招商为主要方式，在新技术、新机制上比传统招商有更高的效率及影响力。

充分挖掘乡贤资源，扩大投资来源。汕尾乡贤资源具有较好的投资能力，但尚未充分挖掘。如在深圳的 140 位汕尾乡贤担任了全国 528 家企业法人代表，省内占比达 79%，但目前在汕尾投资占比不足 8%，汕尾应加强与乡贤的沟通，了解乡贤投资的顾虑和需求，充分挖掘乡贤资本潜力。

（4）创新招商奖励机制，释放招商活力

政府招商推行市场化选人用人模式。①在用人制度上，对公职人员探索全员聘用制、竞争上岗制、领导干部任期制等灵活的人事制度。②在选拔机制上，突破工龄、职称限制，对业绩突出者重点提拔任用，对不达标者调岗淘汰。③在薪酬制度上，围绕新项目信息的获取率、最终项目的上会率和落地率等设置绩效奖励考核指标。

市场招商实行有针对性的奖励政策。针对商协会及其他机构，可借签厦门、昆山及长沙经验，根据项目落地设立阶段性奖励。①设立项目信息奖励。对于投资项目信息引荐人，给予一次性信息奖励金。②设立项目落户奖励。按实际投资额给予项目引资人一定比例奖励。其中，对引入世界500强、中国企业500强、中国民营企业500强、中央企业、境内上市公司或行业龙头等知名企业落户，以“一事一议”的方式商定具体奖励金额。③设立经济贡献奖励。按照形成地方经济贡献给予一定比例奖励。④创新以商招商奖励。对引入其他企业、项目落地的本地企业，给予一次性招商奖励或者地方留存税收收入奖励。

4. 创新“政府 + 市场”区域合作机制

重点推动汕尾与深圳的合作，以市场和政府的力量推动汕尾紧抓“双区”发展的历史机遇。

（1）推动共建共享的“飞地模式”

采取“政府引导、市场主导、利益共享”的“飞地模式”，创新推进异地产业园和跨市域保障房建设等经济和社会领域的合作。

发展异地产业园。按深圳都市圈“总部 + 研发 + 制造”圈层分布格局，以“对口帮扶 + 市场化合作”的双机制，谋划设立深汕两市合作建设的新产业平台。

创新财税分成机制。结合深圳、汕尾两地合作需求，根据产业园区具体需求，提高园区对收益分配的优先级，增加产业园区投资运营主体的自主权；设立产业基金，以金融手段对收益进行高效市场化分配，推动产业合作建设成效加速显现。

合作建设跨市域公共住房。加强与深圳住建部门的沟通和衔接，争取深圳“产业园区 + 轨道交通 + 公共住房”的跨市域公共住房合作项目落地汕尾。构建深汕两地高效通勤交通，吸引深圳人才、产业落地汕尾。

（2）构建党政干部队伍挂职交流机制

通过对口帮扶机制，建立政府干部队伍到深圳挂职交流机制。借鉴深圳对口帮扶河源、广西、新疆的人才培养模式，通过两市组织部门建立党政人才挂职交流机制，推动汕尾党政干部队伍到深圳相应部门进行挂职交流，对标先进地区提升政务服务水平，提高与深圳在经济和社会领域合作的广度和深度。

（二）跨越发展的产业新城

汕尾市培育和提升区域中心城市的经济功能，需要以产业发展为重点。建议以构建“5+N”产业体系、升级“23N”产业园区、培育“万亩千亿”产业平台和创新“引借育留”人才体系为抓手，支撑汕尾建设成跨越发展的产业新城。

1. 构建“5+N”产业体系

（1）“5+N”产业体系

依据汕尾市的产业、区位、政策、交通、资源的发展基础，从上位规划、区域发展、汕尾基础和行业趋势构建产业选择模型，输出汕尾“5+N”的产业体系：

五大主导产业：电子信息、电力能源、汽车制造、海工装备、服装珠宝；

N 个培育产业：高端装备制造、新材料、生物医药、大数据、特色旅游、商贸物流、现代农业等。

汕尾市“5+N”产业体系指引如表 6–2 所示。

表 6–2　汕尾市“5+N”产业体系指引

<table>
<tr><th>产业类型</th><th>细分领域</th><th>重点业态指引</th></tr>
<tr><td rowspan="2">电子信息</td><td>新型电子元器件及设备制造</td><td>半导体器件专用设备制造；电线、电缆制造；电子元器件与机电组件设备制造；半导体照明器件制造；光电子器件制造；其他电子器件制造；其他电子元件制造</td></tr>
<tr><td>集成电路制造</td><td>半导体器件专用设备制造；集成电路制造</td></tr>
<tr><td>海工装备</td><td>海洋工程装备产业</td><td>风能发电工程施工；风能发电运营维护；风能发电工程技术服务；风能发电机装备及零部件制造</td></tr>
<tr><td>汽车制造</td><td>新能源汽车</td><td>新能源车整车制造、零部件配件制造</td></tr>
<tr><td rowspan="2">电力能源</td><td>清洁能源</td><td rowspan="2">风力发电、核力发电、火力发电、太阳能发电</td></tr>
<tr><td>传统能源</td></tr>
<tr><td rowspan="3">服装珠宝</td><td>珠宝等工艺品</td><td rowspan="2">地毯、挂毯制造，珠宝首饰及有关物品制造，其他工艺美术品制造</td></tr>
<tr><td>纺织业</td></tr>
<tr><td>纺织服装、服饰业</td><td>机织服装制造、服饰制造、毛纺织及染整精加工</td></tr>
<tr><td>高端装备制造</td><td>智能制造装备产业</td><td>机器人与增材设备制造</td></tr>
</table>

续表

产业类型	细分领域	重点业态指引
新材料	新型建筑材料制造	金属新材料、金属延压材料、金属制品；先进钢铁材料；先进无机非金属材料；先进石化化工新材料
	先进有色金属材料	
	先进石化化工新材料	
	先进无机非金属材料	
生物医药	医药制造	中药饮片加工、中成药生产、卫生材料及医药用品制造、药用辅料及包装材料制造、生物育种、生物医学工程产业
	医疗器械	
	生物育种	
大数据	基础设施	电力设备及基础设备运营、存储设备硬件、IDC、云服务 &IAAS、数据安全、数据交换、智慧出行、智慧家居
	数据存储和云平台	
	智慧城市	
特色旅游	旅游服务	旅游会展服务、文化会展服务、旅游酒店、旅行社及相关服务、民宿服务、露营地服务、餐饮服务、游乐园、休闲观光
	旅游设施	
商贸物流	—	城市配送、道路货物运输、公路客运、城市公共交通运输、综合管理服务
现代农业	海洋渔业	水产品加工、水产养殖、水产捕捞、农副产品批发、农产品种植、中药材种植
	畜禽养殖	
	种植业	

（2）产业“千百亿工程”和企业“龙门计划”

要构建“5+N”的产业体系，建议采取产业发展“千百亿工程”和企业培育“龙门计划”。

首先，打造产业“千百亿工程”，推动传统工业向新兴工业转变。到2035年，努力形成电子信息、高端装备制造和服装珠宝三大千亿元级产值的产业和电力能源、新能源汽车两大800亿元级产值的产业，以及包括高端装备制造、新材料、生物医药、大数据、现代农业等若干百亿元级产值的产业。目前，汕尾的工艺美术、电子信息、橡胶和塑料制品业、纺织服装、汽车制造五大产业达到百亿元级产值，需要采取“增强＋跨越＋维持”的分类发展路径，推进产业扩容增效和转型升级。汕尾产业“千百亿工程”如图6–2所示。

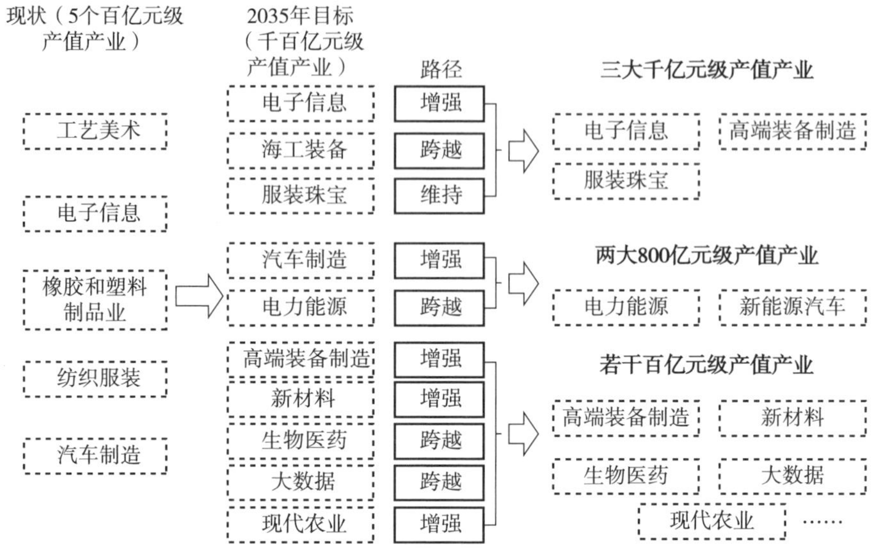

图 6-2　汕尾产业“千百亿工程”

其次，打造企业“龙门计划”，培育产业发展后劲。汕尾目前头部企业少、产业集群弱，建议采取扶持企业发展的“龙门计划”。重点包括三项内容：①制定“龙门计划”企业认定标准，筛选出重点行业的种子企业；②建立“龙门计划”企业数据库，重点对引领型、成长型企业进行长期跟踪服务；③编制并发布“龙门计划”发展指数报告，通过年度动态评估，及时了解和跟进引领型、成长型企业的发展动态及需求，并将龙门指数作为评价园区平台经济景气度的重要指标。

2. 推动产业园区转型升级

园区是汕尾推动企业集聚、形成产业集群的重要抓手。基于现有的产业园区基础和申报国家级高新区进度，谋划新的国家级重点产业平台，打造“23N”产业园区发展格局，培育“万亩千亿”产业发展平台。

（1）谋划国家级重点产业平台，升级产业园区

紧跟趋势，谋划设立自贸区。自贸区自东向西布局，成为我国最重要的产业发展平台和对外合作平台。广东已在深圳、广州、珠海设立 3 个自贸片区，福建已在福州、厦门和平潭设立 3 个自贸片区，上海已有临港新片区、张江高科科技片区等 5 个自贸片区，浙江已有宁波片区等 6 个自贸片区，汕头也在积极争取设立广东第四个自贸片区。汕尾应紧跟产业平台趋势，谋划设立广东第五个自贸片区，争取与粤港澳大湾区、海西经济区和长三角串联为东南沿海集中布局自贸片区、落实“双循环”发展新格局的重要区域。

响应需求，争取设立综合保税区。汕尾在服装珠宝等领域出口规模较大，结合汕尾产业发展需求和汕尾港口的发展方向，以及未来与粤港澳大湾区、汕潮揭城市群的合作潜力，应着手争取设立综合保税区。通过综合保税区，强化港口物流功能和加工制造功能，为汕尾承接优质产业提供良好的平台。

（2）明确园区产业导向，提高产业集聚度

构建“23N”产业园区发展格局。“2”是以红草产业园和临港工业园打造千亿元级产值产业园区平台。“3”包括陆河星河产业园、海丰生态科技城、陆丰东海经济开发区，根据现有产业基础，推动百亿元级产值产业进一步集聚。“N”是指公平、可塘、梅陇、甲子等专业镇和马宫海洋渔业科技产业园等，形成散点布局的特色产业空间。重点将土地指标布局在产业园区及其周边配套区域，并完善园区交通物流配套，优化园区发展空间。

制定重点产业园区的产业导向指引。将汕尾“5+N”的产业体系与“23N”产业园区平台匹配，明确园区主导产业。①以红草产业园发展电子信息产业、以临港工业园发展高端装备制造产业，打造承载千亿元级产值产业的重点平台。②海丰生态科技城、陆河新河工业园、陆丰东海经开区、红海湾经开区和马宫海洋渔业科技产业园分别以高端装备制造、新能源汽车、生物医药、电力能源和现代农业为主导，综合培育承载多类型产业发展。③工艺美术、纺织服装等汕尾特色传统产业集中在专业镇，通过鼓励“个转企”、集中入园等实现做强做优目标。

分阶段打造“万亩千亿”大平台。根据产业产值预测，分阶段打造“万亩千亿”产业平台，实现产业“千百亿工程”落地。到 2025 年，重点将红草产业园打造为汕尾首个“万亩千亿”产业平台，集聚电子信息、大数据、生物医药等新兴产业；到 2030 年，重点将临港工业园打造为“万亩千亿”产业平台，重点发展高端装备制造和电力能源等海洋相关产业；到 2035 年，将海丰生态科技城、陆河新河工业园、陆丰大南海石化基地打造为“新兴产业 + 传统产业”共同发展的“万亩千亿”产业平台。

（3）以“新建 + 旧改”，推动园区转型升级

新建若干“园中园”，推动产业平台升级。根据产业发展需要，新建电子信息、生物医药、装备制造等“园中园”，引入专业的产业运营主体，对标深圳、东莞等第三代、第四代产业园区，进行“园中园”的开发建设、招商和运营，提升入园企业的规模和质量。

更新改造现有园区，增加产业空间供给。针对部分园区产业空间空置、利用效率低下等问题，采取拆除重建和综合整治等手段，增加园区产业空间。

（4）动态调整入园门槛，提高土地集约利用率

以集约利用原则，差异化设定行业的入园门槛。重点包括容积率、固定资产投资强度、土地产出效率、行业增加值率、劳动生产率、土地税收贡献率等六项核心指标，约定园区土地、人口、资本的最低投入产出效率。个别行业入园区门槛如表 6–3 所示。

表 6–3　个别行业入园区门槛

代码	行业类别	容积率	固定资产投资强度（万元 / 亩）	土地产出率（万元 / 亩）	土地税收贡献率（万元 / 亩）	行业增加值率（%）	全员劳动生产率（万元 / 人）
13	农副食品加工业	1.5	300	500	10	20	24
14	食品制造业	1.5	400	550	20	22	20
16	烟草制品业	1.2	300	450	20	25	150
18	纺织服装、服饰业	1.5	300	500	25	25	11
21	家具制造业	1.2	400	500	20	28	16
23	印刷和记录媒介复制业	1.2	400	500	15	35	24
24	文教、工美、体育和娱乐用品制造业	1.5	400	500	20	28	43
27	医药制造业	1.0	400	600	30	26	32
28	化学纤维制造业	1.2	400	450	10	35	112
29	橡胶和塑料制品业	1.0	300	500	20	20	18
30	非金属矿物制品业	1.0	300	500	20	22	16
33	金属制品业	1.0	300	500	15	20	23
34	通用设备制造业	1.0	400	550	20	22	15
35	专用设备制造业	1.0	400	550	15	22	14
36	汽车制造业	1.0	500	550	30	22	55
37	铁路、船舶、航空航天和其他运输设备制造业	1.0	400	500	30	22	27
38	电气机械和器材制造业	1.0	500	550	15	20	20

续表

代码	行业类别	容积率	固定资产投资强度（万元/亩）	土地产出率（万元/亩）	土地税收贡献率（万元/亩）	行业增加值率（%）	全员劳动生产率（万元/人）
39	计算机、通信和其他电子设备制造业	1.2	500	550	20	25	24
40	仪器仪表制造业	1.2	500	500	15	22	17
43	金属制品、机械和设备修理业	1.0	400	450	20	22	17

根据汕尾产业发展，动态调整入园门槛。根据产业发展条件，适时合理提高入园门槛，提升入园企业的产出效率，以平台建设推动汕尾产业转型升级。

3. 建立内外联动的人才体系

（1）实施“借、引、育、留”差异化的人才引入策略

搭建汕尾人才需求金字塔。构建以领军人才为引领，以创智人才为重点，以创意人才、创业人才和创造人才为支撑的人才金字塔结构图。明确城市发展提质和产业转型升级的人才需求结构，有侧重点地出台人才引进策略。

以“借”“引”为主引入高端人才。面向领军人才、创智人才和创业人才，通过“反向飞地”计划向发达地区“借”和通过红海扬帆人才计划积极“引”外部高端人才。

以“育”“留”为主增加技能人才。通过汕尾理工大学、省级职教城等产教融合重大教育项目，“育”产业发展急需的技能型人才；通过发展新兴产业，完善公共服务配套，“留”创造人才和提高技能型人才的本地就业率。

（2）建设人才“反向飞地”

在深圳、北京、上海等地设立人才“反向飞地”。秉持“不求所用、但为所用”的开放合作理念，以人才“反向飞地”打通汕尾与先进地区的创新资源合作通道，促进创新发展要素跨区域流通。

设立“创新岛”作为人才“反向飞地”落地项目。积极谋划在深圳布局孵化器、创新中心等“创新岛”，顺应高端人才集聚一线城市的趋势，充分利用深圳完备的科技创新生态环境，并提供科技创新成果在汕尾落地转化的优惠政策通道，主动“走出去”构建深汕两市“研发＋生产基地”的合作模式，

建立汕尾与深圳产业、资金、人才等创新要素自由流通渠道。“反向飞地”创新资源流向如图 6–3 所示。

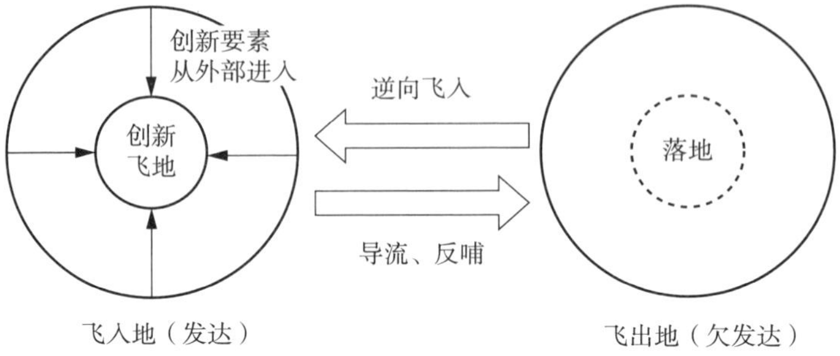

图 6–3 “反向飞地”创新资源流向示意

专栏 4 “反向飞地”代表性案例

“反向飞地”是欠发达地区主动到发达地区设立“飞地”，变传统“飞入地”为“飞出地”，一般是由欠发达地区主动到发达城市建设一块“飞地”，大则几十亩的产业园，小则是 1 万平方米的写字楼，或者设立孵化器，提供各类资金、政策支持用以集聚创新人才和创新孵化项目，并积极促进科技创新成果到欠发达地区转化，实现孵化在外地、生产在当地的创新资源引进模式。

1. 浙江衢州绿海飞地（深圳）产业园

浙江衢州绿海飞地（深圳）产业园实现双赢发展。一方面，打通衢州与深圳前海的产业链、资金链、人才链，推动产业转型升级，全面助推衢州跨越发展；另一方面，深圳可以通过利用“反向飞地”集聚创新资源，利用人才、资金优势来形成自己的产业优势，促进珠三角和长三角的产业深度合作，为粤港澳大湾区建设提供经典样本。

2. 浙江衢州（杭州）海创园产业园

衢州（杭州）海创园位于杭州未来科技城内，是浙江省第一个跨行政区建设的创新“反向飞地”。入驻海创园的企业，既可享受杭州的创新政策“同城待遇”，又可在创新项目落地衢州时，享受衢州的优惠政策。衢州（杭州）海创园第一次跳跃以“人才 + 资本”为核心，通过主动的第一次“反向跳跃”获得杭州未来科技城的创新资源集聚、扩散效应，吸引高端人才和金融资本。目前已引进海内外高层次人才超过50人。通过人才、资本等创新要素的培植和协同，集聚电子信息、新材料、高端装备制造等新兴产业，重点引进和培育数字经济，形成适应未来科技城高精尖的产业体系。园区迅速集聚了一批创新项目，以发展生物医药、电子信息、智慧产业和科技金融类产业，实现产业良性循环和优化升级。

3. 常熟（北京）创新中心

在两地联动下，常熟（北京）创新中心发挥着常熟产业“驻京办”的作用，不仅更好地服务常熟企业，建立起常熟的引智生态链，打通人才项目落地通道，促进常熟的产业转型升级，也加速了北京企业的科创成果在异地实现产业化转化。

4. 东方美谷·虹桥中心

东方美谷·虹桥中心是一座位于上海虹桥商务核心区的商务楼，由上海市奉贤区南桥镇政府自持，集虹桥的区位优势和奉贤区最具竞争力的政策于一身。在这个“反向飞地”注册的企业可以享受上海最优的扶持政策，包括开办费补贴、租金补贴、以税抵租、人才购房、人才津贴等，以及“一揽子”投资方案和一条龙的投资服务。南桥镇提供的“以税抵租”具有良好的引企作用，在南桥镇注册的企业可以免租入驻东方美谷·虹桥中心，无偿使用和享受办公配套设施和服务，以在南桥镇缴纳的税收抵销租金。

（3）申请设立省级职教城

积极申请设立省级职教城。学习借鉴清远创办省级职教城的成功经验，积极向省政府申请在汕尾设立服务湾区产业发展的省级职教城。争取与深圳先进的职教资源合作，以省市共建和深汕两市合作的模式，导入广东省、深圳市的优质职教资源，整合汕尾的职业教育学校，组建职业教育集团，高标准建设省级职教城。

创新产教融合的职教办学模式。一是办学理念上，坚持产教融合、以工为主，培养适应产业发展需要的技能人才。二是学科设置上，借鉴德国、瑞士等国家应用技术高校专业设置经验，面向汕尾市和珠三角产业发展的人才需求，进行专业设置。三是培养方式上，坚持“双元制”办学模式，积极引入企业参与办学，包括建设实训基地、企业人才定制培养、聘请企业人员来校授课等形式。

深圳市及汕尾市职业教育资源如表6-4、表6-5所示。

表 6-4 深圳市职业教育资源

序号	学校名称	序号	学校名称
1	深圳信息职业技术学院（高等）	10	深圳市开放职业技术学校
2	广东新安职业技术学院（高等）	11	深圳市第三职业技术学校
3	深圳市龙岗区第二职业技术学校	12	深圳市行知职业技术学校
4	深圳市中嘉职业技术学校	13	深圳市福田区华强职业技术学校
5	深圳艺术学校	14	深圳市博伦职业技术学校
6	深圳市体育运动学校	15	深圳市宝安职业技术学校
7	深圳市第一职业技术学校	16	深圳市沙井职业高级中学
8	深圳市新鹏职业高级中学	17	深圳市龙岗职业技术学校
9	深圳市第二职业技术学校	18	深圳市奋达职业技术学校

资料来源：内部整理。

表 6-5 汕尾市职业教育资源

序号	学校名称	序号	学校名称
1	汕尾职业技术学院（高等）	9	陆丰市职业技术学校
2	汕尾职业技术学院中专部	10	陆丰市第二职业技术学校
3	汕尾市职业技术学校	11	陆丰市甲西职业技术学校
4	汕尾市技工学校	12	陆丰市博美职业技术学校
5	汕尾市崇文职业技术学校	13	陆丰市碣石新安职业技术学校
6	汕尾市体育运动学校	14	陆丰市甲秀职业技术学校
7	汕尾市城区职业技术学校	15	陆丰市技工学校
8	海丰县中等职业技术学校	16	陆河县职业技术学校

资料来源：内部整理。

（三）宜居宜游的滨海明珠

1. 重塑开放和谐的城市形象

以城市营销增强城市吸引力和市民认同感。以汕尾“文化 + 美食 + 滨海”的特色开展城市营销，树立符合汕尾特色的城市品牌和城市定位，打造开放和谐的城市新形象。对外城市营销，可借助新媒体、大数据手段，在抖音、快手等短视频平台发布城市短视频，通过线上宣传造势和线下活动引流，提升城市知名度。对内城市营销，可通过采取“善美市民”行动，发放附带个人信用信息、奖励积分和支付功能的市民卡，以及维护公平正义、平安稳定和良好法治环境的“平安汕尾”行动，提升市民的认同度和自豪感。

引入市场化专业力量，建立“政府＋市场”的城市营销团队。城市营销具有较强的专业门槛，可借鉴西安城市营销的成功经验，建议引入媒体、广告、公关和咨询等市场化专业团队与政府合作，进行城市包装和推广。

专栏 5　西安城市营销案例

2018 年 4 月，西安市旅游发展委员会与抖音短视频签订合作协议，双方约定基于抖音的全系产品，包装推广西安的文旅产业发展。抖音提供平台和网红资源，实施具体拍摄计划；西安市旅游发展委员会规划特色拍摄路线，承担地方接待费用。西安市政府各部门陆续加入营造“抖音之城”队伍，已有超过 70 个市政府机构开通官方抖音号，西安市公安局、西安市旅游发展委员会、西安市文物局等悉数在列。2018 年 5 月 30 日，西安市商务局把中华老字号、餐饮、商超等 256 家企业代表召集起来，让抖音陕西区域销售总经理对企业家、商协会领导、各区县商务主管部门分管领导和业务科室负责人进行抖音应用培训。

西安与抖音合作推出“四个一”工作方案，助力西安打造城市新名片：

第一个“一”是一个计划，是文化城市助推计划。抖音希望以西安为试点打造样板城市，通过优先加蓝 V 认证、专人运营指导、全方位流量扶持等快速通道，助力文化城市打造具有全球化视野的新名片。

第二个“一”是一组挑战，挑战赛是抖音最热门的入口，抖音会发起一系列的城市主题挑战赛，通过挑战赛让用户真正地走进西安、感受西安，同时发掘更多的西安元素并将其传播出去。

第三个“一”是一条路，抖音将邀请抖音达人体验团来西安深度体验，呈现一条抖音特色旅行线路，对外发布路线攻略，将西安传统、有趣、有特色的精品文化景观，通过抖音去演绎传递给世界，助力西安旅游业新增长点的开发。

第四个“一”是一支片，抖音计划为西安量身打造一支“抖音版”西安旅行纪录片，通过抖音的渠道优势，在中国和全世界范围推广西安旅游资源与文化。

此外，抖音还将在Tik Tok和musical.ly等海外平台上线西安相关产品，并定制了兵马俑、肉夹馍的特效贴纸，帮助传播西安的美食、美景、民俗、文化。

抖音参与西安城市营销的当年，西安春节假日期间共接待游客1269.49万人次，同比增长66.56%，实现旅游收入103.15亿元，同比增长137.08%；西安清明假期间共接待游客380.49万人次，同比增长38.76%，旅游业总收入14.82亿元，同比增长49.28%。

此外，西安市委托北京国艺中联文投科技股份有限公司等打造“西安年·最中国”，该活动大量运用创新科技，打造彩车巡游、大型实景舞台剧等文化产品。2019年初，相关微博话题阅读量突破7亿，累计接待游客1652.39万人次，其中大唐不夜城“盛唐天街”接待游客412.34万人次，成功打造出现象级中国年文化IP。

2. 对标湾区打造民生幸福城

（1）以“四个一点”拓宽民生投资来源渠道

以“政企合作、四个一点”的思路增加投资主体，拓宽汕尾民生事业资金来源渠道。“四个一点”具体包括：

①省内及深圳帮一点。利用粤东西北地区振兴发展的省级政策以及深圳对口帮扶政策，积极争取广东省和深圳市对汕尾教育、医疗和文体等重大基础设施项目的支持。

②汕尾财政出一点。发挥汕尾主体作用，进一步增加财政对教育、文化体育与传播、医疗卫生与计划生育等公共服务事项的支出。

③开发主体建一点。创新“房地产＋教育”“房地产＋医疗”的开发模式，鼓励开发商配建学校、医院等公共服务设施。

④龙头企业配一点。以信利为职工提供教育配套为样板，鼓励龙头企业参与职业教育、学前教育和义务教育等公共服务供给，满足企业人才需要。

（2）以跨区域合作引入优质医疗教育资源

引入集团化跨区域合作办学。利用广东省及深圳市帮扶汕尾发展的外部机遇，积极引入粤港澳大湾区内的教育集团，开展跨区域合作办学，采取加入型、内生型、联盟型、委托管理型等多种形式的跨区域集团化办学方式，导入粤港澳大湾区优质教育资源，补齐汕尾基础教育短板。

构建跨区域医疗联合体。积极与深圳共建医疗联合体，重点推进检查结果互认、医疗人才交流、异地社保互通、医疗机构共建、区域医养协同五项内容，促进优质医疗资源流向汕尾。

深汕医疗联合体的五项主要合作内容为：①检查结果互认。逐步推行深圳、汕尾两市门诊通用病例、电子病例共享，同等级医疗机构检查检验结果互认。②医疗人才交流。推动两市医生跨市执业，通过医院结对帮扶、人才交流互访等方式加大深圳对汕尾医疗人才的帮扶力度。③异地社保互通。推动两市在社会保险对接、基本医疗保险定点医疗机构互认、医保卡互通、参保人异地就医、基本医疗保险服务协管、医疗费用直接结算等方面合作。④医疗机构共建。鼓励深圳医疗机构以独资、合资或者合作等方式在汕尾新设医疗机构或设立分部。⑤区域医养协同。鼓励“社会资本＋三甲医院”的合作模式，与深圳人民医院、深圳第二人民医院、北京大学深圳医院等机构对接业务，积极引进若干医疗康复合作项目，发展康复、养老及康养旅游。

3. 繁荣湾区休闲旅游目的地

（1）“海陆并举”推进旅游合作融湾

滨海旅游融湾。《广东省沿海经济带综合发展规划（2017—2030年）》要求建设滨海旅游带，形成包括红海湾—碣石湾在内的全省“七组团”滨海旅游格局。汕尾可依托红海湾—碣石湾优质滨海资源，高标准建设海上休闲运动旅游基地。《海陆丰革命老区振兴发展规划》要求联通沿海发展片区（惠州惠城区、惠阳区、惠东县、汕尾城区、海丰县、陆丰县、揭阳惠来市、汕头潮阳区和潮南区）发展高端旅游。汕尾可通过串联粤港澳大湾区和汕潮揭城市群滨海旅游资源，以滨海休闲旅游为抓手，打造重点服务于粤港澳大湾区的休闲度假目的地，推动旅游融湾。

陆上旅游融湾。汕尾发挥旅游资源优势和坚持差异化发展路径，结合粤港澳大湾区主要城市的旅游特色[①]，可着力打造休闲度假和人文自然旅游相结合的文化休闲旅游路线。根据《海陆丰革命老区振兴发展规划》，串联汕尾陆河县、河源紫金县、揭阳揭西县和普宁市，打造广东省生态旅游和重要红色文化旅游区。通过将红色旅游、文化旅游、生态观光、特色小镇等资源融合串联，争取将粤港澳大湾区城市旅游线路延伸到汕尾，并进一步拓展至汕潮

① 广州市以岭南文化、近现代革命史迹、休闲观光和现代都市为四大旅游特色；东莞市以近代史迹、岭南古村落和休闲观光为旅游特色；深圳市旅游以主题公园、文化创意、运动休闲和都市风情为四大品牌；惠州市以生态旅游、森林度假、温泉养生和乡村旅游为主要特色。

揭，形成广东省文化旅游带。

（2）“一心两廊五区”构筑全域旅游格局

以旅游资源打造“一心五区”旅游集聚区。以海丰为汕尾全域旅游的“一心”，全力打造红色旅游基地。突出首个全国县级苏维埃政权的诞生地的独特优势，激活市域内丰富的红色旅游资源。以城区的“红海湾滨海旅游区”“城区休闲旅游区”、陆丰的“玄武山—金厢滩旅游区”、海丰的“国际湿地生态旅游区”、陆河的“陆河生态旅游区”打造滨海休闲旅游、农业生态旅游、历史人文旅游的五大“旅游+”集聚区。

以交通串联滨海活力廊道和山水休闲廊道。旅游廊道主要依托轨道交通和高速公路，串联旅游集聚区。一是滨海活力廊道，主要依托沈海高速、厦深高铁和建设中的广汕铁路、珠东快速路等，串联红海湾滨海休闲区、城区休闲旅游区、玄武山—金厢滩旅游区；二是山水休闲廊道，主要依托潮莞高速，串联国际湿地生态旅游区、陆河生态旅游区等；三是作为“一心”的海丰特色旅游区，通过汕尾大道，形成与两条旅游廊道的交会连接。

专栏 6 “一心五区”分布

（1）“一心”：红色旅游

海丰特色旅游核心区。以红色文化游为主题，以海丰红宫红场旧址及彭湃烈士故居红色旅游景区等为依托，带动周边莲花山森林公园等景区的发展。其中，红宫红场旧址和彭湃烈士故居是广东 13 处全国红色旅游经典景区之一、全国 4A 级景区。海丰县还集聚了革命烈士暨革命斗争史纪念馆、红二师师部和红四十九团团部遗址、联安镇坡平村、附城镇新山村等多处红色文化古迹。

（2）“五区”：滨海休闲旅游、农业生态旅游、历史人文旅游

红海湾滨海旅游区。以体育休闲游、海岛观光游和渔业体验游为特色，以汕尾红海湾旅游区为依托，带动捷胜海湾渔业观赏园、施公寮海岛公园和龟龄岛海岛公园的建设。其中，红海湾旅游区是国家 4A 级旅游景区，拥有优质沙滩、滨海浴场等自然景观和南海寺、遮浪炮台等人文景观。同时，红海湾旅游区也是广东乃至全国著名的“海上运动基地”，曾多次承办奥运精英赛、亚运会、全运会等大型帆船项目比赛，被誉为“广东帆船之都”。

城区休闲旅游区。以滨海度假游、休闲娱乐游和文化体验游为特色，以金町湾旅游度假区、品清湖景区、铜鼎山旅游区（国家 4A 级旅游景区）、凤山祖庙旅游区（国家 4A 级旅游景区）为依托，带动马宫渔港旅游区建设，并着力打造若干美食、购物、娱乐等旅游街区，支持打造汕尾餐饮老字号，推出“汕尾海鲜大餐”和“汕尾风味小吃”，繁荣休闲旅游，提升人气，带动产业发展。

玄武山—金厢滩旅游区。以宗教文化游和滨海休闲游为主题特色，以碣石玄武山旅游区和金厢滩滨海旅游区为依托，协同带动碣石滨海古镇发展。其中，碣石玄武山旅游区是国家 4A 级旅游景区，其核心景点元山寺是全国重点文物保护单位和闽南语系百姓的佛教信仰中心，被誉为“南中国海祈福圣地”。金厢滩滨海旅游区是广东省人民政府批准颁布的第二批省级风景名胜区之一，拥有粤东最大的天然海泳浴场和众多奇礁异石与书法石刻景观。碣石镇是中国历史文化名镇，历史上为海防要塞，拥有古碣石卫城等遗迹。

国际湿地生态旅游区。以湿地观光游和温泉养生游为主题，以海丰鸟类省级自然保护区为依托，带动周边大湖美丽小镇、清云山宗教文化游发展。海丰鸟类省级自然保护区由同属黄江河流域的公平区、大湖区和东关联安围区组成，拥有多个重点保护鸟类物种，于 2008 年被联合国批准为国际重要湿地。

陆河生态旅游区。以乡村观光游和生态养生游为主题，以水唇世外梅园景区、共光万亩梅园等为依托，带动周边南天湖景区、上护温泉等景区的建设。其中，水唇世外梅园景区是国家 4A 级旅游景区，种植青梅上万亩，是粤东地区最大的连片梅园。

（3）谋划引进湾区重大旅游项目

重大旅游项目能够显著提升城市知名度、吸引游客聚集。汕尾可以与粤港澳大湾区中心城市和汕潮揭城市群合作开发重大旅游项目和旅游线路，将其作为推动旅游行业提质升级的关键抓手。

通过“承接 + 升级”，努力联合深圳打造湾区代表性休闲旅游项目。积极承接深圳野生动物园搬迁。目前深圳野生动物园位于深圳南山区西丽湖，占地面积约 60 公顷，是我国第一家集动物园、植物园、科普园等于一体的旅游项目。但目前该动物园建设年代较久，设施较陈旧，与其他野生动物园相比竞争力不大；且位于深圳南山北部西丽湖片区，与片区的发展定位不符。汕尾可对接深圳旅游集团和深圳文化广电旅游体育局，充分利用深圳对口帮扶政策和汕尾优质的自然和土地资源，积极承接深圳野生动物园搬迁，联合打造湾区大型主题乐园。借鉴广州长隆和珠海长隆，打造“海洋生物＋野生动物”的主题乐园。广州长隆野生动物世界、珠海长隆海洋王国是全球游客TOP25的主题乐园，对提升城市知名度和带动酒店、餐饮等旅游配套产业发展有显著的作用。汕尾结合湾区人口年轻化、家庭周末游需求旺盛的特征，可在积极紧抓深圳野生动物园搬迁机遇的同时，升级打造满足湾区休闲旅游的大型旅游度假区，配套完善的餐饮、酒店等旅游相关服务业。

专栏7　动物园项目代表性案例

1. 广州长隆野生动物世界

长隆野生动物世界位于广州番禺，隶属全国5A级旅游景区长隆旅游度假区，于1997年开业，占地约2000亩，以大规模野生动物种群放养和自驾车观赏为主要特色，集动植物的保护、研究、旅游观赏、科普教育于一体，是全世界动物种群最多、最大的野生动物主题公园。

2. 珠海长隆海洋王国

珠海长隆海洋王国位于珠海横琴新区，于2014年开业，占地约2000亩，是大型海洋主题旅游度假区，以珍稀海洋动物游览、海洋游乐设备游玩和大型主题演艺为主要特色。2014年吸引游客量即达到800万人次，并有力促进了地方经济增长。2014年珠海的宾馆和酒店接待过夜人数增长15.0%，住宿和餐饮业GDP增长18.6%；2019年游客总量达到1174万人次，在全世界所有主题乐园中排名第八。

根据百度指数和Questmobile的数据，两大动物园的客源地主要为广东省内部，吸引的游客主要为20～40岁的青年群体，以家庭出游和朋友出游为主，具有较高的消费潜力。根据TEA（主题娱乐协会）的数据，以两大动物园为主体的长隆度假区2019年吸引游客达到3702万人，创造营收超过20亿元（含长隆度假区商务酒店、旅游购物等其他项目）。

4. 强化青山绿水的生态优势

（1）产业转型，打造绿色经济

发展新型能源产业。重点引进和培育风电、核电、光伏等清洁能源和新能源汽车等产业。

强化产业准入控制。以国家发展改革委、商务部关于印发《市场准入负面清单（2022年版）》的通知为指导，编制汕尾的地方性市场准入清单，对污染行业实行严格管控。

全面推行节能减排。制定行业差异化的减排要求，并出台优惠政策，对实现减排要求、升级环保设备的企业进行补贴和奖励，对未能按计划实现减排目标的企业执行惩罚措施。

（2）空间管制，严守生态底线

落实生态红线划定。建立生态保护红线控制地块详细名录和登记册，严格实现生态保护红线落地、上图、入库。

严控线内开发建设。对准入的产业和交通、市政等重大基础设施，严格执行排污许可限值和环境管理要求，落实生态保护和治理恢复措施。

强化生态监测评估。综合运用遥感、航拍、地面调查等手段建立生态红线检测平台，监督建设行为和生态环境变化。

（3）机制优化，保障实施落实

建立环境综合治理机制。设立水污染、空气污染、海岸线污染治理指挥部等专门机构，推广实施河长制、湖长制。

建立生态文明考评机制。将生态建设、污染治理等重点工作纳入考核范围，将考核结果作为干部任免奖惩的“关键票”，树立良好的“绿色”政绩观。

建立生态保护激励机制。针对森林、湖泊、海岸等制定合理的补偿标准，实现“谁保护谁受益”；对新能源汽车、绿色建筑等实施鼓励政策，推动节能减排。

第七章
河源：开发建设的机制合作

一、建设深河合作区紧迫性与可行性

河源位于粤北地区，经济发展与珠三角中心区差距较大，但河源承接产业转移的条件成熟、优势突出，发展前景巨大。河源应积极作为，把握产业转移机遇，利用好区域协同发展的平台，以“小组团”模式，推进深河合作区的建设，推动河源经济跃上新台阶。

（一）河源经济增长动力不足，需要动能转化

从经济总量来看，2019 年河源生产总值为 1080 亿元，位居广东下游水平，仅占全省总量的 1%。GDP 增速为 5.5%，低于全省 6.3% 的平均水平且逐年放缓。从工业总产值来看，河源工业总产值从 2016 年的 1599 亿元下降到 2019 年的 1396 亿元，工业增加值率也出现逐年下降的趋势。从固定投资来看，2019 年河源总固定资产投资为 807.4 亿元，近年来投资呈现负增长。河源市 2019 年进出口总额为 303.0 亿元，增速从 2014 年的 22.37% 减缓至 2019 年的 12.0%。河源市 2019 年零售总额为 677.40 亿元，增速从 2013 年开始大幅度下降，自 81.98% 降至 2019 年的 7.74%。从整体来看，河源亟待找到新的经济增长点。

（二）粤港澳大湾区面临新一轮产业转移，时不我待

广东省制造业产业转移以省内转移为主，根据调研，48% 的深圳企业具有异地投资计划，生产环节投资成为深圳市企业向外转移的主要方式。1991 年至 2020 年，深圳产业转移以计算机、通信和其他电子设备制造业为主，占比达到 42.55%，新一代信息技术、软件与信息技术服务等是深圳企业异地发展的主要行业。当前，各地市在吸引产业转移上竞争激烈，河源目前在广东省内承接产业整体转移中排名倒数第三，仍有可能再次错失良机，需抢抓

沿海先进地区产业转移时机，引导深圳产业向河源转移，打造承接转移的高地。

（三）河源具备成本与土地优势，未来潜力很大

根据《深圳市企业外溢、转移意愿调查问卷》，企业外迁的主要因素为吸引人才、扩大规模、降低成本、拓展市场和寻求政策洼地，而粤北地区有较为充足的土地发展空间以及相对较低的经营成本。从广东省各市生产成本来看，珠三角地区生产成本普遍较高，而粤东西北地市在厂房租金、土地价格及职工工资等方面成本较低。特别是在土地价格、水电成本等方面，河源在邻珠地市中优势突出，承接产业转移优势突出。从广东省各市土地开发利用强度来看，深圳和东莞的土地开发利用强度已接近 50% 的国际警戒线标准，而河源的土地开发利用强度仅为 6%，低于全省 11.16% 的平均水平，具有良好的土地空间发展潜力。

（四）“小组团”开发推动合作区快速启动

2019 年河源市地方公共财政支出为 370.22 亿元，支出增速为 11.80%，公共财政收入为 77.48 亿元，收入增速仅为 0.69%，支出增速大于收入增速，收入支出倒挂现象突出。从园区开发的经验来看，在涉及园区开发等资金需求较大的项目上，为减缓政府开发压力，保障园区开发可持续，合作区的开发建议采用小投资、低风险、易开发的“小组团”的开发模式，从而实现较快的产业导入和投资回收。建议深河合作区划定若干开发单元（小组团），采用统一规划、分片开发和分期开发方式，引入土地开发商、基础设施开发商、房产开发商、公共设施开发商等多开发主体参与园区开发。发挥各开发主体的专业能力和产业导入能力，将合作区工程按性质进行分类，落实到各开发主体，分片、分期进行推进。按照市场化原则，各投资主体实现自身投入产出平衡，构建可持续发展的开发模式。

二、深河合作区试验区建议

（一）总体思路

以习近平新时代中国特色社会主义思想为指导，深入贯彻党的十九大以来的路线、方针、政策，紧抓粤港澳大湾区和先行示范区建设机遇，以深河

合作区试验区为试点，探索“非土地财政”的新型产业园区开发模式，构建一套适宜“工业地产”的市场盈利模式，打造“双区驱动”战略的新平台、区域合作新样板、政策创新新高地、经济发展新引擎，形成一套可复制、可推广、可落地的市场开发路径，通过“以点带线、以线带面”，努力实现“一年起好步，三年见规模，五年大发展”的目标，为深河合作区的发展积累经验，做好样板，为深河合作区的全面建设探索一条“政府引导、市场合作、互惠互利”的可持续发展道路。

（二）共建原则

1. 政府搭台，企业主导

立足资源禀赋和产业基础，调动外地企业到河源投资办企业的积极性，引导电子信息、装备制造等生产要素成本压力大、外溢发展需求强烈的制造业企业向河源转移拓展。搭建产业转移合作平台，充分发挥深圳行业协会、龙头企业的引导作用，有序引导企业在深河合作区集中布局，促进区域协同发展。建设深圳异地产业园，通过跨区域优化产业布局，加快深圳传统制造业转型升级，促进河源经济结构调整，实现深河优势互补、互惠互利，增强整体竞争力。

2. 创新驱动，示范引领

实施创新驱动发展战略，围绕新一代信息技术、高端装备制造、绿色低碳、生物医药、数字经济深河重点发展的战略性新兴产业，持续引领经济产业高质量发展。以深河合作区的科技创新作为河源转型升级发展的突破口，培育区域发展新增长极和动力源，形成优势互补的区域经济格局。加快建设以企业为主体的综合创新生态体系，持续优化创新创业环境，加速集聚创新资源，率先形成创新驱动的发展格局。

3. 园区带动，先行先试

推进深河合作区“园中园”建设，以深河试验区为样本，重点加强园区的合作。跟进深河合作区产业导向，依据重点产业谋划专业产业园区，优化产业结构、提升创新能力、挖掘土地潜力、加强功能服务、促进产城融合，做好试点园区的示范工作，优先在试点园区进行政策创新。

4. 制度创新，利益共享

建立科学高效的行政管理体制和长远有效的利益共享机制，加快推动园区管理模式创新、配套机制改革、财税体制完善、人才队伍建设等方面的重点工作，努力创建区域合作创新示范区。着力在行政管理体制、利益共享机制等方面不断改革创新，探索建立有利于合作区长期持续健康发展的体制机制，打造区域合作制度创新高地。

（三）创新政策

1. 营造稳定公平透明、可预期的一流营商环境

营商环境改善是合作区建设的一大痛点，也是合作区发展的重要抓手。针对营商环境改善，需要深入研究河源管理模式的改革和创新，走出具有深河合作区特色的新路子。具体体现在以下三个方面：

一是深化商事制度改革。推行商事登记、公安、税务、银行等部门信息互联互通，实现自助发照，化解窗口受理业务压力，提升商事登记领证效率。实行重大事项领导小组决策下的分部门决策制度，设立由高新区政府主要领导挂帅的深河合作区开发建设工作领导小组，领导小组成员单位常态化召开例会，协调解决深河合作区开发建设运营中的重大问题。领导工作会议依据各自权限和有关制度进行日常决策，加强各部门间的协同合作。

二是深化工程建设项目审批制度改革。完善项目分类管理模式，实施并联审批和联合验收，实行告知承诺制和容缺受理，提供建设项目审批全流程一站式服务。加强“多规合一”业务协同、在线并联审批、统计分析、监督管理等功能建设，实现社会投资项目审批全流程无纸化、零窗口、一网通办。实行相对集中的行政管理体制，设立 e 站通服务中心，统一办理国家部委和省、市、区下放深河合作区的相关行政许可和公共服务事项。

三是深化水电气接入服务便捷化改革。推进企业用水接入改革。实行窗口、服务热线及网上业务受理；建立智慧供电服务新模式。精简办理手续，优化报装流程，推广网上办理和预约上门服务。实行相对集中的公共服务管理体制，通过多种市场化运作的方式，为园区内企业提供数据储存、互联网通信等公共服务和产品。

2. 学习借鉴先进地区实践经验，自主探索政策创新

一是研究推进新型产业用地（M0）制度。学习借鉴广东自贸区等地先进做法，加快出台《深河合作区新型产业用地（M0）管理办法》和相关实施细则，明确产业准入、地均、分割转让比例、容积率、产业监管等因素相挂钩。参照深圳的做法，新型产业用地项目需无偿向政府贡献一定比例的土地、产业用房，用于政府培育新兴产业发展。新型产业用地优先布局深河合作区重点发展产业，严格控制产业准入。

二是实行土地弹性年期出让制度。探索差别化的土地供应，打破目前国

内以法定最高年限一次性出让土地使用权的制度，实行弹性年期。根据科技创新企业特点和拟引进项目的情况，采取分期出让、分段计收地价方式供地，合理确定首段年期和分段年期的安排。土地使用期限届满申请续期的，经评审符合合作区产业政策的可以续期。以先租后让方式供应的工业用地，租赁期满达到合同约定条件的，在同等条件下原租赁企业优先受让。

三是发挥政府配建物业调节功能。配建物业是指在市场化物业开发的同时，按照一定比例建设的政府拥有主导权（产权），用于实现政府发展和公益目的的物业。按照“租售并举”的原则，合作区配建物业优先配置创新型产业用房和人才公寓。实施差别化动态需求管制，有保有控，为科技创新产业发展提供具有价格竞争力的产业用房。合作区可以在出让用地过程中通过统建、配建等方式，筹措一定规模的创新型产业用房和人才公寓，用于支持中小型企业的发展。

四是探索实行政府1.5级开发制度。1.5级开发是介于一级开发和二级开发之间的土地开发模式，是指在一片新区当中选择一块基础设施完备、计划远期出让、潜在价值高的地块，以短期出让或租赁的方式获得土地，土地权属不变，开发者在其上建设非永久性的临时建筑，目前主要为装配可移动建筑，作为这片新区的形象展示窗口，展开招商运营行为，满足入园企业的短期入驻办公需求。

五是争取落地财税优惠政策。学习借鉴上海自贸区、广东自贸区等地做法，争取中央税收政策支持，对深河合作区内鼓励发展的重点产业实行企业所得税优惠政策，对符合条件的境外高层次人才实行个人所得税优惠政策。争取广东省、深圳市和河源市支持，对合作区的鼓励类企业，符合相关企业所得税优惠政策条件的，企业可自行申报享受所得税优惠。深河合作区产生的地方政府税收留成部分，全部返还深河合作区管委会用于片区建设。

3. 推进异地产业园、跨市域保障房建设和共享机制

一是推进异地产业园和跨市域保障房建设。采取“政府引导、市场主导、企业运营、利益共享”的“飞地经济”模式，推进异地产业园和跨市域保障房建设。发展“飞地经济”，研究以“总部 + 研发 + 制造”模式在深圳都市圈建设“国家生物基地分园”“新能源基地分园”。探索深河跨区域建设大型安居工程。

二是建立财税分享两地机制。探索财税分享机制创新，寻找两地利益的共同点和平衡点，合理划分财政收入和税收收入比例，充分调动两地政府的合作积极性。

三是建立企业产值分享两地机制。承接深圳因转型升级外溢的优质产业项目，对落户深圳南山河源高新区产业园的企业所创造和实现的工业产值、规上工业增加值合理划分。

四是探索和完善发展成果分享的体制机制。大力开展城市间标准化合作，加强与合作地区标准化实践的交流互鉴，在优势领域重点施力发挥地区比较优势，进一步提升市场化运作水平，完善发展成果分享机制，探索建立新型"飞地经济"模式模板。

五是探索合作共管的协调沟通机制。按照"发展第一、权责对等、互利共赢"的原则，探索双方沟通便捷、协调有序的对话机制，使产业园在开发建设运营过程中的具体问题能得到高效解决。

4. 建立健全人才保障政策，打造粤北人才高地

一是创新人才政策。研究制定并落实深河合作区人才扶持政策，争取港澳高端人才和紧缺人才个人所得税优惠政策，吸引境内外优秀科技人才到深河合作区就业和创业。积极推进与毗邻国家签署跨境人力资源合作协议，探索建立外籍务工人员管理长效机制。研究外籍员工办理就业许可、签证及居留许可便利措施。进一步为来合作区开展商贸、旅游等活动的境外人士提供出入境便利。

二是引进培育重点产业高层次人才。依托重点创新项目、重点实验室、研发创新平台等载体，引进并重点支持能够突破关键技术、发展高新技术产业、推动公共事业升级的高层次人才。支持高层次人才参与国家、省科技项目攻关等项目，并给予相应支持。积极利用"人才寻聘"等政策措施，激励企业、社会团体、中介机构等为深河合作区招才引才。加大柔性引才力度，实施高端人才智库建设计划，柔性使用海内外高端人才智力资源。

三是建立重点人才管理目录与体系。建立重点产业核心关键技术人才需求目录并动态更新，组织龙头企业、创新型领军企业以及科研机构等招募核心关键技术人才，每年遴选引进一批海内外核心关键技术人才，符合条件的给予资助。重点加强与行业、专业领域排名一流的国内外著名高校、智囊机构等的合作，建立战略性人才交流合作关系，动态充实人才智库专家资源。坚持精品立库，突出需求导向，重点会聚八大重点发展行业领域及公共事业领域相关专家，对入库专家予以支持。

四是探索多层次全方位人才激励措施。探索建立科研项目全球悬赏制度，鼓励海内外优秀人才以多种方式参与突破产业技术"瓶颈"，对通过项目合作等方式解决重要技术难题的，给予引才单位相应资助。探索实施更加积极、

更加开放、更加有效的专项人才政策。积极构建与粤港澳大湾区建设一体化的人才服务体系，为人才创造良好的创业创新、宜居宜业的生态环境，推动资金、人才、技术等资源要素向合作区内流动集聚。

五是提高人才职业技能及管理水平。开展中小企业家培训工程，支持非公领域企业管理人才参加研修培训、挂职实训等，着力提升资本运作、品牌运作、团队管理和资源掌控能力，造就一支职业化、市场化、专业化、国际化的企业经营管理人才队伍。着力引进培育一批具有国际视野、敢于创新、熟谙经营的企业家。重点扶持培育一批领军型企业家及具有一定社会影响力的知名企业家和具有高成长潜力的青年职业经理人。

六是创新人才住房供给模式，实施人才安居工程。实施人才安居保障工程，研究制定人才住房建设管理实施办法，创新人才住房供给方式，加快建设一批人才公寓，推行“职住平衡”住房保障模式。采取财政资金、贷款资金及社会资金并举方式，通过新增用地、土地整备、村集体用地入市等筹建模式，挖掘各种安居潜力。鼓励用人单位按城市规划与土地出让管理有关规定自建人才公寓，提供给本单位基础人才租住。对合作区新开发楼盘，要求配建一定比例的人才公寓用房，政府通过容积率奖励移交或回购方式取得。

5. 加大深河两地政府领导干部、国企高管的交流、挂职、培训力度

加强与粤港澳大湾区地市的沟通合作，在人才引进互融互通、人才培养共育共培、人才评价互认等领域进行大胆探索，启动干部异地挂职交流，积极推动河源、深圳都市圈及粤港澳大湾区的区域人才一体化协同发展。

一是探索建立人才合作机制。借鉴深汕合作区建设经验，建立人才合作机制，设立合作区博士服务站和深河党校、卫计、教育、青年等4个人才驿站，并从深圳相关部门或企业选拔推荐一批高层次人才，为合作区的经济社会发展提供支持。

二是创新人才交流方式。深河合作区人才交流机制可考虑柔性挂职与脱产挂职相结合的方式，灵活进行人才交流或引进。在行政管理、高新技术、创新创业等合作区发展各阶段的重要领域，不拘一格引进人才支持河源建设发展。

三是完善人才挂职交流保障制度。要研究制定人才挂职交流办法，完善挂职交流人才保障机制，多方协调，争取深圳及粤港澳大湾区相关地市人才机构的支持，确保人才挂职交流可持续性，为河源市专业人才供给提供切实有效的保障。

第八章
保定：土地资源的盘活策略

一、保定城市现状分析

针对保定城中村改造工作，分析了保定城改行动产生的背景，梳理了城改的发展历程，并总结了保定城改行动在各方面取得的成绩，同时对保定未来面临的房地产形势进行了分析研判。

（一）城改背景分析

1. 城市更新是我国城市发展新阶段的重要内容

2019 年 12 月，中央经济工作会议首次强调了“城市更新”这一概念。2020 年 4 月，习近平总书记在中央财经委员会第七次会议上指出，要更好推进以人为核心的城镇化，使城市更健康、更安全、更宜居，成为人民群众高品质生活的空间。2021 年 3 月 5 日，李克强总理作《政府工作报告》时提出，“十四五”时期要实施城市更新行动，完善住房市场体系和住房保障体系，提升城镇化发展质量。2021 年 3 月 12 日，《中华人民共和国国民经济和社会发展第十四个五年规划和 2035 年远景目标纲要》中明确提出要加快推进城市更新，改造提升老旧小区、老旧厂区、老旧街区和城中村等存量片区功能。2022 年 3 月，国务院《政府工作报告》指出，要有序推进城市更新，加强市政设施和防灾减灾能力建设，开展老旧建筑和设施安全隐患排查整治。2022 年10月，党的二十大报告提出，实施城市更新行动，加强城市基础设施建设，打造宜居、韧性、智慧城市。可以预期城市更新将成为“十四五”期间及未来较长一段时间的战略重点。

我国城镇化率自 2017 年起超过 60%，城镇化速度整体呈现下降趋势，未来我国城镇化发展将从“高速”转向“高质”，城市空间利用将从“低效”转向“高效”，经济潜力的提升将从依托“增量”扩大转向“存量”挖掘。2001—2021 年中国常住人口城镇化率及增速如图 8–1 所示。

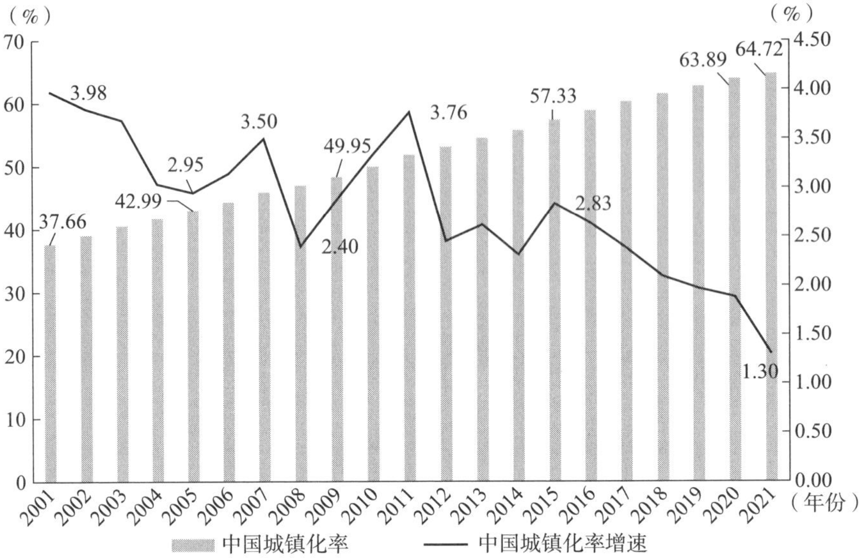

图 8-1　2001—2021 年中国常住人口城镇化率及增速

数据来源：中国统计年鉴及统计公报、《中国城乡建设统计年鉴》。

2001—2021 年我国城镇常住人口复合增速为 3.33%，小于城市与县城建设用地面积增速（4.58%），总体人口城镇化速度小于土地城镇化速度，人口城镇化率水平仍有一定提升空间。

2. 保定市城镇化率水平仍有提升空间

对比 2018—2021 年保定市与全国城镇化率水平，保定市城镇化率由 2018 年的 54.05% 提升至 2021 年的 58.45%，全国城镇化率由 2018 年的 61.50% 提升至 2021 年的 64.72%，截至 2021 年底，保定市城镇化率比全国低 6.27 个百分点，保定市城镇化率仍有提升空间（见图 8-2）。

通过保定市城镇化率与全国水平的对比，假设保定市城镇化率达到同期全国城镇化率水平，则保定市 2018—2021 年城镇常住人口缺口分别为 69.73 万人、68.43 万人、62.40 万人、57.66 万人（见图 8-3）。

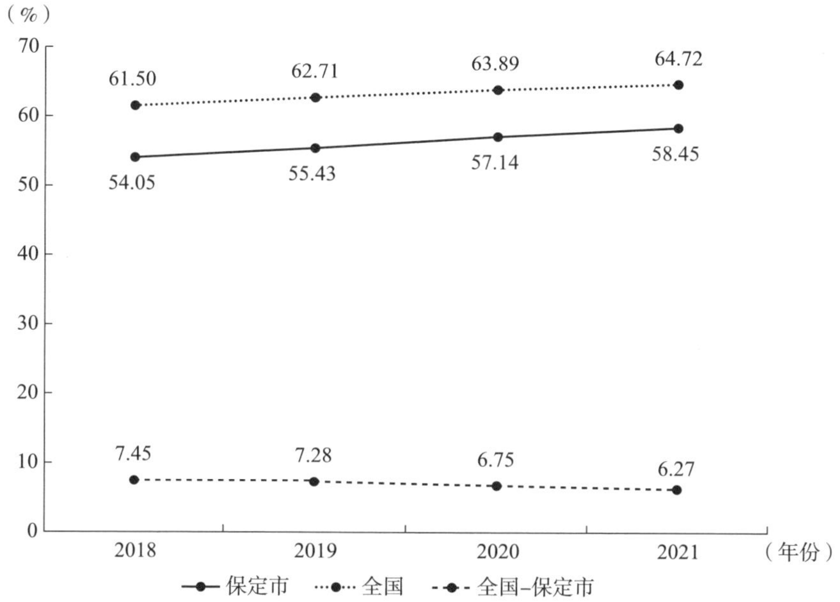

图 8–2　2018—2021 年保定市与全国常住人口城镇化率对比

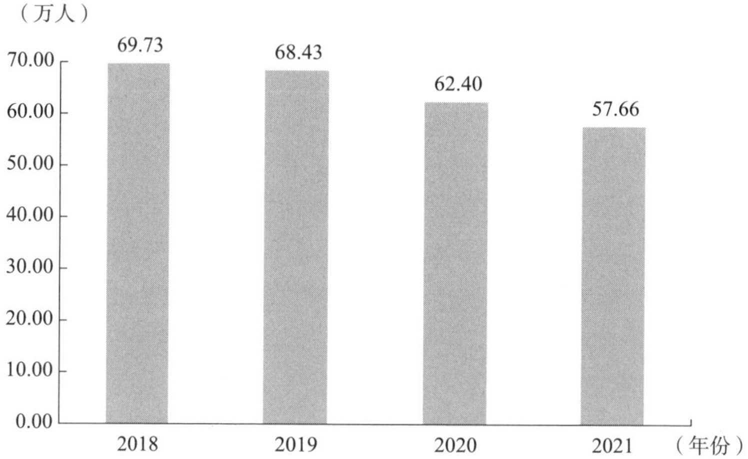

图 8–3　2018—2021 年保定市城镇常住人口缺口
（假设达到全国城镇化率水平）

（二）城改历程梳理

为实现建设京津冀世界级城市群中的现代化品质生活之城的总体发展目标，自 2020 年 8 月开始，保定市全面启动主城区城中村改造工作，保定市主城区实施了 69 个城中村改造，分期推进，成果丰富，城市展现出新的形象。

主城区69个城中村的改造，腾退集体土地79612.94亩，其中包括集体农用地38424.48亩，集体建设用地41188.46亩。截至2022年11月，保定市城中村改造一期已实现安置房交付，二期基本已实现封顶，三期集中开工建设，四期加速推进中。

2020年8月31日，保定市召开主城区城中村改造工作动员会议，启动城中村改造工作。

2021年3月20日，保定市主城区一期城中村改造安置区建设全面开工，涉及17个村。

2021年8月20日，保定市主城区二期城中村改造安置区建设集中开工，涉及29个村。

2022年2月21日，保定市主城区三期城中村改造安置区建设集中开工，涉及23个村。

2022年10月30日，保定市举行主城区城改一期安置区交房仪式，一期安置房顺利交付。

（三）城改成绩总结

保定城中村改造具有重大意义，是抢抓重大机遇、建设京津冀世界级城市群中的品质生活之城的重大战略决策，推动城市发展由外延式扩张向内涵式提升转变。城中村改造不断引进新产业新业态，显著拉动经济增长；落实节约集约用地制度，土地资源不断释放；提升土地要素保障能力，一批重点项目及时落地；城市人居环境改善，公共设施等规划建设更趋完善；塑造更有活力的品质空间，城市形象有效提升。

（四）面临形势研判

1. 房地产市场面临下行压力

土地市场方面，如图8-4所示，2018年以来，保定市土地成交面积总体呈现下降态势，成交面积由2018年的28264亩下降至2022年的16548亩，2018—2022年复合年均增速为-12.53%。平均成交价格亦下降明显，2022年成交价格相较2021年出现明显下跌，由2021年的210.40万元/亩跌至2022年的155.77万元/亩，跌幅为25.97%。

根据2020年8月31日以来保定市主城区居住用地、商服用地成交案例统计，保定国控关联企业拿地面积、成交总价占比均超过65%。特别是城改释放的土地，主要由关联企业竞得。

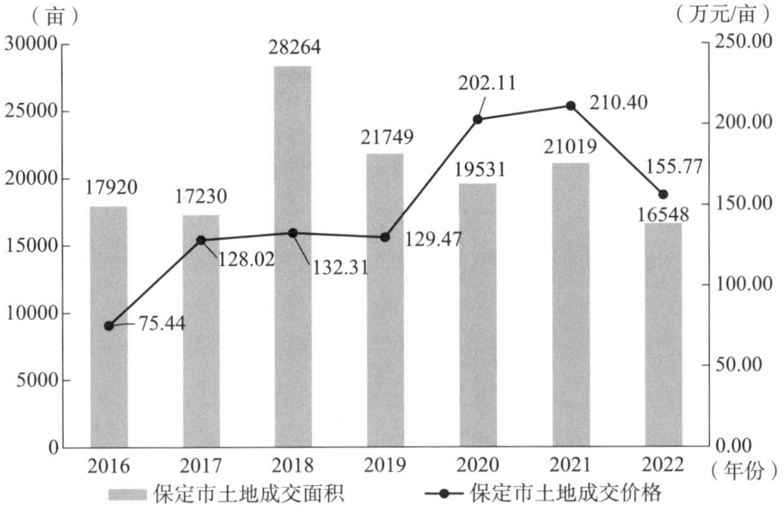

图 8-4　2016—2022 年保定市土地成交面积及成交价格

从土地成交类型来看，保定市成交土地中住宅用地和工业用地占比最高。如图 8-5 所示，2018—2022 年保定市成交的住宅用地占比分别为 46.87%、41.45%、46.42%、46.02%、43.77%，住宅用地成交占比略有下滑。2018—2022 年保定市成交的工业用地占比分别为 39.20%、45.32%、34.60%、36.84%、43.81%，工业用地成交占比略有上升。

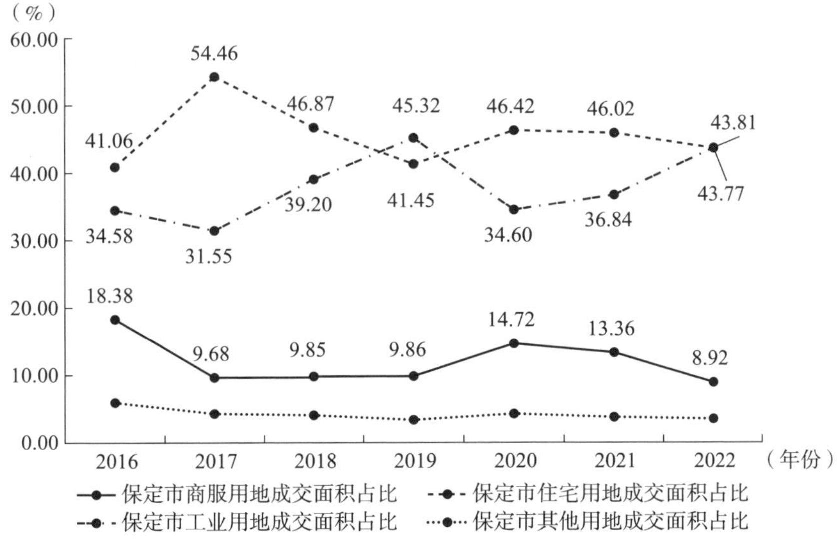

图 8-5　2016—2022 年保定市土地成交面积结构（按用地类型）

具体而言，从住宅用地看，如图 8-6 所示，2018—2022 年保定市住宅用地的成交面积分别为 13248 亩、9014 亩、9066 亩、9673 亩、7243 亩，成交面积呈现下降趋势。2018—2022 年保定市住宅用地成交价格分别为 213.21 万元 / 亩、218.32 万元 / 亩、282.69 万元 / 亩、341.59 万元 / 亩、287.74 万元 / 亩，表现为 2018—2021 年价格逐年上升，至 2021 年达到最高峰后价格开始回落。

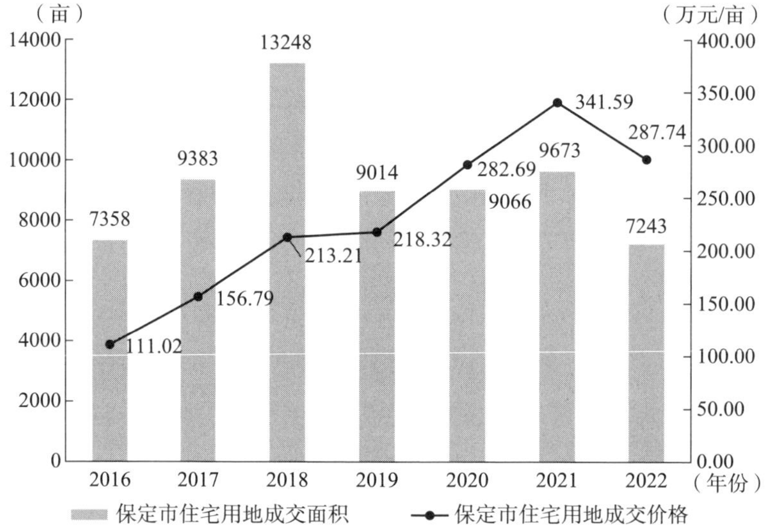

图 8-6　2016—2022 年保定市住宅用地成交面积及成交价格

从商服用地看，如图 8-7 所示，2020—2022 年保定市商服用地成交面积和成交价格均呈下降趋势。2020—2022 年保定市商服用地成交面积分别为 2875 亩、2809 亩、1476 亩，成交价格分别为 386.05 万元 / 亩、241.39 万元 / 亩、129.14 万元 / 亩。

从工业用地看，如图 8-8 所示，2018—2022 年保定市工业用地成交面积呈现下降趋势，成交价格呈上涨趋势。2018—2022 年保定市工业用地成交面积分别为 11080 亩、9856 亩、6757 亩、7744 亩、7250 亩，呈下降趋势。2018—2022 年保定市工业用地成交价格分别为 31.33 万元 / 亩、29.47 万元 / 亩、34.20 万元 / 亩、36.23 万元 / 亩、36.75 万元 / 亩，呈上升趋势。

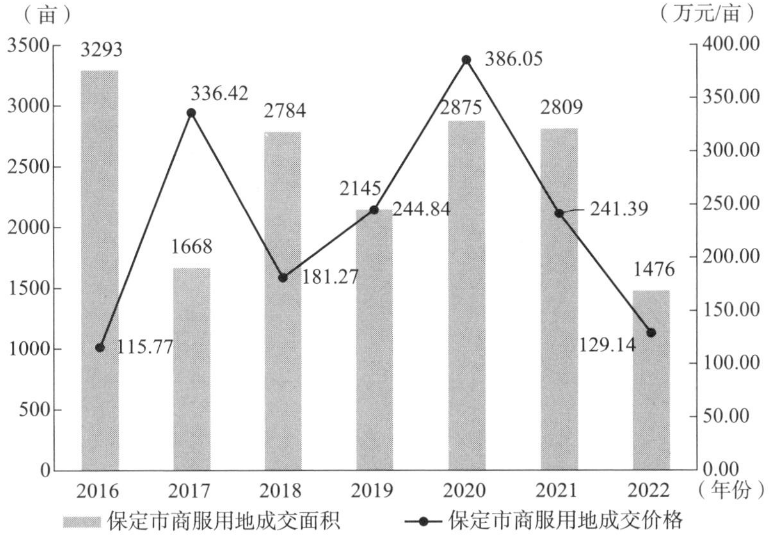

图 8-7　2016—2022 年保定市商服用地成交面积及成交价格

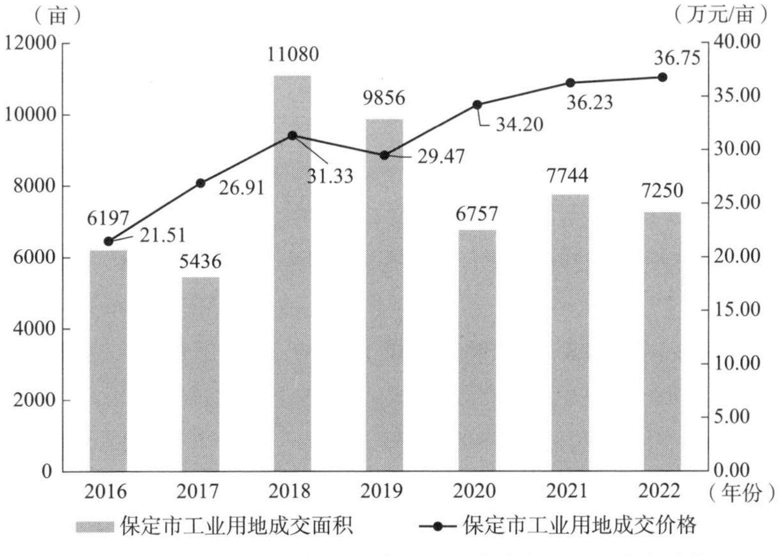

图 8-8　2016—2022 年保定市工业用地成交面积及成交价格

房产市场方面，2019 年第三季度以来，保定市住宅销售价格呈现震荡微跌态势，到 2022 年底累计跌幅达 2.11%，如图 8-9 所示。保定市住宅销售面积呈现下跌趋势，2022 年 1—11 月住宅销售面积同比下跌 12.3%，如图 8-10 所示。

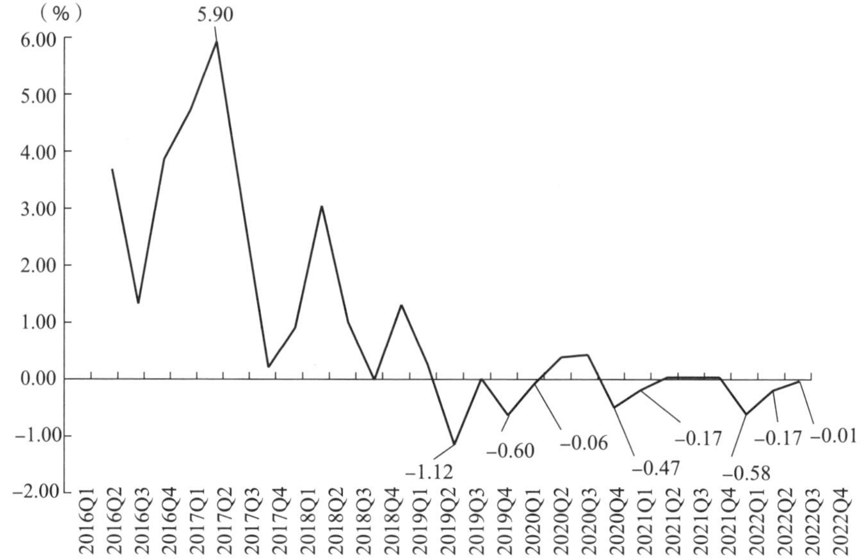

图 8-9　2016—2022 年保定市样本住宅平均价格增速（环比）

图 8-10　2021 年 12 月至 2022 年 11 月保定市住宅销售面积累计增速（同比）

保定市办公平均租金自 2018 年 11 月起呈现总体下跌趋势，复合年均增速为 -8.10%，如图 8-11 所示。保定市商铺平均租金自 2022 年 3 月起呈现逐步回升趋势，2022 年 3—11 月累计增长 34.27%，如图 8-12 所示。

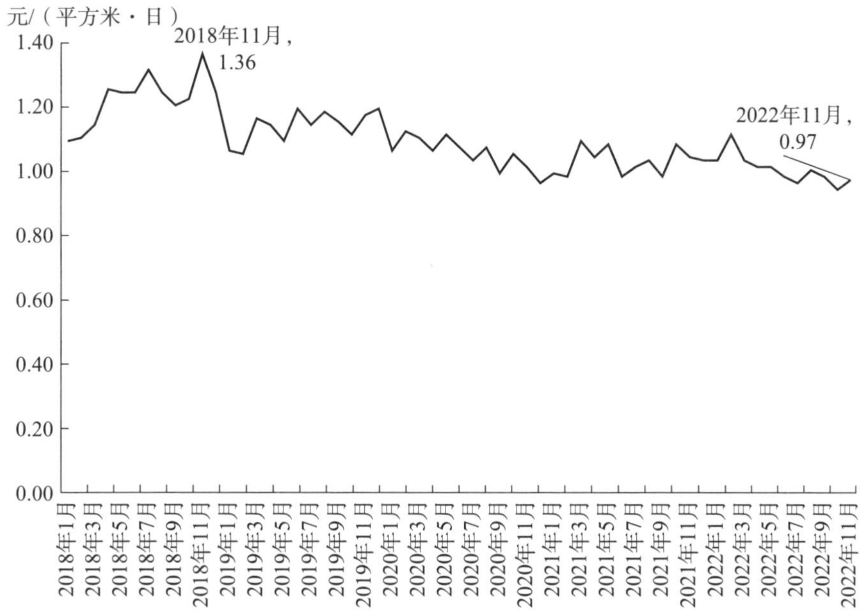

图 8–11　2018 年 1 月至 2022 年 11 月保定市办公平均租金

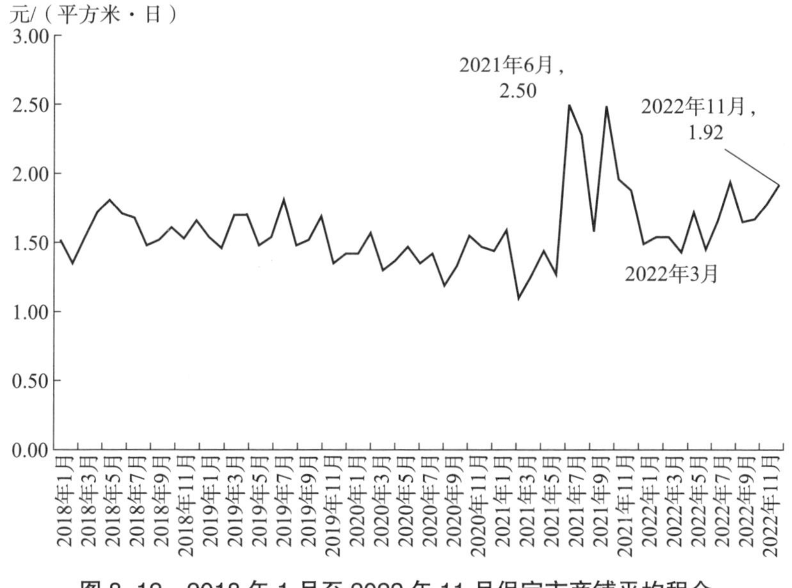

图 8–12　2018 年 1 月至 2022 年 11 月保定市商铺平均租金

2. 人口流出与老龄化趋势凸显

如图 8–13 所示，2019 年以来，保定市常住人口呈下降趋势。2019—2021 年常住人口分别为 939.91 万人、924.39 万人、919.50 万人，人口流出趋势较明显。

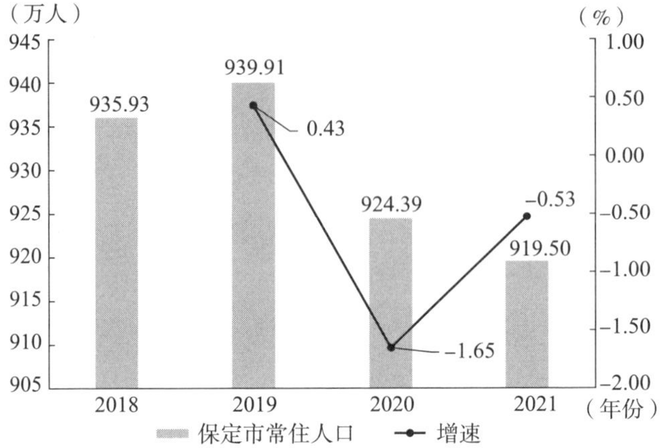

图 8-13　2018—2021 年保定市常住人口总量及增速

注：由于 2017 年及之前常住人口数据均包含定州、雄安数据，此处人口数据仅截取 2018—2021 年。

数据来源：保定市历年统计年鉴、经济年鉴、统计公报，河北省及保定市人口普查公报。

从人口老龄化率看，如图 8-14 所示，在第六次人口普查时期（2010 年 11 月），保定市老龄化率为 8.11%，河北省为 8.24%，此时保定老龄化率略低于河北平均水平。在第七次人口普查时期（2020 年 11 月），保定市老龄化率为 14.08%，河北省为 13.92%，保定市老龄化率已超过河北省平均水平。

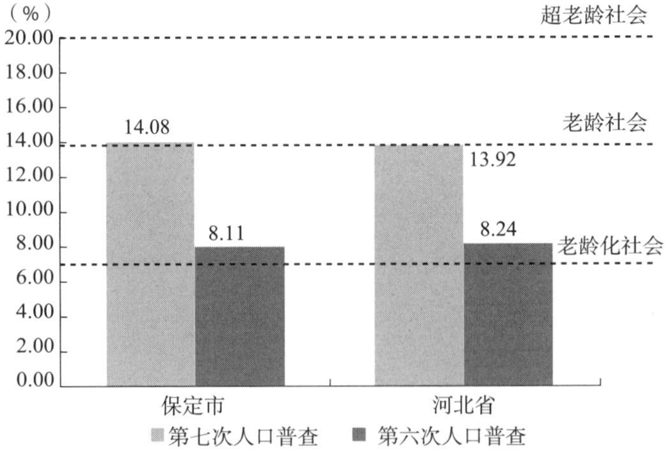

图 8-14　保定市老龄化率对比（65 岁以上常住人口占比）[①]

① 注：此处老龄化率指65岁以上常住人口占总常住人口比重，7%～14%为老龄化社会、14%～20%为老龄社会、20%以上为超老龄社会；第七次人口普查时点为 2020 年 11 月 1 日，第六次人口普查时点为 2010 年 11 月 1 日。

二、土地供应策略建议

地方政府的土地供应是影响地方经济发展的重要环节，对供地规模、供地价格方面的建议：一是要坚持市场导向，以市场需求定规模，以经济发展实力定价格；二是要凸显政府的战略意图，产业用地、重点项目用地要优先供应，在供地价格上要“一事一议”，切忌“算小账”“看短期”，应让利给市场主体，放水养鱼。根据保定实际情况、案例借鉴及当前国内创新供地方式的实践总结，本章将从以下六个方面提出策略建议。

（一）合理把握土地供应策略

1. 适当放宽房地产管控

当前，全国房地产调控政策已经由严控转向宽松，政策托底趋势明显，正在全面推动房地产复苏。以 2021 年 12 月的中央政治局经济会议为拐点，政策由 2017 年开始的长达 6 年的“强监管”模式逐渐转向“多维宽松”模式，并在 2022 年 10 月开始由中央及地方发力加速出台“稳预期、宽信用”的政策提振房地产发展预期。同时，中央领导层面再次强调房地产是国民经济的支柱产业。

2022 年底，中央经济工作会议强调扩内需、稳增长，房地产、基建投资是疫情后经济加速复苏的重要抓手。会议提出，“要确保房地产市场平稳发展，要因城施策，支持刚性和改善性住房需求，解决好新市民、青年人等住房问题，探索长租房市场建设。要坚持房子是用来住的、不是用来炒的定位，推动房地产业向新发展模式平稳过渡”。

当前，保定市的房地产宽松政策以满足“新市民”刚需为主，并未彻底放开 2020 年前制定的限购、限价举措，存量市民的改善需求、投资需求并未得到充分释放。2017—2022 年保定市房地产领域主要调控政策汇总如表 8–1 所示。

表 8–1　2017—2022 年保定市房地产领域主要调控政策汇总

时间	文件名称	重点	政策
2017 年	《关于进一步促进全省房地产市场平稳健康发展的实施意见》	限购限价	非本市户籍需 3 年社保；对 2 套以上家庭限购；“双限双竞”严禁调整备案价；2 年限售；暂停办理公积金贷款置换商业贷款；备案价不得超过 1.3 万元

续表

时间	文件名称	重点	政策
2020年	《关于进一步深化户籍制度改革的意见》	落户放开	保定市人才落户政策全面放开，拥有大专以上学历即可落户保定
2021年	《保定市关于支持高校毕业生和技能人才在保就业创业的若干措施》	人才购房补贴	人才购房补贴、落户补贴，放宽非户籍人才购房限制
2022年6月	《进一步促进主城区房地产业良性循环和健康发展的十五条政策措施》	稳定房地产市场	加强房地产项目信贷支持、降低首付比例、加大个人住房按揭贷款支持、支持二孩及以上家庭购房需求
2022年6月	《保定市加快发展保障性租赁住房实施办法》	保障性住房	面向符合条件的新市民、青年人，解决其阶段性住房困难问题。采取实物配租与租赁补贴相结合的方式，多渠道解决保障对象的居住问题
2022年7月	《关于调整住房公积金贷款相关政策的通知》	公积金	提高公积金贷款金额，降低公积金贷款首付比例
2022年8月	《关于调整限价商品房申购条件的公告》	限价房	解除对购买政府限价房的户口限制

相对而言，国内一二线核心城市在提振房地产市场的政策力度更大、范围更宽。2022年底，北京、杭州部分郊区街道全面放开限购，佛山、东莞全面取消限购，同时佛山、深圳全面推行“带押过户”以便捷二手房市场交易。

一二线城市的宽松政策对周边城市房地产市场将产生明显的马太效应和虹吸效应。在过去长达6年的限购政策影响下，居民不断累积的购房需求被压制，亟须向优质城区释放，一旦保定市的政策改善落后于其他城市，居民的购房需求将通过“虹吸效应”外溢至其他政策更宽松的城市，同时，在政策和区位都无法与核心一二线城市竞争的情况下，势必产生强者恒强、弱者恒弱的“马太效应”。

因此，建议保定市进一步实行取消限购、鼓励“带押过户”等措施激活市场需求，以满足居民改善需求、进城需求、投资需求；通过宽松政策进一步激活市场交易，同时防止有效需求外溢到其他城市。

2. 供地规模

昆明案例以实践证明，针对城中村改造形成的大量收储土地，在供地规模上应考虑多方面因素，合理把握供地节奏，避免一次性推出大量土地超出市场消化能力，对当地经济生态产生负面影响。结合第一章分析，以下三点因素应在确定供地规模和节奏时重点考虑：

一是从人口增长来看，保定市虽为人口大市，但近年来人口规模呈现下降趋势，常住人口由2018年的935.93万人减少为2021年的919.50万人，且人口老龄化率已达到14.08%，进入深度老龄化社会（14%），超过河北省平均水平（13.92%）；二是从市场规律来看，保定市房地产市场近年来运行平稳，房价基本控制在合理水平，集中推出大规模住宅可能造成空置率攀升，打乱市场运行规律；三是从城市风貌来看，保定是京畿文化名城，文化旅游资源丰富，历史遗迹众多，过高的容积率不仅会影响城市交通和正常民生，也会破坏城市文化底蕴。

值得注意的是，如果按照实施城改的还款要求推算，未来10年的供地总量约需要2.54万亩，特别在未来3年需供应土地分别为3927亩、7821亩、3646亩，其中居住用地分别约为2023亩、4028亩、1878亩。而历史数据显示，2018—2022年，城改范围主要涉及的竞秀、莲池两区平均土地成交面积为3505亩，其中居住用地2619亩，两者存在较为明显的差距。

在此方面，考虑到全国整体及保定市房地产市场的下行压力，为避免引起市场震荡，建议仍保持原有供地节奏，在不能满足还款需求时由平台公司通过再融资等方式补足缺口。

（二）划定全市重点开发区域

1. 划定全市重点片区

参考深圳做法，近年来深圳为加快推进国际化创新型城市建设，加快形成经济社会发展新增长极，划定18个片区作为重点区域予以开发建设，重点区域是“引领和代表全市质量型开发建设的核心地区、探索全球创新之都创新空间供给的先行地区”，涵盖中心服务型重点区域、科创园区型重点区域、综合集群型重点区域和旧城更新型重点区域等类型。如表8-2所示，深圳市重点片区包括深圳湾超级总部基地、留仙洞战略性新兴产业总部基地、国际低碳城、深圳国际生物谷坝光核心启动区、大空港新城、深圳北站商务中心区、光明凤凰城、坪山中心区、宝安中心区、大运新城、笋岗—清水河片区、福田保税区、高新区北区、梅林—彩田片区、盐田河临港产业带、光明科学城核心区、九龙山智能科技城，以及经过整合的坂雪岗科技城。

重点区域固定资产投资增速一直高于全市平均水平，部分重点区域增速达到全市平均水平2倍以上。建议保定市参考深圳市做法，结合城改以及环城水系建设，在全市谋划布局若干重点片区，作为未来经济发展新增长极。

表 8-2　深圳市 18 个重点片区名称

区	重点片区
福田 2 个	福田保税区、梅林—彩田片区
罗湖 1 个	笋岗—清水河片区
南山 3 个	深圳湾超级总部基地、留仙洞战略性新兴产业总部基地、高新区北区
盐田 1 个	盐田河临港产业带
宝安 2 个	大空港新城、宝安中心区
龙岗 3 个	国际低碳城、大运新城、坂雪岗科技城整合平湖金融与现代服务业基地
龙华 2 个	九龙山智能科技城、深圳北站商务中心区
坪山 1 个	坪山中心区
光明 2 个	光明科学城核心区、光明凤凰城
大鹏 1 个	深圳国际生物谷坝光核心启动区

2. 打造先进制造业园区

借鉴深圳发展工业产业经验：深圳以先进制造业为主阵地，聚焦战略性新兴产业，优化产业空间形态，完善产业集群生态，培育产业发展动能，提升产业发展质量，打造错位协同发展、高端要素集聚、核心功能突出的先进制造业园区，为深圳担当好“双区”建设历史使命，构建现代产业体系，推动经济高质量发展提供战略支撑。

（三）管控城改周边地价增值

保定市发挥品牌项目资产增值带动效应，可以围绕华侨城项目等重点项目加强招商引资工作，提升周边土地价值。根据保定市自然资源和规划局提供的资料，华侨城项目周边约 2 公里范围内未来仍有大量可出让用地，如果按居住用地、商业用地每亩地价提升 50 万元估算，则可提升土地价值约 18.65 亿元。

（四）加快推进未来社区建设

贯彻落实中央对保定市未来社区建设的要求，破解难题，推进未来社区建设。开展市场需求调查，以体现高品质、青春活力、舒适化和智能化、生态化和共享化的规划设计，将公共服务资源“主动地”汇集到居民身边，支持刚性和改善性住房需求，推动未来社区与城市经济产业区、生活区相融合。

要以真抓实干的责任感，确定合理投资方案，统筹推进项目建设，加大新闻宣传力度，凝聚合力推进未来社区建设。

未来社区是站在即将出台的北京都市圈规划的视角，重新审视保定的定位，而提出的一种前瞻性、牵引性幸福美好家园理念，是从内生型经济发展模式向外向型经济跨越，打破行政区划界线，从城市经济迈向现代化都市圈经济的重要支撑，事关保定未来发展。要以面向未来的使命感，担当作为推进未来社区建设，完善指标体系，加快试点建设，服务驻保高校人才住房需求，吸引北京青年群体到保定，探索形成“工作在北京、生活在保定”的新模式。要处理好片区开发和社区开发、未来社区指标体系与现有城市建设指标体系、样板与推广、目标用户与未来人口发展趋势、存量商住房与增量高品质供给的关系，围绕信息智能、文化创意、生命健康、教育体育等聚人气产业和新就业大学生等青年群体的住房需求，打造品质生活的示范区、社区重塑的样板区、智能建造的先行区，以高品质供给推进房地产结构性调整。

（五）加大人才引入支持力度

制造业是立市之本，通过树立“卓越工程师”典型，提高制造业人才地位和收入，加强产教融合的人才培养，鼓励企业与院校开展“订单式”人才培养。根据党中央及河北省关于卓越工程师人才融合发展战略、制造业高技能人才培养战略，重点推动卓越工程人才培育计划。培养一支爱党报国、敬业奉献、具有突出技术创新能力、善于解决复杂工程问题的卓越工程师队伍，引导一批青年技能人才通过技能提升成为中高级技师人才。

同时，要进一步完善人才引进目录及配套政策宣传。保定市 2022 年已发布三批次紧缺人才目录，共引进人才超 1.2 万人。应进一步加强与大型人力资源服务机构的渠道合作，同时加大对政府配套人才奖励政策的宣传力度。

（六）争取深圳“飞地”园区政策

保定深圳高新技术科技创新产业园是深圳对口协作地区的 20 个共建产业园区之一，以深圳园为核心强化保定与深圳“飞地”园区合作。建立深圳—保定干部交流机制，深圳、保定两市互派干部交流挂职，建立两市“飞地”园区联席会议制度，如图 8–15 所示。

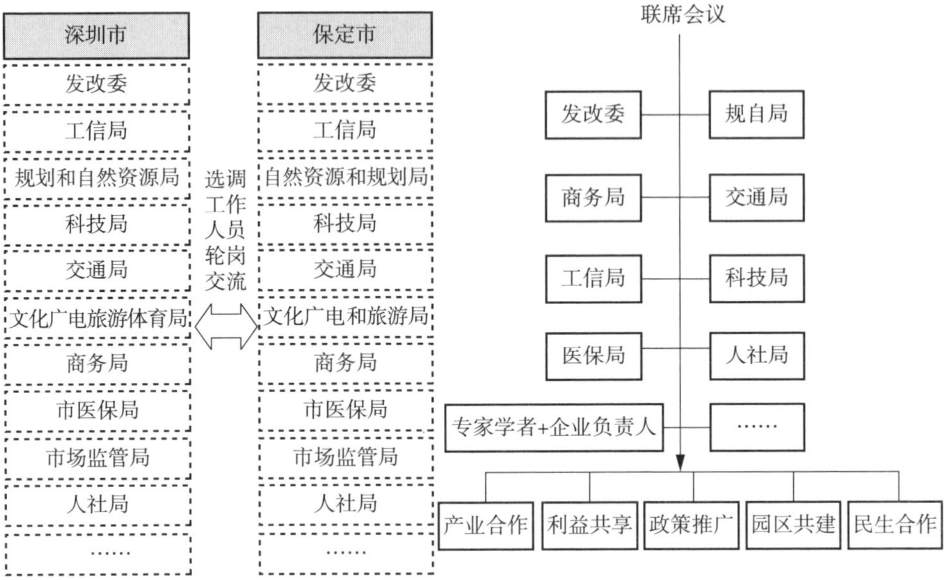

图 8–15　建立交流挂职和联席会议制度

梳理河北在深圳的企业，或深圳企业销售市场在河北的，来深圳园开展委托加工活动。由深圳企业（即委托方）提供主要原材料，委托其他工业企业（即受托方）按照要求加工生产产品并收取加工费。“飞地”园区委托企业可以享受深圳市技术改造、科技创新券、职业技能培训等政策。

保定联合深圳进行产业招商，包括在深圳召开招商引资大会，积极推进深圳行业协会招商。

第九章
铜梁：区域合作的运营实践

2019年8月，广州开发区与重庆铜梁高新区签订战略合作协议，双方本着“优势互补、互利共赢，市场主导、政府推动”的原则，在产业协同合作、招商引资合作、科技创新合作、文化旅游合作和人才交流合作等方面深化战略合作，携手提升两地营商环境，推动构建支撑高质量发展的现代产业体系。

为顺利推进合作区建设，服务广州和铜梁创新驱动发展战略，助力两地实现高质量发展，本案例为合作区的运营发展提供战略指引。

一、园区开发背景

（一）项目基础

作为铜梁高新区的主要开发商，重庆绅鹏实业开发有限公司于2002年注册成立，是重庆市铜梁区人民政府独资组建的国有企业，公司地址位于重庆市铜梁区东城街道办事处迎宾东路388号，注册资本为3亿元。公司主要承担重庆铜梁高新技术产业开发区范围内的房地产开发经营、土地开发整治、道路、环保等重大项目的融资、开发、建设和管理等工作。公司下设综合部、规划建设管理部、招商引资部（企业服务部）、用地部（资产管理部）、财务投资管理部等部门。

而广州开发区成立于1984年，是我国第一批国家级经济技术开发区、高新区，积累了丰富的园区开发经验。《粤港澳大湾区发展规划纲要》提出，“深化大湾区与中南地区和长江中游地区的合作交流，加强大湾区对西南地区的辐射带动作用”。在粤港澳大湾区“走出去”的背景下，广州开发区向内地输出园区经验的需求迫切。重庆铜梁高新技术产业开发区（简称铜梁高新区）前身为重庆铜梁工业园区，是重庆市政府2002年批准成立的16个首批省级特色工业园区之一，2016 年 6 月经重庆市政府批准成为市级高新区，2017 年 12 月，升级为国家级高新区“以升促建”工作顺利通过科技部专家组调研评审。

科学城（广州）投资集团有限公司和重庆绅鹏实业开发有限公司共同组建园区开发公司或项目开发公司（项目平台公司可以地作价出资或现金出资）——广铜投资开发有限公司。项目开发资本金由广铜投资开发有限公司负责筹集。

（二）宏观形势

在新发展形势下，受市场需求下降、传统产能过剩、传统产业链基本布局完成等因素影响，过去“圈一片土地、布几个产业、发展一批企业”的传统产业园区发展模式，已再无生存空间。

当前我国处于化解过剩产能、市场需求快速变化、深化供给侧结构性改革的新形势下，再延续传统“满足市场供应需求、依据需求组织生产、预判需求布局产能”发展方式，既无法实现健康发展，也无法抢占市场需求预期的先机。因此，产业园区的开发建设不能仅仅满足阶段、局部的需求，而应该从满足现阶段发展或已有的发展需求，向引导、引领需求转变。

改革开放以来，以经济技术开发区、高新技术产业开发区等为代表的各类产业园区一度是我国经济的重要支撑。据统计，目前各类国家级、省级及地市级，甚至县级开发园区多达数万家。近年来，受国内外经济增长放缓、市场需求变化、实体经济及产业发展低迷、新兴业态新经济模式蓬勃发展等因素影响，产业园区发展普遍遇到“瓶颈”。大量“僵尸园区”“空心园区”“鬼城园区”的出现，不仅造成了“海量”的土地、投资、人才、技术、产能等要素的严重闲置、浪费，也严重影响了经济的健康持续发展。

但广州开发区逆势增长，2018 年，全区实现地区生产总值 3465 亿元；规模以上工业总产值 7603 亿元，居全市第一；固定资产投资 1165 亿元，居全市第一；财税总收入 1052 亿元；合同利用外资 41 亿美元，增长 81%；引进重大项目 138 个，总投资超 2000 亿元。根据国家商务部最新发布的 2018 年国家级经济技术开发区考评结果，广州开发区在全国 219 家国家级经开区中综合考评高居第二，科技创新排名第一，财税收入排名第一。此外，黄埔区位居全国工业百强区第二。同年，跻身全国十大世界一流高科技园区建设行列，荣获 2018 年度国家科学技术奖一等奖 1 项、二等奖 3 项。全区科技企业突破 2 万家，高新技术企业超过 2000 家，高新技术产品产值 2560 亿元，占全市 78%。

在新的发展时期，产业园区发展亟待在管理体制、市场机制、运营模式上深化改革、创新思维、扩大开放，实现“二次创业”。传统开发模式亟待吸取先进经验，实现转型升级。

二、园区运营元素

（一）七大元素

1. 物业管理是园区最基础的管理

物业管理是指为所有使用人提供公共性的管理和服务工作，满足使用人共同的服务需求，内容通常在物业服务合同中作具体约定，目的是保证物业的完好与正常使用，维持人们正常生活、工作秩序和物业良好的环境。周到、细致的物业服务，可以极大地提升整个社区的居住体验，同样地，对园区来说，做好物业管理，是一切工作开展的前提，两天断网、三天断电的园区是必死无疑的。

2. 企业服务是园区赢得回报乃至共赢发展的重要载体和实现途径

公共服务平台完善与否，很大程度上预示着园区发展的后劲。一般来说，园区可以通过三种途径搭建园区公共服务平台。

（1）整合社会资源与政府资源，联手中介咨询服务机构，共同搭建公共服务平台，这也是最常见的方式。

（2）生物医药园、软件园等专业型园区，可以自主搭建专业化公共服务平台，例如生物医药园的公共实验室 / 化验室、软件园的软件检测中心等。

（3）高新区、开发区内的“园中园”，可以借“大园区”的公共服务平台为己所用。

3. 丰富多彩的园区活动，提高园区软实力

通过承办各类业余活动、讲座、培训等，丰富入驻企业员工的工作生活、加强专业知识；集聚人气，提升园区知名度。

（1）根据企业需求，针对性开展各类创业活动和技术培训，最好做到“天天有咖啡，周周有沙龙，月月有路演”。

（2）根据园区物业管理和招商运营需要，为园区和物业管理人员安排专题培训。

（3）积极组织企业参加各类高峰论坛、行业展会等。

4. 完善商务配套，提升园区综合服务水平

包括各式餐厅、便利超市、数码速印店、住宿酒店、街区商场等设施，配套更完善的园区会设有公寓、银行、洗衣房、咖啡店、健身房等。具有相当规模的产业园或者产业新城还会配备酒吧、美容店、书店、图书馆、影院等，让入园企业享有丰实的“社会福利式”的商务配套。

5. 用“智慧”改变园区运营服务

科学技术的不断发展，从技术上支持了园区运营服务管理的落地。

（1）引入先进的智慧园区解决方案相关的技术和产品。

（2）建立智慧园区基础设施，主要包括园区一卡通系统、园区电子支付系统、园区公共信息发布系统、园区云中心机房等。

（3）搭建“云”平台，引入园区 ERP 系统，实现园区企业管理云、政府公共服务云、园区资源共享云等平台的统一，从技术上支持园区运营服务管理落地。

6. 品牌提升

企业的品牌形象与其办公环境息息相关，提升园区的软环境，也就间接提升了企业的形象地位。

（1）委托一流设计师，打造园区 VI 识别系统和展示系统，包括接待展厅、宣传资料、园区 LOGO、品牌标准字、企业铭牌、楼宇数字、户外指引牌等，打造高端园区品牌。

（2）搭建门户网站和微信公众号，指定专人维护。

（3）广泛接洽各类媒体和媒体人，积极报道园区及入驻企业。

7. 创新资源

（1）引进众创空间、创业咖啡等创业载体，设立创业天使投资基金，重点支持与园区优势产业相匹配的海外高科技项目，实现嫁接式孵化。

（2）为入园企业与名校、科研院所搭建桥梁，积极探索园区博士后工作站、院士工作站等高端产学研平台的落地。

（3）与金融机构合作，推广创新融资产品，构建多层次科技投融资服务体系。

一套合理的园区运营服务方案，是园区成功发展的基础。常言道，有因才有果，对症下药可以事半功倍，所以，找出症结，把握住企业的需求点，做好园区运营服务，才是吸引企业入驻、留住企业的唯一办法。

（二）三大体系

园区全程运营：围绕园区企业发展需求打造体系化运营服务，提供全方位可选运营，弥补园区原有运营服务不足，为园区创建更多多元化的企业增值服务。

园区智慧化升级：帮助园区完成智慧化改造，解决园区系统组网混乱、管理滞后、智能化不全面、物联网带动不足等问题，实现运营信息化、服务平台化、社区移动化、数字智能化。

竞争力创新提升：根据园区自身条件，整合资源等，完成产业研发平台打造、产业孵化能力加强、投融资体系构建等个性化竞争力提升服务。

第十章
塔什库尔干塔吉克自治县：产业与空间的协同设计

近年来，新疆塔什库尔干塔吉克自治县（简称塔县）经济与社会建设取得一系列成就，在固定资产投资带动下，塔县 GDP 在疫情期间逆势上涨，产业结构快速调整。未来，塔县如何明确主导产业，实现经济的可持续发展是本案例的重点研究内容。

从外部形势看，塔县作为边境地区，毗邻三个国家，但周边国家经济体量偏小、发展水平较低且增长乏力，国际收支与双边贸易结构失衡，外贸难以持续扩大，产能合作有待推动。因此，塔县在“两种资源”和“两个市场”的协同发展上，需要更多地依托本地资源和国内市场。从内部结构和增长模式看，塔县尚处在工业化初期阶段，经济增长模式以要素推动为主，当地资源禀赋是塔县产业发展的主要生产要素，产业结构应与资源禀赋特点相匹配，才能实现要素禀赋向比较优势的转变。经过分析，塔县有五大优势资源禀赋，即特色旅游资源、光照与水能资源、矿产资源、交通区位禀赋和高原农业资源。依托这五大资源禀赋，塔县可重点发展五大产业：边境旅游、新能源、绿色矿业、商贸物流和现代农业。

当前及未来一段时期内，塔县应坚持资源禀赋导向，坚持资源化、服务化、商贸化的产业发展策略，充分发挥资源禀赋优势，构建独具特色的边境产业体系，将塔县打造成帕米尔高原上的璀璨明珠，实现稳边富民和经济与社会全面发展的美好愿景。在经济、社会与产业发展过程中，要注重协调发展，做好“四个统筹”：一是统筹好经济增长与居民收入的关系，提高居民的经济参与度和居民收入占比；二是统筹好产业发展与环境保护的关系，做到保护性开发，尽量利用可再生资源发展经济；三是统筹好酒店经济与民宿经济的关系，发挥民宿的就业带动作用，促进当地居民本地就业；四是统筹好农业经济与牧民经济的关系，既要发展规模化养殖以满足快速增长的生活需求，又要维护牧民经济，提升牧民积极性，保护好稀缺种质资源。

一、产业篇

（一）边境旅游业

塔县边境旅游资源丰富，但旅游配套服务缺失较多，旅游生态体系尚未形成。为实现旅游业高质量发展，在旅游市场全面复苏的形势下，塔县可利用边境旅游政策，积极完善旅游产业生态，提升旅游资源向旅游流量、旅游流量向旅游收入的两个转化能力。

1. *发展基础*

“高原明珠”塔县坐落于“万山之祖、万水之源、世界屋脊”的帕米尔高原上，是新疆维吾尔自治区内高原壮丽风光、丝路历史文化底蕴和塔吉克民俗风情的汇聚地。

旅游资源丰富且独具特色。塔县于2018年被评为自治区全域旅游示范区，现有国家5A级景区“帕米尔”景区1处，4A级旅游景区红其拉甫国门旅游景区、“花儿为什么这样红”景区2处。“帕米尔”旅游区、红其拉甫前哨班分别被国家旅游局授予“中国国际高原风情旅游目的地”和“中国红色旅游边哨文化体验地”的称号，成为全国首家被命名为国际旅游目的地的景区。此外，塔县还拥有国家级非遗项目6项，国家级文物重点保护单位3处。塔县主要旅游景区情况如表10–1所示。

表10–1　塔县主要旅游景区情况

序号	景区名称	备注
1	“帕米尔”旅游区	5A级景区、“中国国际高原风情旅游目的地”
2	红其拉甫国门旅游景区	4A级景区
3	“花儿为什么这样红”景区	4A级景区
4	红其拉甫前哨班	“中国红色旅游边哨文化体验地”

旅游产业已初具规模。2018年塔县接待游客64.2万人次，实现旅游收入0.80亿元；2019年接待游客111.9万人次，实现旅游收入6.60亿元，旅游收入大幅度提升。受新冠疫情等因素影响，2020年起塔县旅游产业规模缩减，接待游客下降至74.1万人次，旅游收入仅2.86亿元，2021年和2022年接待旅客人数和实现旅游收入略有上升，但仍未恢复到疫情前水平，如图10–1、

图 10-2 所示。

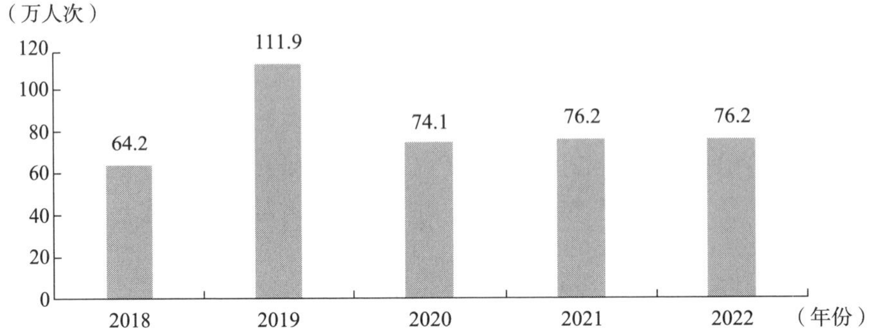

图 10-1　2018—2022 年塔县接待游客人次

数据来源：根据塔县内部资料整理。

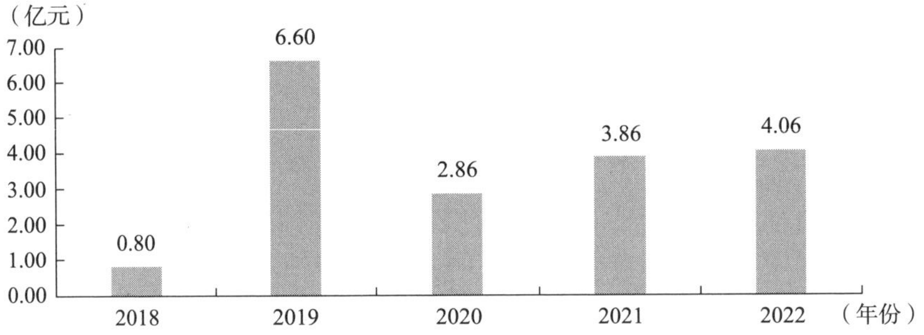

图 10-2　2018—2022 年塔县旅游收入

数据来源：根据塔县内部资料整理。

旅游配套设施具备一定基础。现有宾馆 47 家，总床位数 4811 张（其中包含星级酒店 2 家，床位数 239 张）；乡村民宿 182 家，床位数 910 张。塔县总住宿床位数合计为 5721 张。旅游购物、餐饮等旅游消费场所处于发展初期阶段，整体规模较小。

总体而言，塔县是南疆主要旅游目的地之一，旅游资源丰富，旅游规模提升潜力较大。但旅游相关配套设施、业态发展相对落后，旅游消费潜力有待提升。未来需深化旅游资源的挖掘和利用，全面提升旅游配套设施水平，不断优化旅游环境，提高游客流量及消费量，推动旅游业高水平发展。

2. 发展机遇

在旅游业整体强劲复苏以及政策扶持双重推动作用下，边境旅游发展潜力巨大，有望成为未来中国旅游市场的新风口。

2023 年第一季度，中国国内旅游业收入达 1.3 万亿元，同比增长 69.5%，复苏势头强劲。国内旅游人数达 12.16 亿人次，同比增长 46.5%，已恢复至 2019 年同期的 81.8%。根据文旅局测算，2023 年“五一”假期，全国国内旅游出游合计 2.74 亿人次，同比增长 70.83%，按可比口径恢复至 2019 年同期的 119.09%；实现国内旅游收入 1480.56 亿元，同比增长 128.90%，按可比口径恢复至 2019 年同期的 100.66%。此外，由于国际航班恢复相对缓慢，国内旅游仍将是近期旅游产业复苏的重点。

2022 年 12 月，中央经济工作会议提出，要把恢复和扩大消费摆在优先位置。要增强消费能力，改善消费条件，创新消费场景，使消费潜力充分释放出来。旅游业的发展对餐饮、住宿、交通、购物以及各类娱乐活动等消费行为带动作用显著，符合国内整体经济发展导向。

（二）新能源产业

1. 发展基础

塔县光照资源丰裕度在全国名列前茅。全年天气优良天数为 320 天，光能利用效率高，日照时数达 4434.7 小时，实照可达 2831 小时，每年 4—9 月可照数达 1500 小时以上，月日照数超过 440 小时，平均每天实照在 8 小时以上，日照时数位居全疆前列，基本与“日光城”拉萨市持平。水能资源方面，塔县是喀什地区叶尔羌河等河流发源地和水源涵养区，主要河流有叶尔羌河、塔什库尔干河、塔合曼河、瓦恰河和库勒青河等，水资源总量 83 亿立方米，拥有可利用地表水资源 8.8 亿立方米，蕴藏水能达 1.5 亿千瓦，居全疆第一。

塔县光伏资源利用还处于初期阶段，目前塔县光伏用地储备 11.75 万亩，已分配使用 0.36 万亩，占比仅为 3%，光伏用地储备充足。目前，塔县已建成光伏电站 2 座，分别为深能源福塔 2 万千瓦光伏电站、国综塔县 5 万千瓦光伏和储能设施项目；在建光伏电站 1 座，为浙能国综塔县 5 万千瓦光伏发电项目，光伏发电总装机容量达 12 万千瓦。在当地实际运作的光伏企业有 3 家：塔什库尔干县深能福塔光伏发电有限公司、喀什国新电力有限公司、塔什库尔干国综新能源有限公司。水电开发方面，在建水电项目 1 个，为下坂地水利枢纽，装机容量 15 万千瓦；拟建水电项目 1 个，为 120 万千瓦塔县抽水蓄能项目；前期谋划水电项目 2 个，为米斯克尼水电站和桑皮勒水电站项目，规划装机容量 146.8 万千瓦。

2. 市场需求

为顺应全球能源清洁低碳发展的大趋势，我国加快实施非化石能源替代化石能源的“替代战略”，随着中国光伏产业原材料、核心设备的全面国产替代，光伏发电已经具有了足够的成本优势，具备了大规模应用、逐步替代化石能源的总体条件，新疆作为风能、太阳能资源富集大区将作为清洁能源生产基地发挥巨大作用。

（1）需求端

从国际市场看，我国电力供应结构中新能源电力渗透率仍然较低。2022 年我国发电总量达 88487.1 亿千瓦·时，其中光伏发电量 4272.7 亿千瓦·时，占比仅为 4.83%。与欧盟等发达地区 7.27% 的平均水平相比，我国光伏发电比重较低，煤电占比较大的问题仍较突出，光伏发电仍有较大增长空间。

（2）供给端

在技术进步效应和规模效应的共同作用下，光伏产业已具备市场化运作条件。一方面，在政策强势引导下，光伏产业迅速发展壮大，光伏面板需求不断增加，随着规模效应的不断凸显，光伏面板及系统的单位造价不断摊薄。另一方面，光伏技术不断迭代更新，随着单晶、多晶电池片及 PERC、TOPCon、XBC 等新型电池技术产品的不断涌现，光伏电池片转换效率不断提高，在光伏面板及组件制造技术升级的大背景下，光伏发电成本逐年下降，光伏发电上网进入了效益均衡区间，市场化运作已成为主流。

（三）绿色矿业

1. 发展基础

塔县横跨秦祁昆成矿域、特提斯成矿域两大世界级成矿带，具有矿种多，分布广，部分矿种储量大、质量好等特点。截至目前，已发现和部分探明的矿产有铁、铅、锌、铜等 52 种，占新疆已发现 152 种矿产的 34.2%，占喀什地区发现 64 种矿产的 81.3%，居全疆第二。还有丰富的矿泉水、冰川水、温泉水等资源，现已勘察出优质冰川矿泉水泉眼 23 眼，年出水量 3000 万立方米。黑碧玉、墨玉、青白玉等玉石储量达万吨以上，东陵玉 10 万吨以上，居全疆第一。

塔县铁矿资源优势突出，所在的西昆仑塔什库尔干铁矿成矿带是新疆四大成矿带之一，累计查明铁矿资源储量 11.9 亿吨，占全疆查明储量的 40%，预测该成矿带铁矿石远景资源量可达 20 亿 ~ 30 亿吨，是未来找矿探矿重点地区。但从品位上看，根据《新疆铁矿资源调查报告》，塔县铁矿以贫矿为主。自治区铁矿平均品位为 30% ~ 47%，塔县重点矿山的品位处于中等水平，在铁矿的开发利用时需加以充分论证。

在铁矿的开采现状方面，塔县原有 4 家大型铁矿山，因涉及野生动物保护区，于 2017 年关闭（矿权已注销）。但随着生态与环境政策的调整，部分矿山重新调出生态保护区，目前又具备了重新开发的条件。

2. 政策导向

资源危机导致国产铁矿重启，南疆成为重点地区之一。在逆全球化思潮泛滥的背景下，为防止资源和关键技术与产品被“卡脖子”，我国对铁矿资源的自给率提出了新的要求。中国钢铁工业协会于 2022 年提出了包括推进新增国内铁矿开采在内的“基石计划”，旨在抵制进口铁矿石垄断及掌握铁矿石价格话语权，并设定了 2025 年国产铁矿石产量提高至 3.7 亿吨的目标。随着“十四五”国内铁矿石资源开发加速，未来铁矿资源的保障能力将逐渐增强。《自治区矿产资源总体规划（2021—2025 年）》提出，以南疆为重点，形成一批新的能源资源接替区及加快塔什库尔干铁矿带勘查开发，新增铁资源 5000 万吨，为南疆钢铁产业建设提供资源保障的发展目标，并将塔什库尔干老并—乔普卡铁矿作为重点开采区之一。《喀什地区矿产资源总体规划（2021—2025 年）》提出，要加强塔县所在的塔什库尔干老并—乔普卡铁矿国家规划矿区勘查开发，加快推进塔什库尔干铁矿自治区级重点开发区建设，重点开采 240.7 平方公里老并—乔普卡铁矿。

新疆铁矿石开采及钢铁冶炼进入以绿色产能置换为导向的新一轮扩产周期。随着“基石计划”及自治区矿产资源开发规划的实施，自 2022 年以来，新疆共开展了 5 个扩产项目，分别涉及矿业公司上市、铁矿山采选及绿色低碳钢铁冶炼项目。新疆本轮铁矿及钢铁扩产着重以改变矿石供应结构、绿色产能置换为导向，核心是矿石采选及产品冶炼的技术改造、装备更新升级，旨在提升钢铁行业安全裕度及促进行业绿色低碳发展。

（四）商贸物流业

在建设国家物流枢纽和中巴经济走廊喀什物流枢纽副中心的发展定位的指导下，遵循先行发展进口贸易的发展思路，挖掘国际贸易新的增长点，建设好现代化、信息化的专业商贸物流设施，推动塔县商贸物流业发展，助力实现经济创收目标。

商贸物流业，尤其是口岸商贸物流业是边境城市的优势特色产业。塔县区位优势显著，与巴基斯坦、塔吉克斯坦、阿富汗三个国家接壤，三国贸易资源达 120 余种，边贸发展条件良好。塔县商贸物流业包括国内贸易、边民互贸、国际贸易等三种形式，由于缺乏专业商贸物流设施、交易领域局限、疫情等因素，交易规模小，提升空间较大。

1. 发展基础

国内贸易货邮量、贸易量均较小，物流配送服务能力弱。从全年社会消费品零售来看，塔县国内贸易总体呈增长态势，但规模较小。如图 10–3 所示，2015—2019 年，塔县全年社会消费品零售额的年复合增长率为 6.4%，因疫情 2020 年全年社会消费品零售总额骤降，2021 年以 17.7% 的增速恢复至 9736 万元（见图 10–3）。2019 年塔县人均社会消费品零售额约 5889 元，仅为全国人均的 20%，居民消费能力偏低。塔县公路客运量体量较小且波动起伏大，2015—2021 年平均客运量不足 1.7 万人次，2017 年达到峰值 2.5 万人次。塔县邮政业务总量保持共振向上趋势，2018—2021 年增幅明显，年复合增长率高达 47%，从 2018 年的 114.2 万元增长至 2021 年的 361 万元，翻了 3 倍多。但是，因塔县地广人稀、快递需求量较少、配送路线漫长、自然灾害等不可抗力等因素，塔县仅分布两个邮政网点，导致“最后一公里”配送服务水平低下，不利于当地商贸物流业的扩张。综上，塔县国内贸易虽然规模较小，但整体呈现增长趋势，随着旅游经济的发展和专业商贸物流设施的完善，规模有望逐步扩大。

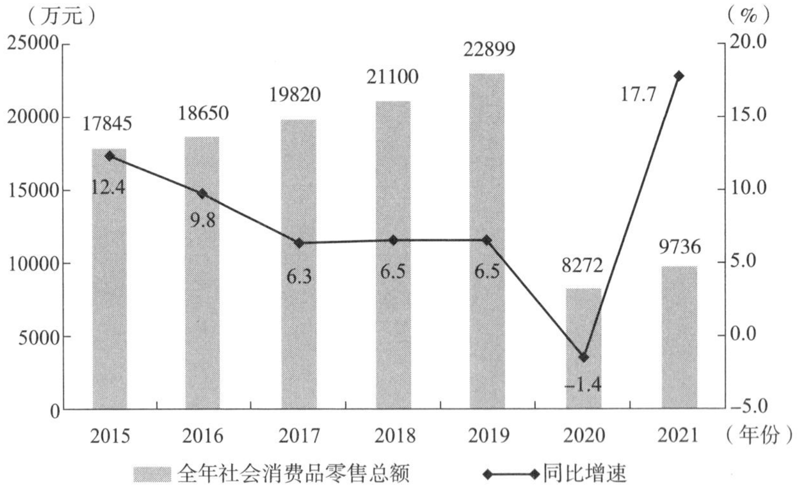

图 10–3　2015—2021 年塔县全年社会消费品零售总额变化趋势

数据来源：塔县国民经济和社会发展统计公报。

2. 发展定位

根据上位规划，自治区和喀什地区对塔县商贸物流业方面的发展定位为中巴经济走廊喀什物流枢纽副中心，对红其拉甫口岸的定位是国家级物流枢纽。红其拉甫口岸是连接中国和巴基斯坦的主要陆上交通枢纽，也是通往南亚次大陆乃至欧洲的重要门户。在战略地位上，自治区层面给予塔县及红其拉甫口岸高度重视。

《新疆维吾尔自治区现代物流业发展“十四五”规划》指出，加快包括红其拉甫口岸在内的 11 个国家物流枢纽建设。《喀什地区国民经济和社会发展第十四个五年规划和 2035 年远景目标纲要》提出，依托红其拉甫、卡拉苏口岸等沿边国家口岸、边境经济合作区，加快培育边境商贸、边境特色旅游、特色畜牧业等特色优势产业发展。《塔什库尔干塔吉克自治县国民经济和社会发展第十四个五年规划和 2035 年远景目标纲要》在上位规划的基础上提出在塔县建设中巴经济走廊喀什物流枢纽（塔县）副中心，建设内外贸一体化的商贸物流集散中心，包括冷链物流库、海关监管库、综合功能区和集约功能区。

（五）现代农业

1. 发展基础

由于地处高原山区，自然条件恶劣，不利于动植物生长和繁殖，塔县第一产业发展难度较大，但近年来塔县农业经济仍然保持了较好的发展态势。2020 年塔县农林牧渔总产值为 4.13 亿元，增速为 7.7%。塔县农业结构呈现畜牧业为主、农林为辅的特点，自 2003 年以来，畜牧业与农业总产值比重稳定在 8 ∶ 2。畜牧业资源以本地帕米尔牦牛为主，农业资源主要包括高山雪菊、沙棘和黑枸杞等。

2. 发展重点

通过对塔县畜牧业和农林业资源禀赋和市场需求分析，结合塔县产业发展基础，建议塔县在农业领域中重点发展产业链上游与中游部分，适时考虑向下游延伸。产业链上游重点聚焦经济性较高的牛羊品种培育、规模化养殖和屠宰环节，如多浪羊、西门塔尔牛等品种。产业链中游聚焦肉类初级加工环节，结合旅游业发展需求，培育具备当地特色的牛肉深加工企业，形成具有当地特色的优质品牌，提升行业增值能力。塔县畜牧业发展重点环节如图 10–4 所示。

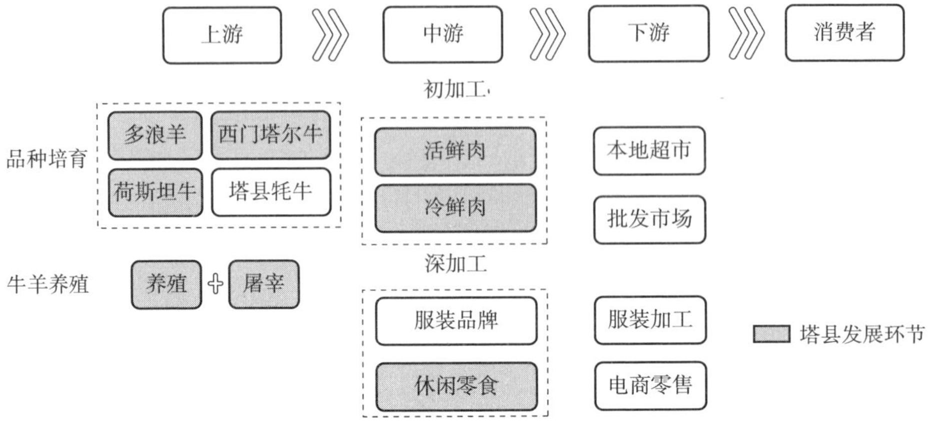

图 10-4 塔县畜牧业发展重点环节

二、产业空间布局篇

（一）边境旅游业布局

1. 布局原则

大分散小集中原则。各功能要分散在各个旅游片区，发挥各片区的特色，促进各片区均衡发展。服务设施要集中，同时保证游客的易达性和方便性。

中心功能分区原则。以核心景区和核心商圈为依托，打造完善的旅游服务生态圈。在旅游景区密集、人口密集的县城区域打造中心级的配套设施，在南部建设次级旅游服务中心。

区域时空协调原则。旅游景点、旅游服务点的分布应充分考虑游客的行程，规划车行、步行等多种交通方式，丰富游客的旅游体验，以发掘旅客流量变现的潜力。

生态保护环境原则。保护好各旅游片区的资源特色，保护好真实的旅游环境和人文环境，使各片区达到最佳生态容量，生态脆弱区尽量不考虑布局景点。

2. 产业布局

塔县边境旅游业布局为“一轴、两区、多节点”。“一轴”指的是沿 314 国道的旅游发展轴，“两区”指以塔县县城为核心的塔县旅游核心区和南部旅游重点发展区，“多节点”指的是在各类旅游项目附近布局多个民宿点，穿起旅游发展轴。

塔县旅游核心区包括塔什库尔干镇、科克亚尔柯尔克孜族乡、塔合曼乡、塔什库尔干乡、库科西鲁格乡、提孜那甫乡、马尔洋乡、瓦恰乡、班迪尔乡、大同乡、达布达尔乡北部。塔什库尔干镇及周边地区布局提孜那甫堡、古石头城、香宝宝古墓群、吉日尕勒旧石器时代遗址等遗迹遗址类景点，布局帕米尔景区、阿拉尔金草滩国家湿地公园等自然风光景点，以及塔县博物馆。科克亚尔柯尔克孜族乡布局慕士塔格冰川公园和卡拉苏口岸。塔合曼乡布局塔合曼温泉幽谷和塔合曼湿地公园等自然风光景点。大同乡布局大同乡杏花村景点。瓦恰乡布局盘龙古道景点。达布达尔乡北部布局公主堡、拱拜孜古驿站等遗迹遗址类景点和瓦罕走廊、紫花牧场等自然风光景点。民宿点布局在基础条件较好的塔什库尔干镇、塔合曼乡、库科西鲁格乡和达布达尔乡。

南部旅游重点发展区在达布达尔乡南部地区，区内布局红其拉甫国门景区（4A 级）和乔戈里峰景区。民宿点则重点布局在热斯喀木村。

（二）新能源及绿色矿业布局

1. *布局原则*

塔县新能源产业重点发展光伏发电项目、抽水蓄能项目和水力发电项目。光伏发电的布局应遵循“生态优先、统筹规划、合理布局、加强覆盖”的原则，将光伏资源禀赋转化为清洁能源优势。抽水蓄能和水力发电项目的布局应遵循“生态优先、和谐共存，区域协调、合理布局，成熟先行、超前储备，因地制宜”的原则。

绿色矿业布局应遵循“生态保护优先、资源品位优质、开采价值高、开采难度低、社会影响小”的原则。处理好矿业资源开发与生态文明建设的关系，统筹好地区经济发展、污染治理和生态保护，科学部署矿产资源勘查开发和资源基地建设，把生态环境保护的要求贯穿于矿产资源勘查开发全过程，打造绿色矿业发展示范区和绿色矿山协同发展的国土空间格局。

2. *产业布局*

光伏发电产业布局方面，深能源福塔 2 万千瓦光伏电站位于塔县县城东南方向沿 314 国道 25 公里处的兴都库什山前冲积平原，于 2018 年 5 月 31 日实现并网运行。国综塔什库尔干 50 兆瓦光伏和储能设施项目位于塔合曼乡附近，于 2021 年 12 月 40 日完成并网。浙能国综塔什库尔干 50 兆瓦光伏发电项目位于塔合曼乡沿 314 国道两旁，占地 1500 亩，已于 2022 年 8 月开工建设。抽水蓄能产业布局方面，120 万千瓦日调节纯抽水蓄能电站位于班迪尔乡阿尔塔什水库上游处，米斯克尼与桑皮勒水电站位于马尔洋乡叶尔羌河干流克勒青河汇合口至阿尔塔什水库回水之间河段。绿色矿业产业布局方面，塔县以铁矿布局为主。希尔布里萨依铁矿位于塔县县城东南方向沿 314 国道 40 公里处，矿区道路 10 公里；吉尔铁克铁矿区位于塔县县城东南方向沿 314 国道 58 公里处，矿区道路 17 公里；赞坎磁铁矿位于塔县县城以南 67 公里；乔普卡铁矿位于塔县县城以南约 80 公里处。

（三）商贸物流业布局

1. 布局原则

交通便利原则。应布局在交通条件好、货运主要发生方向、距高速公路出入口较近的区域，构建各种运输方式互补的多式联运体系，避免重复建设并减少资金投入。

经济适用原则。基于空间范围的大小，以物流现状分析和预测为依据，综合考虑影响商贸物流企业布局的各种因素，确定最佳布局地点与规模。

基础设施配套原则。选取具备充足能源、水源以及良好生活条件的区域，使项目能就近使用基础设施。

城市规划导向原则。由于商贸物流业涉及办公、交易、仓储、运输等诸多服务环节，占地面积较大，所产生的大量货物运输对周边有一定的影响。因此，在选址时尽量选择在城市边界，减少对城市生产和生活的影响。

2. 产业布局

综合以上布局原则，结合相关规划，商贸物流业的城市生活商贸设施布局在塔县城区。互市贸易区及相关物流设施则根据塔县边境经济合作区的空间规划，布局在边境经济合作区东区，国际贸易及物流设施模块布局在边境经济合作区西区，靠近新 314 国道。商贸物流业的各模块依托红其拉甫机场和规划的中巴铁路，未来可实现多式联运的物流模式。

（四）现代农业布局

1. 布局原则

当前，塔县畜牧业多为散养模式，在产业布局上，一方面需依托牧民形成集聚发展，另一方面需依托草场、水源等牲畜生存和生长资源。因此，根据各乡镇畜牧资源实施分类分区指导，资源缺乏的乡镇尽量做到基本自给，资源丰沛的乡镇在保证自给的基础上适当扩大布局规模。除散养模式外，塔县还需发展畜牧业规模化养殖，规模化养殖基地的选择则需考虑用地合法性、气候适宜性、草料等生产资料的可获得性及市场辐射便利性等因素。农林业布局方面，重点布局雪菊、沙棘等特色经济作物种植，其布局主要考虑土地、气候的适宜性、村民的集聚度，以及交通运输条件等。

2. 产业布局

畜牧业布局方面，以牧民为主导的散养模式基本延续现有畜牧业产业布局，规模化养殖的布局，经过多方比选，最后选址在喀什莎车县亚喀艾日克乡，主要考虑到该选址地块面积大、土地平整、气候适宜、草料等生产资料丰裕，且更靠近消费市场。

农林业方面，在大同乡、库科西鲁格乡、班迪尔乡等雪菊重点种植乡镇加大布局雪菊种植基地；在班迪尔乡、提孜那甫乡、瓦恰乡、库科西鲁格乡、马尔洋乡等沙棘重点种植乡镇加大布局沙棘种植基地，并就近布局冷链物流中心，便于对沙棘进行初加工和储藏。

第十一章
清远：中心城市的功能疏解

为整合国内资源，进一步扩大对外开放，提升我国国际竞争力，于2017年正式提出建设粤港澳大湾区这一国家重大战略，确定了“9+2”的粤港澳城市发展格局，广州作为核心城市之一，亟须提高城市功能定位、升级产业发展质量和扩大城市辐射范围。在此之前，为促进广东省协同发展，2013年广东省颁布《中共广东省委 广东省人民政府关于进一步促进粤东西北地区振兴发展的决定》和《中共广东省委办公厅 广东省人民政府办公厅关于调整珠三角地区与粤东西北地区对口帮扶关系的通知》，确立广州—清远等珠三角城市与粤东西北城市间紧密合作的帮扶战略部署。

为打破行政区划限制，顺应城市发展规律，贯彻落实国家特大城市发展战略，广东省“十三五”规划明确要求广州市和清远市要形成“广清一体化”的区域发展格局，并制定了《广清一体化“十三五”发展规划》，提出要把广清地区建设成为引领全省乃至全国区域协调发展的示范区。

为贯彻落实广东省委、省政府关于广清一体化的重大决策，实现广清一体化在“十三五”的规划目标，中国（深圳）综合开发研究院充分发挥国家高端智库咨政建言的作用，在广州帮扶清远指挥部、清远市发展改革局的协助和支持下，系统开展了《清远承接广州功能疏解战略规划》的研究工作，在充分调研、研讨的基础上形成本章内容。

一、研究背景和战略意义

（一）我国特大城市进入都市圈发展阶段

城市发展存在由竞争走向合作的规律。如图11-1所示，弗里德曼、罗斯托的经济发展阶段理论指出，随着城市对劳动力、资金等资源集聚效应的增强，城市进入后工业化阶段。尤其是特大城市随着工业化和城市化的发展，凭借自身优良的经济发展质量和完善的基础设施不断提升对各项资源的吸引力，集聚了大量的人口、产业和资金，但随之也会带来交通拥堵、环境污染、房价高企、公共服务供应不足等大城市病。为避免大城市病，使城市健康稳健发展，在社会经济发展到一定阶段后，城市对资源存在由虹吸向外溢的内生动力，城市间也由竞争资源走向合作发展的道路。

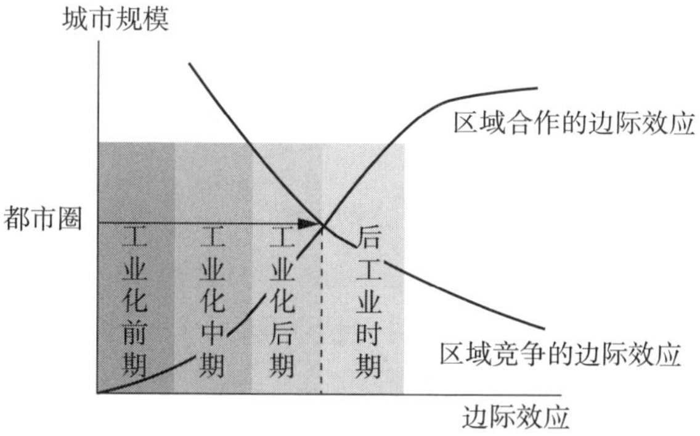

图 11–1　弗里德曼、罗斯托的经济发展阶段理论

我国一线城市进入都市圈发展阶段。根据钱纳里的工业化阶段论，北京、上海、深圳和广州这四个分别位于京津冀、长三角和珠三角的一线城市均已进入工业化后期发展阶段。已公布的数据显示，2017 年，深圳和广州 GDP 分别实现 2.2 万亿元和 2.15 万亿元的规模，上海和北京的 GDP 则分别于 2012 年和 2014 年超过 2 万亿元规模，强劲的经济增长后劲和庞大的经济发展规模使我国一线城市开始寻求更广阔的发展空间。我国政策也顺应城市发展要求，适时出台相应的城市群发展战略，《中华人民共和国国民经济和社会发展第十三个五年规划纲要》（以下称“十三五”规划纲要）提出要将京津冀、长三角和珠三角建设成为世界级城市群，优化提升东部城市群发展质量，2017 年国家提出建设粤港澳大湾区的国家级战略，构建珠江三角洲“9+2”的城市群发展格局。在此之前，广东省为实现珠三角地区的协调发展，顺应广州和深圳的发展要求，提出打造广佛肇、深莞惠都市圈的发展战略，并印发《中共广东省委　广东省人民政府关于进一步促进粤东西北地区振兴发展的决定》，要求以珠三角城市带动粤东西北共同发展。这些政策规划均表明我国一线城市均已进入城市群合作、构建都市圈的发展阶段。

（二）国家战略要求特大城市非核心功能外溢

“十三五”规划纲要要求特大城市疏解中心城区非核心功能。在我国城镇化发展战略上，全国要形成以交通为纽带的“两横三纵”的城市化格局，“十三五”规划纲要明确要求京津冀、长三角和珠三角建立世界级城市群，“超大城市和特大城市要加快提高国际化水平，适当疏解中心城区非核心功能，强化与周边城镇高效通勤和一体发展，促进形成都市圈”。

中央经济工作会议定调中心城市通过功能疏解，加强周边城市的合作。2016 年中央经济工作会议要求“特大城市要加快疏解部分城市功能，带动周边中小城市发展”；2017 年中央经济工作会议在“区域协调发展战略”上，明确要求京津冀协同发展要以疏解北京非首都功能为重点，要求科学规划粤港澳大湾区建设。

广州在新时代的发展使命要求疏解非核心功能。根据国家近年的战略规划，城市群发展战略逐渐成形，位于粤港澳大湾区核心圈的广州需要肩负起落实国家战略、提升城市功能定位、疏解自身非核心功能、提升经济辐射力、带动周边中小城市发展的重任，结合广东省关于粤东西北地区振兴发展战略和广清一体化发展战略，广州有使命梳理城市的非核心功能，并将其疏解。

（三）北京非首都功能疏解为全国提供样板

在国家要求全国特大城市疏解非核心功能前，北京已开始探索如何将非首都功能疏解。北京在实现经济社会快速发展的同时，大城市病逐渐显现，并且影响到了城市经济的健康发展。

北京在 2014 年提出京津冀协同发展的基础上，进一步提出疏解非首都功能，取得了显著的阶段性成效，促进了北京和周边省市的协同发展，为其他特大城市与周边地区的合作提供了良好的示范。

北京产业“三升三降”，结构得到优化。从北京疏解非首都核心功能看，2016 年北京严控的制造业、农林牧副渔业、批发和零售业新设市场主体分别下降 72.75%、26.42% 和 18.36%，未列入禁限的金融业、文化体育娱乐业、科技服务业同比分别增长 12.77%、26.76% 和 22.53%，逐渐走出减量发展、瘦身健体、提质增效的新路。

“4+N”承接平台顺利对接企业落户。曹妃甸协同发展示范区内首钢京唐公司二期、城建重工专用车及新能源汽车生产基地等一批重大合作项目开工建设；天津滨海—中关村科技园签约 45 个入园项目；北京现代第四工厂在沧州正式投产，实现“一个工厂带动一个产业基地”模式；北京·沧州渤海新区生物医药产业园吸引 86 个生物医药转移项目落户，签约北京医药企业 59

家。在重大产业合作项目带动下，北京对京津冀的投资呈井喷态势，2016 年北京企业在津冀的投资是 2014 年的 3.35 倍。

（四）清远承接广州功能疏解

珠三角也进入城市新旧功能转换期，粤港澳大湾区的国家战略要求中心城市发挥科技创新的功能，提升区域的经济辐射力和挖掘发展潜力。广州城市功能定位为国家重要中心城市和国际商贸中心，部分产业亟待转型和转移。

在粤港澳大湾区进入全面建设历史机遇期和粤东西北地区进入振兴发展的关键阶段，位于粤港澳大湾区和长株潭地区交界的清远，提出承接广州功能疏解的战略规划，既可抓住历史发展机遇，融入国家战略，成为粤港澳大湾区辐射内地的关键通道，更可为全国城市群内构建中小城市与中心城市的经济联系做出珠三角的探索。

二、广州功能疏解需求分析

清远承接广州功能疏解战略必须建立在广州有功能疏解需求的基础上。本部分通过总结国家、省对广州的要求和广州市自身发展的定位，结合广州市人口、交通、产业等现状，分析定位与现状之间的差距，明确广州是否需要功能疏解和需要疏解哪些功能。

（一）广州城市发展规划定位与现状

1. 广州的功能定位

（1）城市定位要求广州具备高辐射带动功能

国家对广州的定位：国务院 2016 年 2 月批复《广州市城市总体规划（2011—2020 年）》，将广州定位为国家历史文化名城、国家重要中心城市、国际商贸中心和综合交通枢纽。

广东省对广州的要求：《广东省国民经济和社会发展第十三个五年规划纲要》（粤府〔2016〕35 号）要求广州充分发挥国家重要中心城市和省会城市作用，建设国际性综合交通枢纽，进一步强化辐射带动功能。在率先全面建成小康社会、率先基本实现社会主义现代化的实践中走在前列。

广州“十三五”时期战略蓝图：“十三五”时期，广州将适应把握引领经济发展新常态，以提高发展质量和效益为中心，以推动供给侧结构性改革为主线，大力实施创新驱动发展战略，高水平建设国际航运中心、物流中心、贸易中心、现代金融服务体系和国家创新中心城市，强化枢纽型网络城市功能，提高全球资源配置能力。营造市场化国际化法治化营商环境和干净整洁平安有序城市环境，促进投资贸易便利化和生活服务便利化，发展高水平开放型经济，促进文化大发展大繁荣，建设绿色生态美丽广州，维护社会和谐稳定，增进民生福祉，加强和改善党的领导，推动广州国家中心城市建设全面上水平，率先全面建成小康社会，在建设社会主义现代化新征程上走在前列。

综合各项规划对广州的城市定位，总结出各个层面广州的城市定位，如表 11-1 所示。

表 11-1 各个层面广州的城市定位

层面	城市定位
国际层面	国际商贸中心、物流中心和信息资讯中心，国际航空枢纽、南方国际航运中心，国际文化交流和会展中心，国际体育名城和国际著名旅游目的地
国家层面	国家先进制造业基地、国家服务外包基地、国家高技术产业基地、国家自主创新研发基地、国家历史文化名城
南方地区	南方经济中心、区域金融中心和综合性门户城市、全国综合运输枢纽和国家公路运输枢纽、华南地区科教文化中心、华南生态旅游休闲中心、创意之都和宜居城市
广东省域	广东省省会，广东省政治、经济、文化和交通中心

资料来源：广州市国规委、广州市规划院。

（2）粤港澳大湾区要求广州发挥核心区功能

2017 年依次发布的《政府工作报告》、党的十九大报告、中央经济工作会议报告和第十九届中央政治局第三次集体学习均强调了粤港澳大湾区的建设，标志着粤港澳大湾区已成为国家级核心发展战略。

广州是粤港澳大湾区构建的“一湾四核、两带三圈”网络化城市空间格局的四大核心城市之一，领衔“广佛肇”都市圈发展，对广州在新时代的辐射带动力有了更高的要求和定位。

（3）广深科技创新走廊要求广州发挥科创功能

省级战略高标准定位广深科技创新走廊。2017 年 5 月，《广东省第十二次党代会报告》中提出要打造广深科技创新走廊，推动重大科技平台和基础设施共享、资源流动。同年9月，省委常委会议审议并原则通过了《广深科技创新走廊规划》，强调要深入实施创新驱动发展战略，把广深科技创新走廊打造成“中国硅谷”，使其成为全国创新发展重要一极。

广深科技创新走廊要求广州承担科创核心。《广深科技创新走廊规划》提出广州要“发挥高校、科研院所集聚的优势，建成具有国际影响力的国家创新中心城市和国际科技创新枢纽”，在广深科技走廊中成为高校、科研院所、重点实验室、工程中心等科研机构集聚地。

广深科技创新走廊要求广州打造科创载体。《广深科技创新走廊规划》中“一廊十核多节点”的空间格局，广州占据着四核，分别是广州大学城—国际创新城、广州中新知识城、广州科学城和广州琶洲互联网创新集聚区。此外，在广深科技创新走廊37个创新节点中，广州拟发展13个节点。截至2016年末，广州高新技术企业4600家，2017年广州新增高新技术企业4000家。广州将通过打造番禺思科城、琶洲互联网集聚区、天河智慧城、广州高新区等创新创业平台，形成若干个千亿元级产值产业集群。广深科技创新走廊十大核心创新平台如表11–2所示。

表11–2 广深科技创新走廊十大核心创新平台

城市	核心创新平台	功能
广州	广州大学城—国际创新城	以广州大学城教育科研创新为支撑，建设珠三角科技创新高地、华南科技合作之窗、高科技人才创新创业基地。重点发展新一代信息技术、新材料与高端制造、文化创意、生命健康产业
	广州中新知识城	建设知识经济产业集聚区，推动国家知识产权运用和保护综合改革试验，成为广州建设国家科技创新枢纽的核心组团。重点发展生物医药、电子信息、新材料、知识经济产业
	广州科学城	以战略性新兴产业为主导，突出创新创业生态建设，提升创新要素密集度，扩大对外辐射带动影响力，把科学城建设成为区域性科技创新创业中心。重点发展电子信息、新材料、生物医药产业
	广州琶洲互联网创新集聚区	打造广州新经济重要引擎、亚太地区互联网总部基地、全球互联网投资首选地及国际高端人才会集地。重点发展“互联网+”产业
深圳	深圳大空港新城	打造技术标准领先、市场前景广阔的未来产业集群，大力发展国际会展贸易、现代服务等功能，建设成为粤港澳大湾区新城、国际一流空港都市区。重点发展智能装备、航天航空产业
	深圳高新区北区	增加创新要素密度，建设成为世界一流高科技园区、国家知识产权示范园区、国家高新技术产业标准化示范区。重点发展新材料、电子通信、数字视听、生物医药产业

续表

城市	核心创新平台	功能
深圳	深圳坂雪岗科技城	放大华为等龙头企业的带动作用，发挥技术溢出和人才溢出效应，培育打造国际科技研发高地和特区一体化先行示范区。重点发展通信设备、5G产业
	深圳国际生物谷坝光核心启动区	瞄准国计民生重大需求，以前沿科学发现为引领，发挥生物技术与信息技术融合优势，建设成为国际领先的生物科技创新中心、全球知名的生物产业集聚基地。重点发展生物医药和生命健康产业
东莞	东莞松山湖	打造全球性科技园区、国家科创策源地、生态文明示范城区。重点发展高端电子信息、机器人、生物技术、新能源、现代服务业
	东莞滨海湾新区	打造海洋产业与先进制造业创新集聚区、广深科技创新走廊重要空间平台、粤港现代服务业融合发展试验区。重点发展现代服务业、海洋生物医药、智能装备、新一代信息技术产业

（4）产业发展规划要求广州发展高端制造功能

首先，广州明确重点发展的高端制造领域。

《广州市建设“中国制造2025”试点示范城市实施方案》提出广州重点发展的八大领域和方向，分别是智能装备及机器人、新一代信息技术、生物医药与健康医疗、智能与新能源汽车、新材料、新能源、都市消费工业、生产性服务业。重点发展“IAB”产业（新一代信息技术、人工智能、生物医药）。

《广州市先进制造业发展及布局“十三五”规划》提出广州要打造“四梁八柱”的先进制造业支撑体系。其中要发展三大支柱产业：汽车、电子产品和石油化工；发展十大重点领域：智能装备及机器人、新一代信息技术、节能与新能源汽车、新材料与精细化工、生物医药与健康医疗、能源与环保装备、轨道交通装备、高端船舶与海洋工程装备、航空与卫星应用、都市消费工业。

《广州市“十三五”战略性新兴产业规划》提出广州战略性新兴产业细分优势领域为新一代信息技术产业；生物医药与健康医疗产业；新材料；智能与新能源汽车、新能源与环保装备产业。

其次，广州高端制造业重点区域集中在南部、东部和北部。

《广州市建设“中国制造2025”试点示范城市实施方案》和《广州市先进制造业发展及布局“十三五”规划》提出广州72个重点产业区块，如表11–3所示。

表 11-3　广州 72 个重点产业区块分布　　单位：个

广州全市	荔湾	越秀	海珠	天河	白云	黄埔	花都	番禺	南沙	从化	增城
72	6	1	1	1	11	8	9	14	11	2	8

数据来源：《广州市先进制造业发展及布局“十三五”规划》。

《广深科技创新走廊规划》提出重点发展 14 个科技园区，黄埔区、花都区仍然是重点发展区域。黄浦区、广州开发区 2017 年 1—9 月吸引 FDI 排名全市第一、工业总产值占全市约四成、高新技术产值占全市 78%，IAB（新一代信息技术、人工智能、生物医药）产值分别占全市的 80%、50%、60%，成为全市 IAB 产业发展的主战场。

2. 广州的发展现状

（1）人口现状

广州中心四城区人口过度集聚的问题亟待解决。2016 年，越秀区人口密度接近 3.5 万人 / 平方公里，直逼香港核心区人口密度；荔湾、海珠、天河 3 个区的人口密度均超过 1.5 万人 / 平方公里，超过东京、深圳等特大城市核心区的人口密度。2016 年广州各区人口密度如图 11-2 所示。

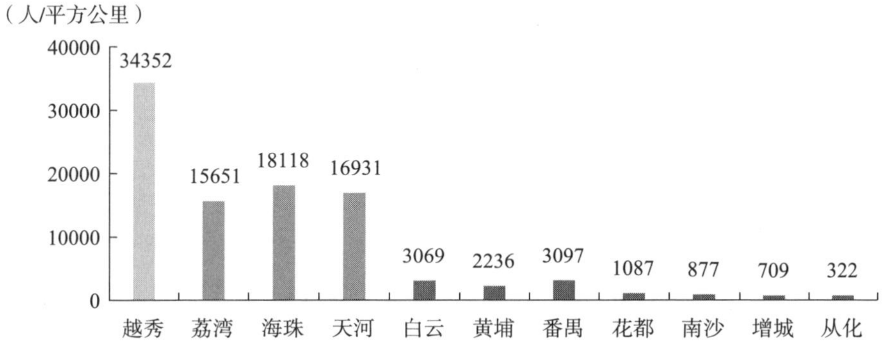

图 11-2　2016 年广州各区人口密度

数据来源：广州市统计局网站。

（2）交通现状

首先，交通严重拥堵成为广州城市功能疏解的重要原因。2017 年前三季度，广州成为全国拥堵次数最多、拥堵延时最长的城市，早、中、晚均有时段居全国首位；也成为粤港澳大湾区中在高峰期最拥堵的城市。

其次，生产型交通拥堵比生活型交通拥堵形势更严峻。广州市 4 个中心城区由于人口高度集聚，造成通勤、生活型交通拥堵。其中，白云区因为集聚了大量物流企业，造成生产型交通严重拥堵。总体上，广州生产型交通拥堵较生活型更为严重。

最后，广州中心城区外溢趋势明显，去往广州东部、深圳和清远方向拥堵严重。广州快速 / 高速公路拥堵排名前十的路段中，有两条是往清远方向、有一条是往深圳方向，其余主要是广州东进战略方向，反映了广州与这些地区的经济社会联系密切，但交通状况亟待改善。

（3）产业发展现状

首先，各城区经济发展阶段存在显著差异。如表 11–4 所示，根据钱纳里工业化阶段理论及公开的统计数据，得出广州中心城区与其他区域的产业发展阶段存在差异：荔湾、越秀、海珠、天河等城区已经进入后工业化阶段，需要发展和优化第三产业；而番禺、南沙、从化、增城等城区尚未进入后工业化阶段，需提升工业发展质量。

表 11–4　钱纳里工业化阶段判断标准

指标类型	评定指标	前工业化阶段	工业化实现阶段			后工业化阶段
			工业化初期	工业化中期	工业化后期	
经济发展水平	人均 GDP（2014 年美元）	880~1750	1750~3500	3500~7000	7000~13140	13140 以上
产业结构	三次产业所占比重	A>I	A>20%，A<I	A<20%，I>S	A<10%，I>S	A<10%，I<S
工业结构	制造业增加值占总商品增加值比重	20% 以下	20%~40%	40%~50%	50%~60%	60% 以上
空间结构	人口城市化率	30% 以下	30%~50%	50%~60%	60%~75%	75% 以上
就业结构	第一产业就业人员比重	10% 以下	10%~30%	30%~45%	45%~60%	60% 以上
综合评分		（0，1]	（1，2]	（2，3]	（3，4]	（4，5]

其次，中心城区专业批发市场过度集中。广州中心城区以第三产业为主，共拥有 730 多个专业单体批发市场，占全国的 1/7，商户 80 万、就业人口 200 万，这些专业单体批发市场 70% 集中在中心四城区，造成中心城区土地利用效率低下、交通拥堵、人员混杂，存在一定的安全隐患。2016 年广州各城区三次产业占比及 GDP 情况如表 11–5 所示。

表 11-5　2016 年广州各城区三次产业占比及 GDP 情况

	第一产业（%）	第二产业（%）	第三产业（%）	GDP（亿元）
广州全市	1.22	29.42	69.35	19547.44
荔湾	0.47	20.95	78.58	1081.02
越秀	0	1.86	98.14	2909.48
海珠	0.05	12.98	86.97	1549.85
天河	0.02	9.96	90.03	3800.82
白云	2.18	19.30	78.52	1640.75
黄埔	0.23	62.56	37.21	2941.95
番禺	1.74	35.80	62.46	1753.68
花都	2.77	53.60	43.63	1168.76
南沙	4.05	64.24	31.71	1279.15
从化	6.75	43.83	49.43	375.15
增城	4.78	47.20	48.01	1046.85

数据来源：广州市统计局。

最后，广州工业和批发零售业增速低。如表 11-6 所示，2016 年，广州 Top5 行业占总产值比重超过五成，说明这些行业对广州的经济发展有举足轻重的影响。但批发零售业的经济贡献度连年降低，增长速度趋缓，工业更是低于全市 GDP 增速，如图 11-3 所示。广州要提升经济发展质量，必须通过产业疏解和升级，为新的经济增长点腾挪空间。

表 11-6　2016 年广州 Top5 行业在 20 个行业的产值占比、增速　　单位：%

行业	占比	增速
工业	28.65	2.27
批发和零售业	14.90	7.39
金融业	9.00	14.52
房地产业	8.45	11.63
租赁和商务服务业	7.63	18.72

数据来源：广州市统计局。

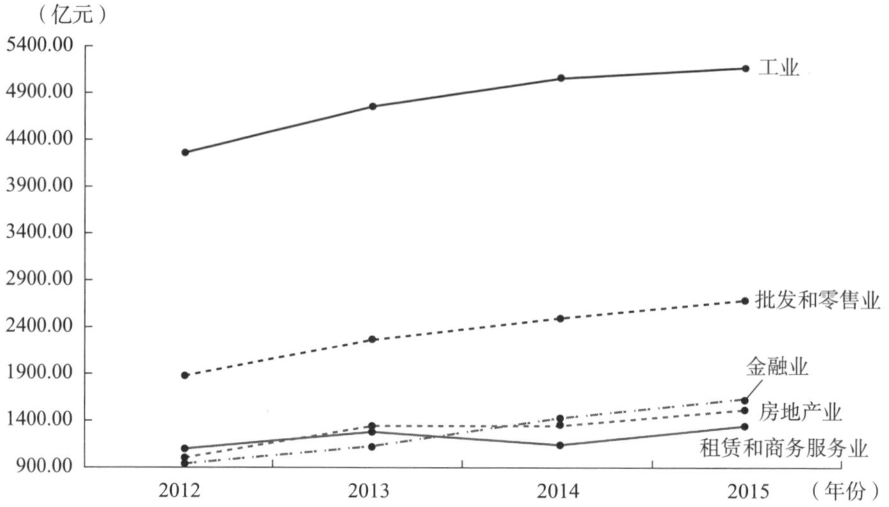

图 11–3　2012—2015 年广州 Top5 行业产值变化趋势

数据来源：广州市统计局。

（二）广州功能疏解的需求分析

1. 广州规划定位与现状的差异催生疏解

根据广州的规划定位与现状分析，粤港澳大湾区、广深科技创新走廊、广州“十三五”产业规划和广州城市总体规划均要求广州增强辐射带动力，产业定位上要求向高端化推进，高端制造业和科技创新产业应成为广州下一步发展的重点。

而目前广州中心城区虽然已转入第三产业为主的后工业化阶段，但第三产业的发展质量较低，专业批发市场占据较大市场份额，科技创新含量较低、人才集聚能力较低、增加值较低、土地利用率较低。需将这些专业批发市场从中心城区逐步疏解出去，为新产业腾挪空间。

广州非中心城区以第二产业为主，未进入后工业化阶段，但是这些工业集聚区创造的产业增加值增速缓慢，没有发挥对广州国民经济增长的推动力。根据广州发展高端制造业的定位，也需实现对现有工业结构的调整，将传统的制造业疏解出去，大力发展新一代信息技术、智能装备及机器人、生物医药与健康医疗、智能与新能源汽车、新材料等高新技术产业。

2. 广州城市更新催生企业外迁

广州城市更新包括全面改造和微改造两种类型，预计到 2020 年将推进 85 ~ 100 平方公里，实施完成 42 ~ 50 平方公里。

全面改造的对象包括需要调整城市空间布局、建设城市重大战略平台的重点发展地区；已列入“退二进三”企业名录的旧厂房；污染重、按政策近期必须搬迁的旧厂房；目前效益较差但企业积极性较高的旧厂房。

城市更新将产生大量的企业、项目外迁，通过梳理广州城市更新清单可得出企业、项目外迁名录。

如2009年广州市公布“退二进三”企业名单，要求2009年、2012年、2015年完成303家企业搬迁，截至2016年，仍有27家申请延期未搬迁，不乏白云山、燕塘乳业、广船国际、珠江钢琴等知名老牌企业，且1/3为药企，与广州将着力发展的生物医药和健康医疗密切相关。2017年111个城市更新项目中，11个属于旧厂和村级工业园全面改造，清远可从中筛选出拟搬迁的优质企业重点对接引进。

3. 广州功能疏解需求总结

综上所述，广州功能疏解和产业内聚需求并存，并存在明显区域差异。《实施珠三角规划纲要2017年重点工作任务》中提出，广州要严格控制开发规模、强度、边界管控，有序向周边城市疏解非核心功能。

清远承接广州功能疏解要在广州明确疏解对象的前提下，有针对性地提出承接方案。

广州中心四城区疏解需求：第三产业高度发达、交通严重拥堵，有向外疏解非核心服务业的需求，尚有部分第二产业待完成“腾笼换鸟（退二进三）”的疏解。对物流量较大，区域性辐射为主的消费品专业市场和生产资料市场，引导其搬迁至中心城区外围区域发展。重点有序规划推动大都市鞋城、黄沙水产市场、沙河第三服装市场、西场电器总汇等一批大型市场的有序关闭转移，通过典型示范和统一规划促进更多批发市场向外围疏解。传统的货运站场经营业态已经不适应广州产业的发展需要，亟须转型升级。货运站场对广州市经济社会发展、促进广州市成为全国公认的道路货物运输枢纽以及华南地区最大的货物集散中心起到了积极推动作用。但是，随着广州城市建设发展，中心城区不断扩展，部分原位于郊区的货运站场，现在已处于居民、商贸密集区，大量货车进出对城区道路交通造成影响。白云区是广州市货运物流行业最为集中的区域，具有经营许可证的道路货运站场有33家，主要分布于白云区的太和、石井等地，形成聚群发展格局。白云区将对传统货运站场根据各自条件分类、分步骤实施产业转移、升级改造。

广州非中心城区疏解需求：工业集中，承担广州科技创新和先进制造业发展的重任，发展空间较大，高端制造业基本无外迁需求，但有外溢可能，传统制造业有城市更新计划。

三、清远承接广州功能疏解战略选择

（一）战略选择

基于清远承接广州功能内外条件的 SWOT 分析，建议清远选择扭转性战略。从内部因素看，清远的优势不明显，从外部因素看，清远的机遇大于挑战，具体战略拆解见专栏 8，因此本阶段应选择扭转性战略，把握机遇，克服内部劣势，获取发展机遇。清远承接广州功能疏解战略如图 11-4 所示。

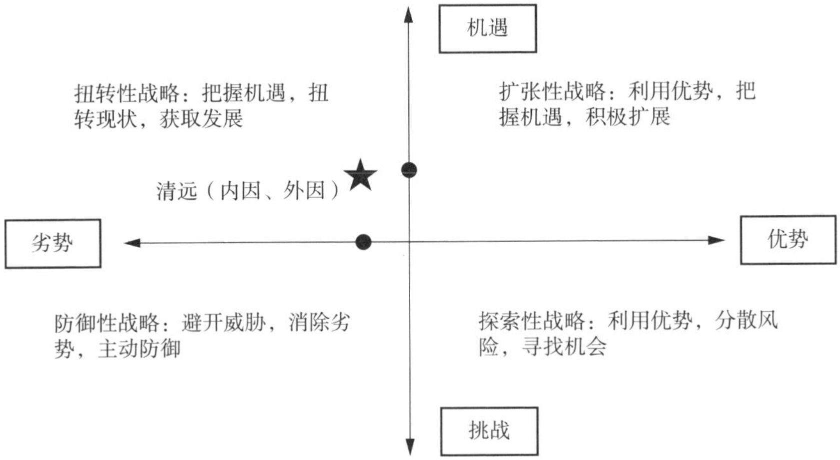

图 11-4　清远承接广州功能疏解战略选择

专栏 8　SWOT 战略拆解

	优势——S	劣势——W
	1. 自然、人力资源丰富 2. 区位优势明显 3. 主导产业准确 4. 体制机制完善 5. 公共服务对接	1. 配套产业发展不足 2. 城区交通不完善 3. 园区配套不完善

续表

机遇——O 1. 国家级规划 2. 国家战略 3. 省级发展战略 4. 广州城区现状和定位	SO 战略（抓住机遇，发挥优势） • 中心城区强合作：加强与广州中心城区的合作，主要承接其疏解的商贸物流业 • 非中心区有竞合：加强与黄埔、经开区合作，增强与广州其他非中心区的竞争力 • 国、省战略谋对接：抓住粤港澳大湾区战略，主动对接广深港，以产业推动融入国家战略 • 帮扶政策用足、用好：充分利用好帮扶政策，以穗清基金、广清产业园、职教示范基地等为抓手，全面推进社会建设 • 体制创新谋发展：在广清产业园基础上，拓展 B/C 园，帮扶期内探索新型合作模式，为帮扶 2.0 做准备	WO 战略（抓住机遇，克服劣势） • 成本降低引倒灌：大幅降低企业成本，以“市场 + 政府”力量引广州产业倒灌 • 南北互动促平衡：利用粤东西北地区的政策、资金，加强北部联系；通过产业互联，加强南北互动 • 对接主动保发展：加强与广州发展改革委、商务委、城市更新局、工信委、交委联络，对接需求 • 完善配套选产业：以职教、政策、基础设施全面完善产业配套，提高对产业吸引力
挑战——T 1. 广州可开发面积较充裕 2. 广州中心城区制造业转移已完成 3. 广州非中心城区成为功能疏解的强劲对手 4. 佛山在承接广州功能疏解方面更具优势	ST 战略（发挥优势，规避威胁） • 优化机制引产业：以利益共享原则加强广清合作，实现合作可持续 • 用好政策引产业：强化广清帮扶政策、提升决策协调层级，以促产业帮扶为抓手 • 增加补贴提优势：用好穗清基金，发挥政府资金的引导作用，补贴 + 投资引导共同推进	WT 战略（克服劣势，规避威胁） • 引外合作补短板：加强与深圳等其他城市合作，补齐产业短板 • 强补交通练内功：完善市内交通，打通南北物流通道

（二）“333”战略体系

综合清远的条件、广州的需求进行分析，建议采取“333”战略体系作为清远承接广州功能疏解，补短板、增优势的一整套措施，如图 11–5 所示。

“333”战略体系在确定清远承接广州功能疏解两大使命和一个愿景的基础上，按时间长短确立三大发展目标、为实现目标可采取的三大战略和为保障目标实现的三大保障。

第一，明确“双使命、一愿景”。“双使命”包括清远借助区位优势，联通粤湘桂，带动粤东西北地区发展，更好地执行广清一体化升级战略，以南部发展带动北部山区脱贫，并打造“清远模式”，输出城市群内中小城市与核心城市合作的广东方案。“一愿景”指立足粤北，将清远打造成粤港澳大湾区科技转化、制造集聚、环境友好，并兼具民生“菜篮子”的重要平台，将其建设成联通粤港澳大湾区的城市合作新样本，融入国家战略。

图 11-5 “333”战略体系

第二，将发展目标分为三个阶段。到 2020 年“育核”发展的近期发展目标，要顺利实现以广州帮扶清远的广清一体化规划目标，通过构建较完善的产业体系，推动清远第三产业承接广州、第二产业对接广州和第一产业升级，实现清远全域脱贫；2025 年“强心”发展的中期深化目标，要与广州构建利益共享的帮扶 2.0 模式，深化与广州和深圳之间的经济和社会互动，加强与粤港澳大湾区核心城市的联动；2035 年“集团化”发展的远期腾飞目标，指清远依托产业合作，顺利进入后工业化阶段，实质性全面融入粤港澳大湾区。三大目标实现时序如图 11-6 所示。

第三，以产业联动战略、平台打造战略和全面合作战略落实三大目标。

1. 产业联动战略：三产驱动，协同蓄势

首先，主动承接、吸引广州第三产业疏解转移。一方面，广州中心区集中了 700 多个区域性专业批发市场，造成市中心土地利用率低、交通拥堵，批发零售的增加值增速低于广州市 GDP 的增速，也亟待疏解这一行业，腾挪土地空间，实现产业升级。另一方面，清远有较充裕的土地资源、优良的农业资源和联通内地的区位优势，通过主动承接广州区域性批发市场，带动完

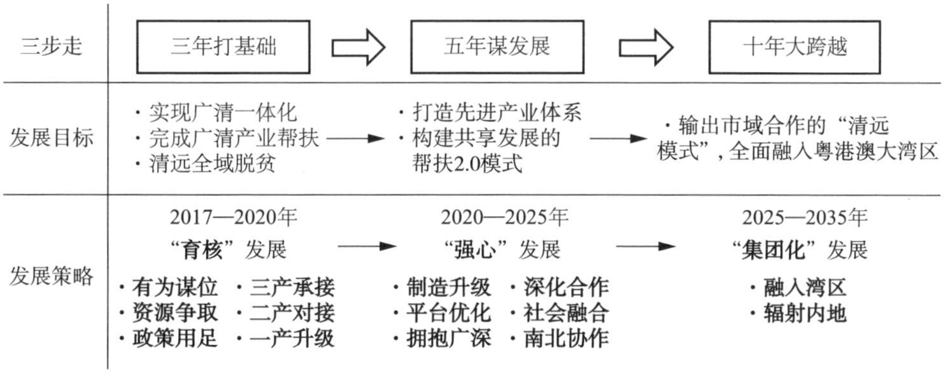

图 11-6　三大目标实现时序

善物流交通条件，发挥自身特殊优势，实现产业升级。

专栏 9　北京疏解专业批发市场

区域性物流基地、区域性专业市场等部分第三产业是北京非首都功能疏解的重点内容之一，3 年来，北京累计调整疏解动物园、大红门、天意等批发市场 370 余家。

西城区在全市是批发类小商品市场最集中的城区。原来有 70 多家小商品批发市场，动批、天意新商城、官批、万通市场等批发市场，摊位总数超 2 万个。仅动批概念下的 9 个市场就有 1.3 万个摊位。在疏解信息公布后，市场方向商户推荐的转移地点也与停业通知同步派发，例如天意新商城管理方向商户推荐了天津、廊坊等地区的疏解承接地。

西城区相关负责人表示，西城区将在 2017 年底完成辖区内的疏解工作，实现辖区内的批发市场疏解收官。对于 3 家批发市场腾退之后的原有地块再利用，上述负责人表示，根据首都功能定位，腾退之后的区域或将引进金融、科技、文化教育、研究机构等类型经营主体，不同项目会有不同的转型计划。

在批发市场疏解中，不少腾退地块变身为科技公司，实现较好转型。同时，北京的创客空间较多，创客空间生存发展的前提是要保证较高的入驻率，在推进产业转型升级中，促进人口结构的调整。

其次，积极对接、配套广州、深圳的第二产业转型升级。广州的黄埔、开发区等非中心城区是制造业集聚区，目前广州正集中力量在这些区域发展IAB产业，借广州产业升级的机遇，清远应主动对接广州原有制造业的转移需求和高端制造业发展的配套需求。同时，清远要融入粤港澳大湾区，还要争取对接深圳第二产业升级的需求。深圳高新技术产业发展迅速，制造业外溢需求强烈，清远为培育自身对高端制造业的配套能力，更应主动对接，超前布局粤港澳大湾区的产业配套，提升承接功能疏解的能力。

专栏10　清远在粤港澳大湾区适合发展的部分产业

工业设计。工业设计是技术创新的主要内容，因此提高工业设计水平，就必然会提高制造技术，加强企业竞争力，使得工业设计所制造出来的产品为市场所接受。由此可见，在全球经济一体化的环境当中，工业设计产业由单纯的推动制造业转变为经济增长的重要手段之一。粤港澳大湾区聚集着众多制造业企业，工业设计具有广阔的市场需求，清远应大力引导发展工业设计产业。

职业教育基地。粤港澳大湾区产业转型升级及清远的发展需要以高技能人才为支撑，因此，清远要严格落实《清远市教育发展“十三五”规划》中关于职业教育发展的布局，建成以高职教育为主体，涵盖中、高职和应用型技术本科教育，专业设置涉及战略性新兴产业、先进制造业、现代服务业等多个领域的现代职业技术教育基地。

游戏开发。2017年，中国游戏行业整体保持稳健发展，整体营业收入约为2189.6亿元，同比增长23.1%。其中，网络游戏对行业营业收入贡献较大（前三季度营业收入达到1513.2亿元），预计全年营业收入约为2011.0亿元，同比增长23.1%。面对庞大的网络游戏市场，清远可以利用不断便捷的网络技术和自身生态环境优美、生活成本低廉的优势，大力引进网络游戏龙头企业在清远设立游戏开发中心、聚集游戏开发人才。

呼叫中心。呼叫中心属于劳动密集型产业，同时又与多种行业有着不可分割的关系。随着用户对客户服务质量要求的进一步提高，呼叫中心市场需求持续高速增长，未来呼叫中心产业的发展空间巨大。清远可充分利用职业教育基地和用工成本较低等优势大力发展呼叫中心产业。

最后，依托承接果蔬批发市场，带动清远北部地区第一产业升级。清远的农业资源丰富，但市场尚未充分打开，未掌握销售主动权。根据调研广州商务委关于专业批发市场疏解的需求，广州的江南果蔬批发市场有转移到清远的潜在可能，该批发市场占据珠三角 80% 以上的果蔬供应，清远可主动承接这一类型的批发市场疏解，以此带动北部山区农产品种植、分拣、加工，促进农业的升级，充分挖掘自身特殊优势。

2. 平台打造战略：共享发展，多元布局

产业平台的建设是清远承接广州功能疏解的重点，要重视平台的管理团队、清远与管理团队的合作模式以及产业新城的营造。

首先，依托广州开发区管理团队，共享发展。广清产业合作最突出的成果是广清产业园，截至 2017 年 12 月，已有 150 家企业入驻，其中广州企业占比约八成，2017 年 1—9 月累计实现工业增加值 35.47 亿元，占清远市的 10%。广清产业园由广州开发区团队运营，以“一园带面”的形式辐射清远全域 6 个主要产业园区、产业集聚区，广州开发区管理团队有较强的招商能力和品牌号召力，清远承接广州功能疏解的产业平台建议仍主要委托广州开发区团队运营，探索利益共享的合作模式，顺利实现帮扶期结束后的合作。

其次，创新“品牌 + 团队”合作模式，多元布局。黄埔、开发区是广州 IAB 产业主战场，清远通过加强与广州开发区团队合作，推动广清产业园经验在清远的复制推广，探索“品牌 + 团队”的模式促进产业帮扶，创新利益共享的 2.0 帮扶模式，实现可持续的广清一体化。

最后，营造产业新城吸引广州中小企业落户。广州的中小企业面临着运营成本高、留不住人才等诸多问题，但同时中小企业又是创新的载体、产业发展不可或缺的基础，清远可以与广州合作营造职住平衡的产业新城，同时制定优惠政策吸引广州中小企业迁移落户。

3. 全面合作战略：联动广深，重视互补

清远要全面融入粤港澳大湾区，需与广州和深圳建立紧密的经济联系，一方面要承接广州非核心功能疏解；另一方面要通过与深圳合作，培育对高新技术产业的配套能力，增强将来疏解的能力。

联动广深，区域互联。按前文对清远承接广州功能疏解领域的分析，清远应重点承接广州产业功能，调研情况显示，花都区 2017 年工业用地投资强度约为 4800 元 / 平方米，与清远经济水平相当的广州城区投资强度约为 3400 元 / 平方米，而广清产业园的投资强度约为 4900 元 / 平方米。为更好吸引广州的产业向清远集聚，清远可适当降低投资门槛，以“海水倒灌”的形式吸引广州企业落户，实现对广州功能疏解的目标。深圳正处于产业快速转型升级的时期，部分深圳创新类企业也已在清远落户，清远可加强与深圳的联系，通过引入深圳高新技术产业的配套产业，完善自身制造业体系，增强疏解广州功能疏解的实力，提高相对于广州非中心城区的产业竞争力，也能进一步借产业合作，打通通往粤港澳大湾区的通道。同时，海珠区有大量药企需要扩大生产，却苦于区里土地短缺、成本激增，广州可探索异地监管模式，清远可在符合环保的基础上，主动对接海珠区的药企，承接生产环节的外迁。广州还有大量规模较小的制造业企业，尤其是中心城区，包括越秀、荔湾、海珠、天河和白云在内，这些中心城区的制造业小企业的搬迁既能符合广州中心城区大力发展第三产业的定位，也能降低转移广州企业的难度，清远可通过重点对这部分企业进行招商引资，加强与广州的产业合作。

全面合作，重视互补。清远要承接广州功能疏解，就要重视产业、交通和公共服务全方位的合作；清远要融入粤港澳大湾区，就要重视与广州、深圳及其他粤港澳大湾区城市的合作。因此，在产业上，一方面，清远应发展传统优势产业和承接疏解产业齐头并进，如通过承接果蔬批发市场带动传统农业发展；另一方面，清远要承接疏解产业和培育疏解能力同步推进，通过与广州和深圳的合作，承接和培育疏解能力。在交通上，通过“旅游＋物流＋批发市场”，推动水陆空交通体系的完善，全面对接广州的白云空港、南沙港、广州南高铁站等重大交通枢纽，吸引人财物流向清远，为培育地铁建设需求能力打下基础，努力推进广清交通向公交化、常态化运行。在公共服务上，完善广清企业信息互联、产品检验检疫互认、人才就业需求信息互通，以“养老＋教育＋交通”实现广清养老保险、医疗保险对接，推动义务教育均等化，职业教育订单式满足广州等粤港澳大湾区产业发展需求。

（三）保障措施

为保障目标的实现和战略的落实，建议从组织、规划和合作模式三个方面提供保障措施。

1. 组织保障

建议：①完善广清一体化联席会议制度，加大两市部门间沟通、协调力度，提高帮扶效率；②组建由专家学者和企业负责人组成的专门机构，研究调整疏解、承接问题，为省级层面加强调整疏解、承接顶层设计提供智力支持；③建立市、区协调制度，构建清远与花都、黄埔、白云，及中心四城区的市、区常态化沟通渠道，形成项目级的具体合作关系。

根据调研发现，目前广清间的合作存在“单边热”的现象，清远方面积极推进合作，两市虽然有合作框架协议，但广州各政府部门仍主要停留在对口村、镇的扶贫上。为实现清远对广州功能的疏解，需将合作落实到具体操作层面，建议完善现有的广清一体化两市联席会议制度，由广东省政府一名主要领导负责，广清两市的发改、交通、商务、国土、工信、人社、城市更新等重要部门参与，在联席会议上商议两市在产业合作、交通互联、环境保护、公共服务及城规对接等重点合作领域的问题。

总结北京非首都功能疏解的经验教训和日本都市圈规划经验，结合广州和清远的特定情况，建议组建由专家学者和企业负责人共同参与的专门机构，因为广清合作不仅是地方政府的合作，也是政府与企业、政府与专家之间的合作，产业合作需要企业层面来落实和执行，为提高规划、政策的科学性，在广清一体化联席会议机制下，组建这一专门机构，为省级、市级的决策提供智力支持。

调研过程中还发现清远市和广州市各区政府间缺乏深入沟通机制，在强区放权背景下，广清具体合作项目需要区政府的支持和配合。建议建立广州各区、清远市协调会议，由广州对口帮扶清远指挥部负责，定期召集，如清远与花都区主要沟通边界空间合作开发、交通衔接；清远与黄埔区、白云区主要沟通产业合作；清远与中心四城区主要沟通第三产业的疏解和承接。借此加大清远承接广州功能疏解的协调力度，将需要两市协调的问题先行磋商，再提交广清一体化联席会议审议。

2. 规划保障

清远承接广州功能疏解是落实区域发展的长期战略，要坚持立足当前、着眼长远、规划先行。

借鉴北京疏解非首都功能的经验，以《京津冀协同发展规划纲要》为指引，制定各具体领域的合作发展框架协议、规划纲要和指导意见，并在此基础上制订协同发展行动计划和项目清单，目前京津冀的发改部门、文化部门、旅游部门联合制订了能源领域、文化产业领域、旅游领域的行动计划，国家工信部对京津冀及周边地区资源综合利用也制订了行动计划，从更高的层面协调了区域间难以处理的问题。

清远要承接广州功能疏解，建议在现有的合作框架内进行完善和细化。2012 年广州和清远签订了两市合作框架协议，2014 年签订共建产业园区的框架协议，2015 年广清一体化上升为省级战略，2017 年出台《广清一体化

“十三五”规划》，对产业、交通、公共服务均进行了规划，但这些规划尚缺落地的具体保障措施。

建议在此基础上，借鉴北京经验，完善现有规划保障体系，补齐配套措施短板，找准合作重点，促进项目落地，可分为：①广州和清远联合制定的规划；②广州可采取的配套政策；③清远需提供的配套政策。

（1）广州和清远联合制定的规划内容

第一，广州和清远共同制定《广清产业协同发展规划》。依据广州的产业发展需求、清远的产业基础条件，联合制定广清合作发展的产业规划，最大限度地提升清远与广州的产业对接和满足广州产业配套及疏解的需求，合理发展以广州为中心的都市圈产业布局。

第二，广州和清远共同商定《广清协同发展产业转移对接企业税收收入分享办法》。如将广州部分企业搬迁或转移到清远，短时间内可能影响广州的税收，为顺利推进广清两市的产业合作，借鉴北京产业疏解的经验，两市可商定搬迁、转移企业的税收分享机制，在税收分享的额度、时间等方面平等协商。

第三，广州和清远共同制定《广清产业协同发展行动计划（2018—2020）》。重点在产业共建和交通互联上加强合作，在产业规划、税收政策、园区配套的基础上制订详细的两市产业合作行动计划（见图11-7），争取在帮扶期届满前将两市的合作进一步落地。行动计划包括具体的项目库、任务拆解到具体部门。

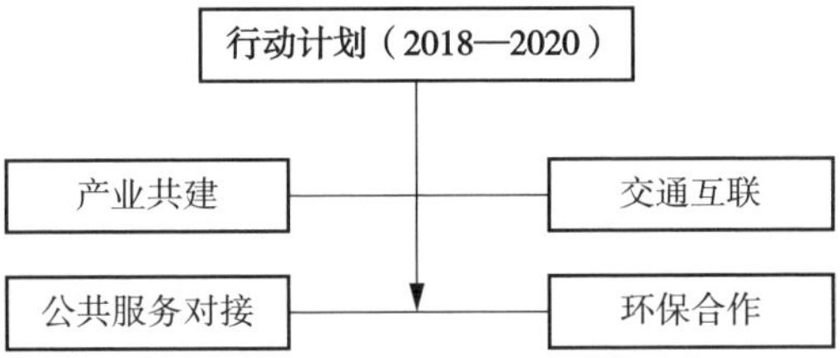

图 11-7　建议广清重点合作的行动计划体系

第四，构建广清合作项目推进评估监测机制。为保障项目的落地，在明确责任部门的基础上，制定好项目的时间表，并联合省市工商部门建立两市合作的企业工商数据库，逐年评估两市合作执行情况，提升规划的约束力。

（2）建议广州采取的配套措施

第一，建立《广州新增禁止和限制产业目录》。借鉴北京的经验，制定产业禁限目录，明确界定广州限制和禁止发展的，也为清远承接广州转移的产业提供明确的方向。

第二，制定医药行业异地监管措施。广州与北京的医药企业都较发达，北京为顺利推进药企搬迁，推出了异地监管措施，使搬迁到河北的企业仍然保留京药的身份。广州的海珠区集聚了大量药企，与城区发展定位不符，可考虑将生产环节搬迁到清远，为保留广药的身份，不损害企业的竞争力，可参考北京经验，施行异地监管措施。

第三，制定差异水电气热价和税收支持政策。为促进广州产业疏解，尤其是专业市场的疏解、搬迁，可借鉴北京经验，对不同区域或者行业实行差异化的水电气热价，通过市场化手段，改变企业生产经营成本，促进企业搬迁；由于企业搬迁涉及人员安置、土地出让、物业转让等内容，可制定相应税收支持政策，降低企业搬迁成本。

（3）建议清远采取的配套措施

第一，制定《清远新增禁止和限制产业目录》。依据清远的环保要求和发展规划，新增产业禁止目录，在目录之外的产业，只要广州有转移、搬迁的意愿，均可主动对接，有效响应广州需求。

第二，完善园区配套。根据调研发现，园区的政策、人才、土地、产业、资源、管理等均存在有待完善的空间，清远可通过完善园区相关配套设施，提高承接广州功能疏解的能力和条件。

第三，制定《承接广州功能的税收支持政策》。为促进广州企业的搬迁和转移，清远可制定更具吸引力的税收支持政策，为搬迁、转移企业提供税收减免、返还等政策，吸引企业落户。

3. 合作模式保障

清远承接广州功能疏解是在广州进入城市发展新阶段、粤港澳大湾区建设新时期提出的新战略，但广州和清远的合作目前是建立在广州对口帮扶清远的基础上，规划的帮扶目标制定到 2020 年。广州和清远的之间的城际合作模式在帮扶期届满时，亟待探索新的合作模式，以便促进顺利实现广州城市功能升级和清远承接产业转移。广清合作新模式探索如图 11–8 所示。

建议构建广清一体化 2.0 合作模式，由 1.0 的帮扶模式向 2.0 的合作模式转变。在产业方面，以“团队 + 品牌”探索共建产业园区利益分享机制，替代现有的纯帮扶机制，实现广州和清远在产业上的共同投资、GDP 和税收的分成、人才引进和培育；在民生方面，以在边界地区试点基础设施、医疗和教育合作共建，纯公益项目按受益程度确定出资比例，替代现有的结对帮扶模

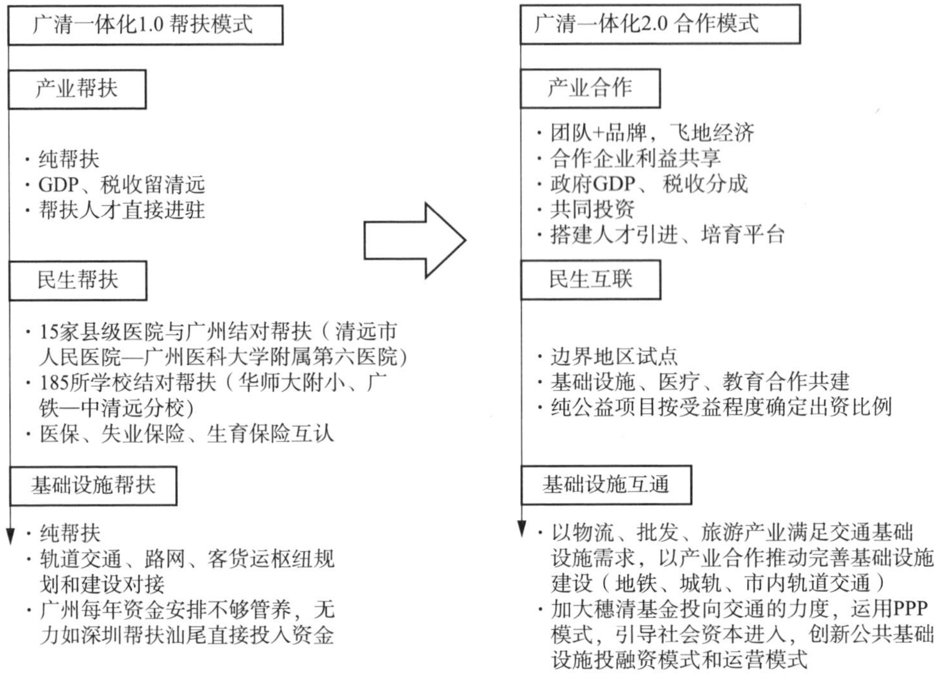

图 11-8　广清合作新模式探索

式；在基础设施方面，以物流、批发市场和旅游等产业培育交通等基础设施的需求，通过产业合作推动完善地铁、城轨等基础设施建设，加大穗清基金投向交通的力度，引入社会资本，创新公共基础设施投融资模式和运营模式，增强市场对公共基础设施建设的需求和引导，解决目前政府资金投入不足问题。

例如，目前广清合作最重要的平台是广清产业园，由广州开发区团队进行管理，A 园以纯帮扶为主，已启动的 B 园（佛冈园区汤塘片区）仍然延续原有的合作模式，待推进的 C 园（清城区）有待探索利益共享的合作开发模式，广州开发区团队通过“团队 + 品牌”推广广清产业园的运营经验，分享园区收益，实现可持续性的广清合作。

要形成广清一体化 2.0 的合作模式，强化市场的作用，清远市政府重点需要进一步培育和完善清远市的投资环境。借鉴高科技企业对投资环境的评估，如图 11-9 所示，建议从自然环境、基础设施、公共设施、社会环境、法制环境、经济环境和经营环境七个方面对清远的投资环境进行完善。

（一）自然环境	
1	当地地理位置适合企业发展的条件
2	当地气候适合企业发展的条件
3	当地水资源、矿产资源丰富程度
4	当地土地取得价格的合理程度

（二）基础设施	
1	当地海陆空交通运输便利程度
2	当地的通信设备、咨询设施、网络建设完善程度
3	水电、能源、燃料供应完备程度
4	当地污水、废弃物处理设备完善程度
5	当地的仓储物流处理能力
6	未来总体发展及建设规划完善程度

（三）公共设施	
1	当地的衣食住行便利
2	当地的医疗卫生条件
3	当地的教育机构提供条件
4	当地的休闲娱乐设施提供条件
5	当地的城市建设的国际化程度

（四）社会环境	
1	当地的社会治安
2	当地民众生活素质及文化水平程度
3	当地民风淳朴及政府开明程度
4	当地民众的国际化程度
5	民众对资方在当地投资设厂态度

（五）法制环境	
1	行政命令与国家法令的一致性程度
2	当地的政策优惠条件
3	政府与执法机构秉持公正执法态度
4	当地解决纠纷的管道完善程度
5	当地的工商管理、税务机关行政效率
6	当地的海关行政效率
7	劳动、工安、消防、卫生行政效率
8	当地的官员操守清廉程度
9	当地的地方政府对资方友善程度
10	当地环保法规规定适宜且合理程度
11	当地政府政策稳定性及透明度

（六）经济环境	
1	当地民众生活条件及人均收入状况
2	当地的经济建设程度
3	当地的金融体系完善的程度
4	当地的资金汇兑及利润汇出便利程度
5	当地的资金融资便利程度
6	当地政府的财政税收稳定程度
7	政府允许外商经营类型多元化程度
8	当地政府改善投资环境积极程度

（七）经营环境	
1	当地的基层劳动力供应充裕程度
2	当地的专业及技术人才供应充裕程度
3	当地环境适合资方发展内需、内销市场的程度
4	当地外资企业劳资关系和谐程度
5	当地的经营成本、厂房与相关设施成本合理程度
6	当地有利于形成上下游产业供应链的完整程度
7	当地的整体产业技术与研发水平
8	当地的市场未来发展潜力优异程度
9	当地同业、同行间公平且正当竞争的环境条件

图 11-9 投资环境评估体系

（四）建设路径

根据清远承接广州功能疏解的战略体系，在三大保障措施下，如图 11-10 所示，建议以 5 个步骤实现近期有具体项目、中期有行动计划、远期有规划愿景的建设路径。

1. 建立协调机制促进区域合作

按以上分析，清远承接广州功能疏解需完善广清一体化联席会议制度，构建广州各区与清远市的沟通渠道，加强广清之间的协调和磋商，将规划落

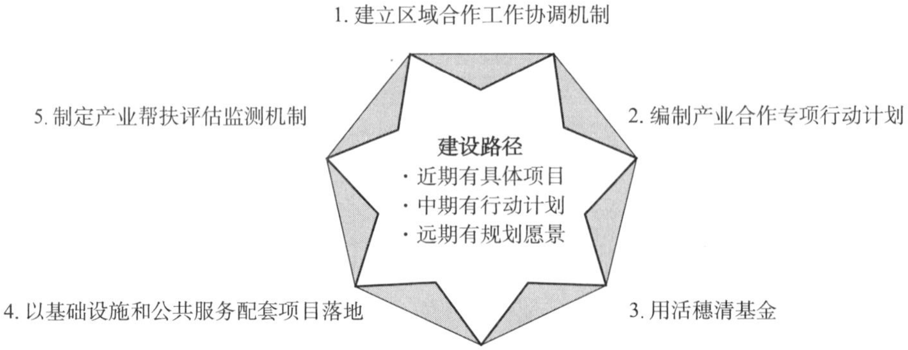

图 11-10　建议建设路径

实到具体项目和工作方案。

2. 编制行动计划促进产业合作

清远承接广州功能疏解以产业为抓手，要明确以广州产业疏解落实广清产业合作。在广清一体化框架下，建议联合制定《广清产业合作规划》，编制《广清产业合作行动计划》，并上升到省级层面制定《广清产业合作项目库》。

3. 用活穗清基金促进功能疏解

20 亿元规模的穗清基金设立是为了广州对口帮扶清远提供金融支持，重点运用于交通基础设施建设、产业园区扩能增效、中心城区扩容提质，但目前尚未充分发挥穗清基金的作用。建议将穗清基金运用于清远承接广州功能疏解项目，为广州企业落户清远提供金融支持，降低企业转移的融资门槛。

4. 完善配套促进园区产城融合

除金融扶持外，以优化清远营商环境，畅通政企沟通渠道，及时掌握已落地和计划落地企业的诉求，积极推进土地征收进度；以清远产城融合示范区为试点，完善园区基础设施配套，进一步下放园区管理权限。

5. 制定评估监测机制促进产业帮扶

为推动清远承接广州功能疏解战略落地，需要与拥有工商登记数据信息的省工商局共同建立帮扶监测机制，准确掌握广州疏解到清远的企业数量、行业、规模等信息，在此基础上，建立产业帮扶评估机制，定期考核广清两市相关部门推进项目落地的工作进度。

03

CHAPTER

第三篇

深圳“飞地”园区篇

第十二章
总体情况

一、总体情况

（一）背景情况

党的二十大报告明确指出，要深入实施区域协调发展战略，构建优势互补、高质量发展的区域经济布局。国家发展改革委等八部门联合印发《关于支持“飞地经济”发展的指导意见》，提出创新“飞地经济”合作机制，提升市场化运作水平，完善发展成果分享机制，推进区域协同发展。国家“十四五”规划纲要明确提出，提升区域合作层次和水平，完善区域合作与利益调节机制，鼓励探索共建园区、“飞地经济”等利益共享模式。《中共中央 国务院关于新时代推进西部大开发形成新格局的指导意见》指出，进一步深化东西部科技创新合作，打造协同创新共同体；建立东中西部开放平台对接机制，共建项目孵化、人才培养、市场拓展等服务平台，在西部地区打造若干产业转移示范区；支持跨区域共建产业园区，鼓励探索“飞地经济”等模式。

广东省“百千万工程”、新一轮省内对口帮扶协作、产业有序转移工作等对推动省区域协调发展作了部署安排，根据中共广东省委《关于实施“百县千镇万村高质量发展工程” 促进城乡区域协调发展的决定》《珠三角地区与粤东粤西粤北地区对口帮扶协作工作实施方案（2023—2025 年）》《关于推动产业有序转移 促进区域协调发展的若干措施》相关要求，深圳与汕头、河源、汕尾、潮州建立市级对口帮扶协作关系，要求建立党政联席会议制度、园区管委会、投资开发公司三级管理架构，按照共商共建共管共享模式各建 1 个产业合作园区。根据《广东省推动产业有序转移工作考核办法》，共建园区相关经济指标，包括对口帮扶资金投入情况、固定资产投资额、规上工业增加值、税收收入、新增规上工业企业数量、新引进高新技术企业数量等，同时纳入省产业有序转移考核和省“百千万工程”考核。

（二）布局情况

深圳与黑龙江、四川、江西、河北、广西、新疆等省外和省内潮州、汕头、河源、汕尾、中山、江门等15个城市，开展合作共建产业园区。截至目前，已开展对口合作、战略协作共建产业园20个，规划总面积约533平方公里，其中省内对口合作共建产业园12个，位于河源（8个）、汕尾（4个）两市，规划总面积约342.57平方公里，均为区级合作共建园区；省外对口合作共建产业园5个，位于哈尔滨、赣州、喀什、百色、河池等5市，规划总面积约155.3平方公里，均为市级合作共建园区；省外战略协作共建产业园3个，位于广安、吉安、保定等3市，规划总面积约34.84平方公里，均为市级合作共建园区。拟开展对口合作、战略协作共建“飞地”园区8个，总规划面积约442平方公里，均为市级合作共建园区，其中省内对口合作共建“飞地”园区4个，位于潮州、汕头、汕尾、河源等4市，总规划面积约255.65平方公里；省外对口合作共建“飞地”园区2个，位于赣州、南宁2市，总规划面积约54.26平方公里；省内战略协作共建“飞地”园区2个，位于中山、江门两市，总规划面积约132.08平方公里。

（三）发展现状

深圳已开展的异地合作共建产业园区总规划面积533平方公里，截至2022年底，已开发建设面积115.65平方公里，引入企业2144家（深圳关联企业479家）。深圳市属国资国企充分发挥各自优势，勇于探索创新，以“深圳标准、深圳理念、深圳经验”的发展模式，塑造了深圳积极参与国家东西部协作、区域协调发展的典型示范，带动了当地经济发展，促进深圳产业有序转移，获得国家部委、相关省市政府的高度认可，锻炼了一支经验丰富的产业园开发建设、管理运营的专业队伍。同时，需要看到，帮扶性质合作共建产业园区因自身区位条件、产业基础薄弱、招商运营难等因素影响，园区运营盈利能力较弱，国企仍面临较大亏损风险，比如深广产业园、深河产业园、喀什深圳城等产业园区项目。

二、存在的问题

综上，可以看到深圳在外地投资建设的产业园数量在持续增加、规模在不断扩大，但“飞地”产业园区发展也存在一系列问题。

（一）合作机制尚不完善

一是权责划分尚不清晰。当地政府对其在园区建设中的角色定位与需承担的责任认识不足，各方职能职责界面不清晰，存在职能重叠、交叉、空白的情况，未能对园区建设提供有效支持。例如，深广产业园项目中，广安市政府“政府引导”的作用严重弱化，牵头部门和责任主体不清晰，严重制约园区发展。二是缺少利益共享机制的成熟经验。“飞地”产业园区建设能够为迁入地带来先进的技术积累、产业资源与管理理念，对当地产业起到较强的带动效应，但对于迁出地，企业税收分享比例有限，双方利益分配存在较大的不均，当前我国并没有从顶层设计上对异地产业园区的利益分配机制进行协调，导致发展过程中迁出地与迁入地双方难免产生利益冲突，影响园区发展。

（二）产业转移功能发挥不充分

一是园区发展目标与产业外溢功能不适配。目前，大多数以市场化方式运营的异地产业园区，其定位并不是服务深圳产业有序外溢。例如，保定深圳园的定位是京津冀产业转移平台，承接深圳产业的能力有限。二是缺乏产业外溢专项政策。两地政府未形成政策合力，缺乏引导产业转移至异地园区的相关政策，企业迁移意愿不强。上述原因导致深圳企业入驻率低。在 13 个异地产业园区中，深圳本土企业入驻率普遍在 10% 以下。

（三）利益平衡存在困难

一是盈利模式脆弱。目前，受房地产下行的影响，“产业园区拿地 + 房地产平衡”的传统盈利模式已不可持续。例如，在深河项目中，已建成的创智产业园 G2、G3 栋长期处于毛坯状态，招商面临较大困难，近 2 年或将持续亏损。二是投资收益率较低。据投控公司估算，若不考虑租金补贴、招商运营奖励、税收分成及物业回购等手段，园区在传统的租售模式下投资收益率很难达到 6% 的投资标准。三是融资难度较高。作为开发主体的合资公司，成立时间短，前期投入大，现金流情况不佳，偿债能力定级不高，银行授信额度不高。例如，深广产业园在项目建设初期的总投资额就达到 29 亿元，给公司融资带来巨大压力。

三、下一步工作

（一）聚焦产业发展需求，建设产业特色鲜明的“飞地园区”

按照深圳市打造全球领先的重要的先进制造业中心的需要和“飞地园区”所在地产业发展需求，结合对口帮扶、对口合作、产业共建等工作，深入分析“飞入地”资源禀赋和两地的比较优势，一是摸清深圳市需要有序转移的企业清单，可以从深圳市高能耗、高单位产值/增加值能耗、高挥发性有机化合物排放、生产/储存危险化学品企业，以及有扩产需求但无法“上楼”且需要拿地企业等多个维度进行摸底，结合企业意愿有序引导企业到“飞地园区”投资建厂。二是联合开展招商引资工作，与“飞地园区”所在地市联合举办线上、线下招商推介活动，探索采取“总部+生产基地”“研发+生产制造”“委托加工”“生产+仓储”等模式，以招引企业在深设立总部、在“飞地园区”设立分公司（子公司）的模式，助力招引全国、全球优质项目落地，将深圳的营商环境、政务服务延伸到“飞地园区”，努力实现优势互补、利益共享、合作共赢。三是充分发挥财政协作资金对产业发展的推动作用，建议深圳市对口帮扶资金更多用于推动当地的产业发展（包括“飞地园区”建设），把重点放在壮大产业、推动发展上，联合共同培育发展“飞地园区”企业，引导企业“上云用数赋智”、运用深圳市的“深i企”平台，推动“飞地园区”所在地的产业集聚发展。

（二）坚持“市场化运作”模式，建立专业产业园区运营服务体系

由“飞入地”政府、对口帮扶前方指挥部共同推动“飞地园区”建设，采取动态发展、动态规划的原则，编制“飞地园区”空间、产业规划，主导推动产业园区的开发建设和运营，委托专业运营管理团队，负责“飞地”产业园区的日常管理和招商运营等工作，落实“飞地”产业园区发展规划，组织编制园区运营程序、服务标准、管理规范，保障园区健康高质量发展，开展“飞地”园区营销推广工作，通过产业转移资源数据库、“线上+线下”的方式有序引导企业入园发展。

（三）按照“成熟一个、推进一个”的原则，有序推动“飞地园区”建设

从政府意愿、空间情况、产业基础、基础设施、营商环境等方面综合考

虑，需要将深圳的制度经验、产业基础、技术优势、人才团队，与“飞地园区”的资源、劳动力、优惠政策对接互补，选择条件比较成熟的园区重点推进；协调推进规划建设、基础设施、招商引资、运营管理、成本分担、政策覆盖、利益分配、营商环境等事项，实现互利共赢，成熟一个、推进一个，逐步推广复制经验做法；依托“飞地”产业园区，引入深圳先进的政务和法治服务，推动理念创新、管理创新、体制机制创新，提升园区发展质量和服务水平。

第十三章
汕头篇

一、基本情况

（一）园区选址情况

汕头园区总体规划范围包括六合产业园以及濠江产业园的部分区域，具体包括六合围南片区（16.7 平方公里）、六合围北片区（13.5 平方公里）、岭海莱芜片区（19.1 平方公里）、澄饶联围片区（26.5 平方公里）、濠江片区（7.2 平方公里）。园区总规划面积不小于 83 平方公里，其中近期启动区为六合围南片区和濠江片区，启动面积 23.9 平方公里，远期拓展至其他片区。

（二）园区空间情况

1. 园区三线情况

园区纳入城镇开发边界 31.06 平方公里，涉及永久基本农田约 3.29 平方公里，涉及生态保护红线 4.51 平方公里（陆域生态保护红线 0.06 平方公里，海洋生态保护红线 4.45 平方公里）。其中，濠江片区（启动区）纳入城镇开发边界（封库版）7.2 平方公里，不涉及永久基本农田和生态保护红线；六合围南片区（启动区）纳入城镇开发边界 15.36 平方公里，涉及陆域生态保护红线 0.01 平方公里，涉及海洋生态保护红线 0.21 平方公里，不涉及永久基本农田；澄饶联围片区纳入城镇开发边界 0.02 平方公里，涉及永久基本农田 1.8 平方公里，涉及海洋生态保护红线 0.29 平方公里；六合围北片区纳入城镇开发边界 0.78 平方公里，涉及海洋生态保护红线 0.01 平方公里，不涉及永久基本农田；岭海莱芜片区纳入城镇开发边界 7.7 平方公里，涉及永久基本农田 1.49 平方公里，涉及陆域生态保护红线 0.05 平方公里，涉及海洋生态保护红线 3.94 平方公里。

2. 园区建设用地情况

园区已建及已出让用地（包含部分现状村镇）10.52 平方公里，城镇开发边界内剩余可利用空间 20.55 平方公里。濠江片区（启动区）已建已出让用地 3.6 平方公里，城镇开发边界内的可利用空间约 3.6 平方公里（其中已征用地 0.53 平方公里）；六合围南片区（启动区）已建已出让用地 1.4 平方公里，城镇开发边界内的可利用地约 13.97 平方公里（已征用地约 2.08 平方公里）；澄饶联围片区无已建已出让用地，城镇开发边界内的可利用空间约 0.02 平方公里；六合围北片区无已建已出让用地，城镇开发边界内的可利用空间约 0.78 平方公里；岭海莱芜片区已建已出让用地 5.53 平方公里，主要为现状镇村，城镇开发边界内的可利用空间约 2.17 平方公里。

3. 园区交通情况

濠江园区地处濠江城区南侧，西侧紧邻沈海高速和汕湛高速，与高速出入口零距离。汕头南站位于园区内部，汕汕高铁通车后汕头至深圳的时间由 2 个多小时缩短至 1 个小时。

六合园区西侧紧邻金鸿大道，南北连接龙湖区、澄海区与饶平县；南侧有南澳联络线穿过，东接南澳大桥，为南澳岛的唯一对外通道。园区距离潮汕机场约 35 公里，距离汕头东站（规划预留）最近为 0.8 公里，距离沈海高速公路外砂出口 8 公里。

（三）产业合作方向

基于汕头资源禀赋和产业基础，瞄准深圳“20+8”产业集群发展需求定位，结合汕头实际情况，围绕数字创意、现代时尚、新材料、新能源、新一代信息技术、生物医药与大健康、现代食品、教育装备等八大产业领域精准开展细分领域补链、强链、延链工程，构建多元互补产业生态。

1. 数字创意

数字创意产业聚焦在玩具创意、动漫 IP 两个细分领域开展合作。

（1）玩具创意

合作基础：我国是全球最大的玩具制造国，在“90 后”“00 后”父母思想新潮、婴幼儿早教需求升级、国人重视教育等因素以及放开三孩政策的推动下，玩具尤其是智能科教类玩具的消费空间进一步扩大。广东是我国最大的玩具制造和出口基地，其中汕头是广东玩具企业最为集中的地区，荣获中国玩具礼品之都、国家出口玩具质量安全示范区等多个称号，产出全国近 50% 的玩具产品，出口全球 120 多个国家和地区。深圳拥有近 2000 万常住人口，且以“80后”“90后”“00后”中青年为主，对多样化、个性化，兼具艺术属性和收藏属性等各种潮流玩具的接受度和消费能力较高。此外，各类展览多且影响力大、大型高端购物中心多，可为各类玩具实体零售店、品牌授权店等提供产品展销场所。

合作思路：以进一步提高玩具产业附加值、智能化水平及全球影响力为出发点，推动玩具与数字创意、智能制造等产业加速融合，相互赋能，积极培育玩具原创IP及衍生品，促进玩具产业与虚拟现实购物、社交电商、“粉丝”经济等在线新经济结合，加快培育玩具创意体验场景和消费场景，打造消费新模式。

（2）动漫IP

合作基础：IP产业商业价值高、变现能力强且正处于产业生命周期的成长期。汕头动漫IP产业具备较好的发展基础，拥有“动漫第一股”奥飞娱乐，打造了“超级飞侠”“喜羊羊与灰太狼”“铠甲勇士”“巴啦啦小魔仙”等众多知名动漫IP，构建了以IP为核心的泛娱乐产业生态。深圳作为我国设计之都，在数字设备制造、创意设计、游戏、音乐、动漫和长短视频领域技术实力雄厚，网络视听和工业设计能力强，拥有众多具有全国影响力的数字创意龙头企业。

合作思路：依托奥飞娱乐、创梦天地、华强方特等龙头企业，开展“IP+游戏”“IP+玩具”“IP+游乐园”等内容及周边衍生品开发，加强原创能力建设；利用中华优秀传统文化、改革开放文化、潮汕文化、侨文化、非遗等文化资源进行系列IP产品开发和转化，扩大优质内容供给；打通线上线下营销渠道。

2. 现代时尚

现代时尚产业聚焦在内衣家居服领域开展合作。

合作基础：全球时尚产业进入缓慢发展期，但国货时尚品牌逐渐崛起，渠道变革更是为服装产业发展提供强大助推力。汕头是国内最大的内衣家居服生产基地，已形成纺纱、织造、印染、面辅料、成品配套销售的完整产业链，每年生产逾10亿件内衣家居服装销往全球各地。深圳是中国服装行业最发达的城市之一，服装品牌企业超过2500家，在原材料研发、创新设计、品牌管理等领域具备独特竞争优势，龙华大浪时尚小镇是大湾区唯一以时尚创意为主导产业的区域。

合作思路：结合两地的产业基础和服装行业发展趋势，鼓励两地在上游的高端面料开发环节组建创新载体开展产学研合作，支持汕头生产制造企业充分借助深圳在创新研发、创意设计、品牌运营及智能传感等领域的优势，开展“科技+”“设计+”“品牌+”赋能，推动产品高端化发展，开展产线智能化数字化改造；支持汕头大学、深圳信息技术学院等高校增设时尚设计、时尚管理、视觉传达等专业课程体系，联合开展专业人才培养。

3. 新材料

新材料产业聚焦在改性塑料、碳纤维两个细分领域开展合作。

（1）改性塑料

合作基础：“以塑代钢、以塑代木”行动，加速推动了改性塑料在多个领域的应用替代。汕头塑料制品具备产业发展基础，拥有塑料制品业规模以上企业152家，但产品以低端塑料玩具、塑料薄膜以及塑料丝、绳及编织品为主。深圳在改性塑料应用最多的汽车、家电及手机等消费电子领域，拥有比亚迪、创维、TCL、康佳等众多下游龙头应用类企业。

合作思路：依托汕头在初级形态塑料及合成树脂领域已有的良好产业基础，围绕深圳下游新能源汽车、手机、电脑、医疗器械以及汕头下游优势玩具产业等领域对塑料产品性能的不同需求，在高端改性塑料的关键共性技术攻关、推动企业转型升级及塑料制品的下游市场拓展等方面加强合作。

（2）碳纤维

合作基础：全球碳纤维市场规模呈平稳增长态势，风电是主要需求领域，需求量约占全球需求量的28%。汕头在碳纤维的上中下游各环节，现阶段整体产业基础较弱，仅有广东坚达聚纤科技实业有限公司和广东大红马实业有限公司，但下游风电市场较大。深圳在碳纤维的上游拥有高校和科研院所从事相关领域，航空航天、风电、氢能、汽车等下游领域存在较大的应用市场，但缺生产制造类企业。

合作思路：基于两地碳纤维产业基础都不强的特点，抢抓汕头海上风电发展的战略机遇，以资源换市场，联合深圳下游应用企业和专家团队的资源，面向全球全产业链引进碳纤维知名企业，围绕行业关键共性技术问题开展攻关，布局若干重大研发、产业化和示范应用项目，带动产业集群高端化发展。

4. 新能源

新能源产业聚焦在海上风电、储能两个细分领域开展合作。

（1）海上风电

合作基础：海上风电成本稳步下降，“十四五”期间有望进入平价时代。汕头海上风电资源禀赋得天独厚，该海域年平均风功率密度500~700瓦/平方米，年平均利用小时数3800小时以上，能源“十四五”规划海风装机量占全省规划装机量的53%。深圳在海上风电控制系统和开发建设运维领域具有一定优势，然而在叶片、轴承、风机整机等核心高端装备的研发制造环节仍然空白。

合作思路：抢抓海上风电发展的战略机遇，结合两地的资源禀赋、产业基础和海上风电行业发展趋势，面向全球联合招商主轴轴承、主变压器、超大型液压打桩锤等核心零部件领域龙头企业，探索打造“深圳研发+潮汕生产”合作模式，实现高端核心零部件的研发—实验—制造—应用全链条国产化。

（2）储能

合作基础：全球储能装机规模稳步扩大，新型储能增长速度快。汕头“十四五”将建成海上风电1000万千瓦，测算其“十四五”储能新增装机、终端市场、全产业链市场分别不低于100万千瓦·时、15亿元、45亿元。深圳拥有全球一流的新型储能产业生态，2022年全市新型储能产业产值2670亿元，从事储能相关经营业务的储能企业已有近7000家，位居全国前三，但缺乏示范项目应用场景。

合作思路：结合两地产业基础和储能行业发展趋势，重点在上游的正负极材料以及下游的应用、电池回收环节开展合作，支持德方纳米、贝特瑞等深圳正负极材料龙头企业在园区落地产线，研究建立海上风电绿电资源定向供给对口合作园区机制，推动欣旺达、中创新航等深圳电芯模组龙头企业与光合科技建立优势互补的战略合作关系，实现电池全生命周期价值挖掘。

5. 新一代信息技术

新一代信息技术产业聚焦PCB电子元器件、液晶显示及触控模组、跨境网络通信应用服务三个细分领域。

（1）PCB电子元器件

合作基础：PCB是电子元器件电气相互连接的载体，广泛应用于通信电子、计算机、消费电子、汽车电子、工业控制等领域。汕头拥有超声电子、松田电子、宏俐电子等PCB龙头企业，整体发展基础较好，但在上游的电子专用材料及设备制造、下游的智能终端制造方面链条存在缺失。深圳拥有华为、中兴、长城计算机等众多智能终端制造企业，对PCB板需求旺盛。

合作思路：依托汕头立讯精密在PCB领域的基础和优势，联合深圳中下游制造和应用类企业，在高性能特种覆铜板、环保型高性能覆铜板、IC封装基板等领域开展关键技术攻关，支持汕头生产制造类企业融入深圳下游应用类企业供应链体系。

（2）液晶显示及触控模组

合作基础：液晶显示模组、触控模组是电视、手机、电脑等消费电子产品的核心部件。市场规模增长稳健。汕头具备一定模组生产基础，拥有龙头企业超声电子。珠三角地区以深圳为中心形成了液晶显示模组产业集群，拥有一批实力雄厚的生产厂商和下游终端应用厂商。

合作思路：围绕汕头现有显示模组及触控模组生产基础，加大产业扶持力度，在支持超声电子做大做强的同时，联合深圳下游应用企业，精准招引国内外模组龙头企业落户汕头，同时布局物联网模块、背光模块、传感模块等方向，推进模块模组全方位体系化发展。

（3）跨境网络通信应用服务

合作基础：汕头国际海缆登录站是多个国际海缆系统的主干汇接点，目前已有亚欧国际海缆、亚太二号国际海缆、东南亚—日本国际海缆和亚洲直达国际海缆登录站，是继广州、深圳、珠海之后第四个建设成立区域性国际通信业务出入口局的城市，主要面向东盟、亚太地区和国家的数据通信业务，有着高稳定性、低时延、大宽带的跨境数据传输服务能力和优势。深圳在 VR、游戏、云服务及金融业方面优势显著，可提供高质量跨境网络通信服务。

合作思路：依托汕头国际通信海缆登录点基建优势及深圳网络与应用服务优势基础，联合向国家申请开展跨境网络信息服务应用试点并制定配套的风险管控机制，大力发展跨境直播、跨境电商、云服务、VR 等高附加值产业领域，探索发展跨境金融交易等领域，打造跨境网新服务示范园区。

6. 生物医药与大健康

生物医药与大健康产业聚焦在中药、精准营养与保健品两个细分领域开展合作。

（1）中药

合作基础：汕头拥有药用植物 228 科 903 属 1599 种，野生中药材蕴藏量在 700 万公斤左右，上游原料资源丰富。深圳拥有华润三九等链主型企业，在重要新药研发、加工工艺、制剂技术、质量控制等方面具有明显优势。

合作思路：发挥汕头中药材资源优势，联合深圳华润三九、中山大学等重点企业和科研机构，开展现代中药研发，支持中药萃取、质量控制、药物标准化加工关键技术及工艺研究，围绕中成药生产和中药饮片加工等领域，建设中成药生产基地、中药标准化加工与包装生产线、中药饮片加工及配送中心项目。

（2）精准营养与保健品

合作基础：国内精准营养与保健品市场发展潜力大，市场规模在 2022 年底超4600亿元，在全球市场中占比超四成，仅次于美国。汕头产业发展基础好，拥有仙乐健康、益瑞生物、美亨利乐生物等重点企业，正在布局各年龄段营养保健食品。深圳已在大鹏新区规划建设生物谷、食品谷，提出重点发展精准营养等领域，以奥萨公司为代表的生物医药领域的龙头企业正在向精准营养与保健品领域转型。

合作思路：围绕膳食结构个性化、营养组分模块化、营养代谢评价靶向化等方向，抓住深圳医药龙头企业转型契机，招引奥萨到汕头布局生产基地；支持汕头龙头企业联合华大农业、深圳农业基因组所等单位打造精准营养与保健品研发项目，建设精准营养与保健品研发及生产基地。

7. 现代食品

该产业重点对接预制菜、保健食品、腌制品、速冻食品等细分领域，吸引集聚现代食品产业领军企业和重大项目落户园区，联合深圳高校和科研机构研究制定预制菜标准规范体系，打造特色鲜明、辐射范围广、带动性强的预制菜产业集群。

8. 教育装备

该产业重点对接多媒体设备、控制系统、实验设备等细分领域，支持深圳、全国乃至全球教育装备企业将生产制造环节转移至园区，发挥深圳“设计+”赋能汕头教育装备产业，探索建立“深圳研发设计+汕头制造”模式。

（四）政策研究情况

1. 管理体制

建立党政联席会议制度、园区管委会、园区开发运营公司三级管理架构。

建立两市联席会议制度。由深圳、汕头两市党委和政府主要领导牵头，相关部门参与，组成党政联席会议。联席会议制度下设深圳对口帮扶协作汕头指挥部，作为联席会议办公室，承担日常工作，与园区管委会合署办公、一体化管理。

筹划组建园区管委会。管委会党工委书记由深圳对口帮扶协作汕头指挥部正处级副指挥长担任；党工委副书记、管委会主任由副处级副指挥长担任。汕头选派的处级领导干部担任党工委委员、管委会副主任，由濠江区、澄海区分管社会事务的领导兼任。管委会内设机构中，经济事务管理部门和办公综合、人事财务部门负责人一般由深圳选派，社会事务管理部门负责人一般由汕头选派，工作人员由双方共同选派。园区管委会成立后，汕头市、区、镇此前设立的园区管理机构全面退出，由园区管委会统筹整个园区的管理服务工作。

成立园区开发运营公司。园区开发运营公司由深圳市投资控股有限公司、汕头市投资控股有限公司共同出资组建，由深圳控股。原则上双方均需以现金出资，且按比例同步出资。开发运营公司在管委会指导下行使园区开发运营职能，负责园区规划、建设、招商、企业服务、物业管理等具体工作。园区开发运营公司董事长、总经理及财务负责人由深圳市投资控股有限公司、园区管委会协商选派。

2. 开发模式

按照“园区总体规划设计，土地一次性供给，后续滚动开发建设”的思路，推动园区建设发展。汕头市政府制定政策，授权园区管委会相关市级经济和社会管理权限，包括土地出让管理自主权，凡入园项目，由园区管委会成立土地审批小组负责审批，批准后交由汕头市国土部门依法挂牌供地。园区开发运营公司通过代建等方式，承担土地一级开发。整体规划、分单元滚动开发，建议一期开发面积不超过 1 平方公里，通过控制土地出让价格、合理规划住宅用地面积、提供首期资本金及专项资金支持、利用低成本融资工具等，保障园区开发运营公司“微利可持续”。

3. 利益共享机制

（1）产值。园区内纳储的企业产值等统计指标原则上按五五分成。

（2）税收。地方级税收中，省级税收分成部分争取留存在园区，用于园区建设发展，其余税收部分深圳、汕头原则上按五五分成，综合考虑园区建设投融资平衡和汕头财力状况实际，双方协商具体分成比例，所涉税收在园区建设前 10 年内留存在园区。

（3）投资和利用外资。固定资产投资、技术改造投资以及外资项目数、合同外资、实际吸收外资等统计数据，双方协商确定分成比例。

（4）海上风电登陆点经济及能源指标。设在园区内的海上风电登陆点，所涉产值、税收等经济指标归汕头；能源生产和消费等各项能源指标（包括但不限于绿电指标、装机容量、发电量）按协商原则，在满足园区企业和汕头当地使用指标后，富余部分优先供深圳使用，具体事项另行协商。

（5）投资收益平衡。通过开展多元化经营以及充分利用各项支持政策，实现投资收益平衡：一是园区范围内土地一级市场出让收益；二是基础设施的工程建设收益及特许运营收益；三是园区运营服务收益。

二、存在的问题

（1）园区尚有 63% 的区域未纳入城镇开发边界，后续建设面临强制性条件约束。汕头园区（83.01 平方公里）中约 51.95 平方公里未纳入城镇开发边界，约占园区范围的 63%，尤其六合围北、澄饶联围片区基本都位于城镇开发边界范围外，岭海莱芜片区深信职选址区域仍有约 0.92 平方公里未在城镇开发边界内。

（2）规划汕头东站未明确纳入汕漳铁路建设方案。汕漳铁路已完成初步设计，方案中无汕头东站、仅预留设站条件，该重大交通设施对六合园区发展具有重大支撑作用。建议尽快与国家、省级铁路部门协调增设汕头东站，该铁路预计年内开工建设。

（3）园区内两条液化天然气管线会带来较大安全风险，同时退线会占用大量可建设用地空间。濠江片区规划远期濠江粤电 LNG 接收站外输管线；六合南片区及岭海莱芜片区涉及汕特电厂支线 LNG 管线，对后续建设造成潜在安全隐患，后续需开展安全评估工作，建议与相关天然气管线管理部门协调线位调整的相关事项。

（4）六合围南片区市政基础设施薄弱，土地征转尚未完成。汕头园区六合围南片区（启动区）现状用地仍以坑塘水面为主，且市政设施较为薄弱，需加快推进土地征转、平整及纳储工作，全面推进基础设施系统建设。

（5）缺乏地形图及地勘等基础性数据，难以支撑规划编制，同时导致开发投资存在较多不确定性。目前缺乏编制空间规划所需的地形图基础资料（启动区详细规划需 1∶1000 或 1∶2000 地形图，园区总体规划需 1∶5000 地形图）。同时，缺乏园区整体范围的地勘资料，无法判断软基处理方式、场地挖填方规模与费用，开发投资存在较多不确定性因素，对一级开发的成本测算影响较大。

（6）部分生产要素成本仍较高，导致园区缺乏成本优势。汕头启动区工业用地出让价格为 70 万元 / 亩，与潮州（32 万元 / 亩）等城市周边城市相比，不具有优势。汕头工商业用气 5.08 元 / 立方米，与深圳（4.39 元 / 立方米）相比，不具有优势。

第十四章
汕尾篇

一、基本情况

（一）产业合作方向

立足深圳、汕尾两地资源禀赋、产业基础，充分发挥深圳优质企业资源优势、研发设计转化优势，汕尾生产制造与产业化基础、毗邻深汕合作区区位优势等，聚焦产业链上中下游，在新能源汽车、超高清视频显示、高端装备制造、现代时尚等产业领域构建跨区域协作模式。

1. 新能源汽车产业

汕尾市新能源汽车产业细分领域优势突出，刀片电池、汽车零部件向“专精特新”发展，龙头企业比亚迪已在陆河投资15亿元，布局新能源汽车大巴整车和零部件制造，产业基础良好。深圳市出台《深圳市培育发展智能网联汽车产业集群行动计划（2022—2025年）》，明确深圳智能网联汽车产业集群重点布局南山区、坪山区、深汕特别合作区，形成一条从西至东的智能网联汽车产业带。目前深汕合作区正高规格打造新一代世界一流汽车城，到2030年拥有整车产能达300万辆的需求。

2. 超高清视频显示产业

汕尾市以显示面板为主的超高清视频显示产业具备良好的基础，聚集有信利国际、康源半导体、比亚迪电子等龙头企业，行业初具规模。深圳是全球重要的超高清视频显示全产业链技术创新高地和高端生产制造基地，大尺寸面板和超高清视频显示终端的出货量和市占率全球领先，行业优质资源高度聚集，行业领先企业多，上下游资源丰富。

3. 高端装备制造产业

汕尾市高端装备制造业已逐步做大做强，汽车装备制造、海工装备制造具有良好的基础，明阳智慧能源、恒明盛、氟迪电池等项目陆续落地并开工建设。汕尾市“十四五”规划提出打造“三强一智造”专项行动，包括实施智能制造专项行动和“机器人应用”计划，推动大型骨干企业开展智能化技术改造，开展“智能工厂培育建设试点”等。深圳已拥有完整的机器人产业链条，在 SCARA 机器人方面具有优势，行业不断向技术价值高点开展技术攻关。

4. 现代时尚产业

汕尾市现代时尚产业企业主要集中在海丰县，以金银首饰加工、彩色珠宝、时尚美妆为首位，海丰首饰产业环保集聚区是广东省内唯一一家拥有电镀配套手续的首饰专业园区，打造金银珠宝首饰、小五金、配套电镀等一个完整产业链集聚化的全新多元化复合型产业环保集聚区，目前多布局在生产加工环节。深圳已成为国内行业门类齐全、原创品牌集中、产业配套完善、规模集聚效应显著的时尚产业基地之一，已形成龙头企业总部、高端时尚品牌、设计师和工匠、大型展会活动、行业协会等要素集聚发展的产业生态。

（二）政策研究情况

1. 管理体制

现状：目前拟合作园区（以下称深汕合作拓展区）以“管委会 + 开发公司”模式运行。深汕合作拓展区包含广东海丰经济技术开发区（18.74 平方公里）和天星湖片区（33.2 平方公里）。目前，深汕合作拓展区由广东省海丰经济技术开发区管委会代管，管委会是副处级单位。园区土地一级开发由海丰县财政出资。

建议：基于前期沟通对接，针对深汕合作拓展区提出管理体制方案建议——“党政联席会议 + 管委会 + 合资公司”模式。党政联席会议由深圳、汕尾两市党政主要领导主持，由发改委、工信、科创、规自、商务等主管部门组成，定期商议园区重要事项。管委会：成立深汕合作拓展区管委会，负责具体行政事务管理，管委会书记和主任均由深圳和汕尾协商委派。合资公司：由深圳国企与汕尾海丰县国企成立合资公司，合资公司由深圳方主导。

优点：深圳有最大主导权，可最大限度协调解决园区的开发建设事项。

缺点：需要深圳派驻公务员，跨市干部交流需要两市组织部协调解决。

2. 利益共享机制

（1）产业增加值。原则上深圳企业以分公司总部汇缴或子公司委托加工形式实现产值回归。委托加工企业、独立法人公司进驻园区的企业，产值等统计指标按商定比例分别计入深圳、汕尾两市。

（2）财政税收。园区内财税收入中属于省级分成部分，在项目建设期（10年）内留存园区，支持园区滚动开发；财政收入中属于市县留成部分，按深圳与汕尾两市约定比例分成，所涉资金在项目建设期（10年）内留存园区，支持园区滚动开发。园区合资公司缴纳税收地方留存部分全部返还给合资公司，支持其持续运营。

（3）进出口贸易额。在园区设立分公司的企业，以深圳总部公司作为进出口收发货人向海关申报进出口；引导在园区设立独立法人公司的企业，通过委托代理报关的形式，以深圳母公司、深圳报关公司或者深圳供应链公司企业为进出口收发人向海关申报进出口。进出口统计数据分成比例，由深圳和汕尾两市协商确定。

（4）固定资产投资。固定资产投资、技改投资原则上按现行国家相关规定执行，年度考核数据分成比例由深圳与汕尾两市协商确定，报省统计局、省发展改革委备案，并由省统计局最终协调确定。

（5）总体利益平衡。开发运营公司按"一项目一策""一园区一策"原则，开展多元化经营业务，获取多元化收入，实现投资的总体平衡，以支持园区的持续性运营。包括：①基础设施建设运营及特许经营收益，如园区内及汕尾市在土地二级开发、供水、燃气、污水处理、充电站、储能、建筑光伏、港口码头、公共交通、道路、通信、数据中心、智慧城市等基础设施的工程建设收益和特许经营收益；②园区运营服务收益，如融资服务收入、产业基金投资收益、专业化运营管理服务收入，以及园区其他增值服务收入等；③其他收益，如通过导入优质项目奖补、专项扶持资金、政府补贴等多种形式，加快投资回收和弥补运营亏损。

二、存在的问题

（1）园区规划范围开发规模可满足近期需求，但中远期需进行争取。"飞地"产业园区（71平方公里）中仅28%的区域（19.89平方公里）划入了城镇开发边界，可进行集中开发。其中，天星湖智造产业园涉及部分林地。

（2）近期骨干路网等基础设施投资较大。为强化与深圳及深汕特别合作区的快速联系，需加快建设赤梅快速、甬莞高速与沈海高速联络线，推动324国道改线等工程及相关市政基础设施建设，涉及近期投资规模较大。

（3）部分地区生产要素成本较高。深汕合作共建"飞地"产业园区企业生产要素成木中天然气成本远高于深圳（约为深圳的2倍，由深燃集团运营），尚未接通燃气管道，企业用气成本过高。

（4）产业多布局在中低端生产制造环节，传统行业品牌效应较弱，新兴产业链条尚未成形。汕尾传统优势产业链主要集中在纺织服装生产制造、珠宝首饰加工等环节，品牌建设相对滞后，品牌影响力不足。新能源汽车、超高清视频显示、高端装备等新兴产业链方面，相关企业主要集中在整车制造、显示面板、线路板制造等环节，尚未能形成一条完整的产业链。

第十五章
河源篇

一、基本情况

（一）园区选址情况

1. 园区范围

河源市拟划定江东新区跨江融合发展区作为两市共建产业合作园区范围，面积 28 平方公里，暂未划定起步区。该选址位于东江东岸，通过东环南路、东江大桥可快速到达高新区，距河源东站仅 10 分钟车程。

深圳对口帮扶协作河源指挥部建议在江东新区跨江融合发展区外，增加 3 个片区：片区一，高新区成熟区及南片区部分区域，面积 5.7 平方公里；片区二，高新区跨江融合发展区起步区，面积 6.7 平方公里；片区三，高新区深河 A 区，面积 4.5 平方公里。

2. 建设用地情况

园区范围内城镇开发边界面积合计 24.69 平方公里，其中已建及已出让土地面积 8.21 平方公里，剩余可利用面积 16.48 平方公里。

（二）产业合作方向

依托河源电子信息、食品饮料、先进材料、机械模具等制造业发展基础及丰富的生态资源优势，聚焦产业链上游原材料及下游生产制造，拓空间、优存量、扩增量，推动与深圳电子信息、现代农业、食品饮料、新材料、中药、医疗器械等产业“同频共振”。

1. 三大千亿元级产值产业

（1）电子信息产业

合作基础：河源以智能终端为代表的电子信息产业已初步形成规模效应，已落户中兴通讯、卓翼科技、中光电等通信设备、智能终端整机制造生产基地，是广东省第四大手机生产基地，具备较好的终端整机组装加工产业基础。智能终端产业是深圳新一代电子信息产业的主心骨。集聚了华为、荣耀等整机品牌龙头企业，富士康、立讯精密等先进制造企业以及信维通信、欣旺达等关键元器件和零部件核心供应商，初步形成了集核心零部件研发、代工生产、品牌整机、生态建设于一体的智能终端产业体系，产业规模全国领先，优势显著。

对接思路：一是积极承接大湾区智能终端产业转移，进一步发挥河源组装代工的优势，拓展智能手机、智能家居等新型智能终端品类，发挥产业规模优势。二是依托河源现有龙头企业，支持其进行5G通信终端技术攻关，向产业链高价值环节攀升。三是面向河源重点发展的智能终端领域，重点补强显示屏、摄像模组等关键环节，以智能终端为核心培养网络通信、超高清视频显示等产业集群。四是推动制造业工厂数字化升级改造，积极引进承接龙头代工厂扩张产能布局，提升智能制造能级。

（2）现代农业

合作基础：河源市现代农业呈高质量发展趋势，已形成“一县数品”和“一镇一品”的区域特色格局，拥有优质粮油、优质蔬菜、生态畜禽、特色水果、高山茶叶等品牌产品，以及东瑞食品等农业龙头企业，10家省级现代产业园，7家农业相关省级工程技术研究中心。深圳作为国内科技和产业创新高地，在生物技术、农机装备、农业智能化等领域拥有先进的研发技术和较强的生产制造能力，同时众多的人口为河源农产品提供了广阔的消费市场，双方在产业链上下游优势互补，部分深圳企业在河源投资意向较高，深河合作前景十分广阔。

对接思路：一是发挥深圳在生物育种方面的科技优势，开展针对河源丝苗米、蔬菜新品种等特色农作物的性状改良等育种合作，提升河源市传统农作物种子质量。二是鼓励深圳智能制造和数字技术企业，与河源本地企业合作开展智能巡检、无人植保、农产品溯源等方面合作，进一步提高河源农业的数字化水平。三是发挥深圳超大消费市场优势，打通两市在农产品“产、供、销”合作上的堵点，推动深圳企业与河源农户、合作社、基地等签订供销协议，建设农产品物流中转中心，促进深河绿色农产品、食品产销衔接。四是打造河源农产品品牌示范效应，支持品牌建设和宣传，按照“圳品”品牌规范与标准开展产品认定，探索“现代农业 + 直播”等新型销售模式，加强品牌宣传和推广。五是深化农文旅深度融合发展新模式，鼓励深圳有运营经验的文旅企业，利用河源良好的生态环境，打造农耕文化体验、休闲观光农业等精品旅游线路，推动河源由传统农业生产向附加值更高的农业文化旅游服务延伸。

（3）食品饮料产业

合作基础：立足河源广阔土地资源和低廉用工用地成本，为企业提供充足产业园区空间并吸引企业入驻，依托当地优质水资源优势可提高饮料产品品质和品牌影响力，且当地引进的中储粮仓库项目使原料要素更集中。深圳市人口 1700 余万，拥有广阔的消费市场，并具备优越的产业、政策、人才等优势，但土地空间不足，有低附加值产业转出需求。依托河源产业基础好、交通区位优、生态环境美、发展空间大等优势和深河两地的市场基础，做强做优食品饮料产业，强化深河创新链、产业链协作，打造食品饮料产业发展高地，协同推进深河食品饮料高质量发展。

对接思路：一是探索构建发展新模式。创新构建“深圳总部 + 河源基地”“深圳研发 + 河源孵化”“深圳创新 + 河源产业化”三种产业发展新模式。二是引进深圳及全球知名品牌企业。通过深圳密集的各项商业要素及河源优质的原料资源和廉价的制造成本，重点招引总部设立在深圳的食品饮料企业进驻河源开设基地，并引进全国及世界知名进口食品饮料企业进驻深河。三是强化品牌建设，树立品牌形象。借助深圳国际化平台，利用河源万绿湖得天独厚的水资源优势，提高河源食品饮料产品的知名度和产品品牌影响力，帮助河源制造出具有河源特色的食品饮料产品，并走向全国和出口世界。四是拓展预制菜消费市场。加强两市餐饮行业交流与合作，帮助即食、即热、即烹等面向家庭日用和节庆聚餐的预制菜（如河源市饭饭得食品）利用深圳消费大市场，拓展销售渠道。五是发展药食同源功能性食品产品。顺应社会对安全、营养、功效食品及保健品的增长需求，依托河源市营养保健品领域重点企业，联合深圳大健康领域企业发展药食同源功能性食品产品。

2. 三大百亿元级产值产业

（1）新材料产业

合作基础：河源具有丰富的矿产资源，但在硅材料、先进金属材料、稀土材料等领域精加工水平较低。深圳“20+8”战略性新兴产业集群中，大多数产业集群发展依赖硅材料、先进金属材料、稀土等材料及其制品的供应，而新材料产业龙头企业众多，但受限于环境、场地等多重因素，外迁需求较多。

对接思路：一是联合深圳龙头企业研发玻璃制品、单晶硅、半导体材料等硅材料制品，为深圳产业发展提供重要原材料资源支撑。二是联合深圳先进金属材料、绿色建筑材料等领域生产企业，积极引进硬质合金、复合金属材料等细分领域先进技术、先进设备及新工艺，推动现有产业向专用化、功能化、高端化方向发展。三是联合深圳稀土材料领域生产企业，布局软磁材料、发光材料、电感元件等合作项目，提升稀土材料制品附加值。

（2）中药产业

合作基础：河源具有适宜中药（南药）种植的气候、山地、水源等条件，全市中药（南药）产业现以种植为主，共有种植企业、合作社、专业户、小农场等近 90 家，种植面积达 6 万亩，年产值约 3.4 亿元，种植品种主要有牛大力、三叉苦、五指毛桃、铁皮石斛等。河源市中药生产加工环节相对薄弱，2018—2022 年中成药生产产值由 2249 万元增长至 7059 万元，增长明显但总体规模较小，共有从事中药制剂、饮片生产的大中型企业 9 家。深圳在中药研究及中成药、中药饮片加工生产环节具有优势，2022 年中药产业营收超 50 亿元。全市已布局中药口服制剂关键技术国家地方联合工程研究中心、中药学及分子药理学研究国家重点实验室等多个创新载体，拥有华润三九、海王生物等链主型龙头企业，在新药研发、加工工艺、制剂技术、质量控制等方面具有明显优势。

对接思路：中药产业链中游附加值高，是产业发展的关键，建议深河两地在河源现有中药种植的基础上，促进中药上游、中游产业融合发展。一是开展中药种植技术合作，发展南药优势品种，重点推进河源灯塔盆地中药种植基地与中山大学（深圳）、华润三九等企业及机构合作，在江东新区飞地产业园建立中药种植技术研究中心，推进五指毛桃、灵芝、铁皮石斛等优势品种良种繁育、规范化种植；二是依托河源市中药材种植优势，重点瞄准中药制造企业开展深河联合招商，以南药初加工为基础、南药精深加工为方向，加大招商引资力度，积极引进有实力的央企、国企、知名民企进驻或合作建设精深加工项目；三是基于深河现有的“供产销”合作，建立中药国际贸易中心，探索“研发在深港、产业化在河源、市场向海外”的国际化发展模式，打响河源特色南药品牌，推动中医药文化走向世界。

（3）医疗器械产业

合作基础：河源市医疗器械产业具有一定产业基础，2022 年河源市医疗器械产值 51 亿元，拥有医疗器械生产企业 13 家、经营企业 213 家，鸿德医疗、埃纳生医学等医疗器械代表企业发展势头良好；河源市政策驱动产业发展，《河源市制造业高质量发展“十四五”规划》提出，大力引进一批研发能力强的医疗器械龙头企业，重点培育发展医药制造和医疗器械两大生物医药产业集群。深圳市是国内医疗器械产业第一重镇，2022 年深圳市医疗器械产值 986 亿元，约占全国的 8%，拥有医疗器械生产类企业 1826 家，产值超亿元企业 98 家，以迈瑞医疗、稳健医疗等龙头企业综合实力领跑全国；深圳市企业具有转移意愿，医疗器械产业对研发生产场地的层高、承重、洁净、污废处理等环节有较高要求，受制于深圳紧张的产业空间资源，医疗器械企业希望转移部分产业链环节至市外。

对接思路：一是支持深河两地企业开展医疗器械共性关键技术攻关工程，依托稳健医疗、先健科技、菲鹏生物等深圳龙头企业，推进与鸿德医疗、埃纳生医学等河源企业建设共性关键技术研发实验室，提高河源医疗器械产业附加值与竞争力。二是围绕深圳医疗器械产业转移需求，在河源市国家高新区南部片区和跨江融合发展区布局一批体外诊断、医用耗材生产示范基地，配套建设洁净车间、控温控湿车间、污废处理等设施，满足企业对专业产业空间的特殊需求，实现深圳医疗器械企业“拎包入住”式转移。

（三）开发研究情况

（1）在政策实施方面，建议设置园区发展基金，资金来自园区土地增值收益和经济贡献奖励部分。园区开发公司获得奖励后，每年提取奖励的 20%~30% 注入园区发展基金，用于奖励园区企业和招商发展。针对政策兑现，分成三类管理，第一类是河源有而深圳无的政策覆盖到深圳与河源共建产业合作园区，按照河源标准执行，资金由河源市政府兑现；第二类是河源无而深圳有的政策，参考深圳标准制定并执行，资金来自园区深圳分成部分及园区发展基金；第三类是两地同类政策：河源市负责兑现本地政策制定的标准资金，深圳标准高出河源市相关部分的资金，则通过深圳分成部分及园区发展基金共同解决。

（2）在管理模式方面，建议成立深河产业合作区管理局，作为法定机构，负责具体行政事务管理，管理局局长由深圳委派，可最大力度协调解决园区的开发建设事项。下设合资公司，深圳方占 51% 及以上，合资公司董事长和总经理均为深圳方人员，便于深圳园区开发管理经验的复制推广。考虑选址为河源江东新区及高新区，合资公司也可成立市层面和区层面两个合资公司，均由深圳方主导，合资公司董事长和总经理均为深圳方人员。如深圳派驻公务员困难，可以考虑以合资公司为主导的管理模式，但此类模式市场化程度较高，难以保证开发进度及质量。

（3）在投融资方面，建议以项目的经济属性划分，开发建设项目可以分为公益类、准公益类、商业类三类，分类明确投资主体。公益类项目为社会公共利益服务，不以盈利为目的，基本不产生收入，不能或不宜通过市场化方式运作，例如市政道路、免费公园、城市绿化、河道改造、九年制义务教育学校等。准公益类项目，具有一定的社会效应，同时带有一定盈利性质，能够保证基本盈亏平衡，例如可经营的市政设施（如污水处理厂、发电厂、垃圾处理厂等）、收费高速公路、保障性住房、医院等。商业类项目具备商业化开发的盈利能力，适合以市场化方式运作，例如房地产开发、商业地产开发、酒店开发等。

二、存在的问题

（一）合作园区选址尚未明确

深圳对口帮扶协作河源指挥部建议的园区范围与河源市政府部门划定的园区范围不一致，目前，两市仍未就园区范围形成一致意见。

（二）基础设施及配套不完善

河源市拟划定的合作园区范围内，目前仅江东新区产业园起步区部分区域建成，产业服务与人才服务配套不足，目前该片区内主要交通干线为东环路及168县道，对比控规拼合，道路建设相对滞后，未能充分发挥距离河源东站5公里的交通区位优势。市政基础设施虽有一定建设，但电力设施难以满足未来负荷增长需求，缺少10千伏电力通道；缺乏燃气配气支管，部分地块不具备接气条件。

（三）工程地质条件不明

园区范围内为丘陵及冲洪积台地两种典型地貌。若在丘陵地带开发，则可能存在大面积场地填筑需求，需要对人工填筑地基进行处理，以解决地基强度、变形和稳定问题；若在河滩地带开发，则可能存在软弱地基和堤岸防护问题，需要进行适当的地基处理和防护，以确保开发区域的地基安全。需尽快提供拟建场地已有工程的地质勘查报告、基坑、地基和边坡设计资料，以便于初步判断场地地基条件。

（四）合作主体权责不清晰

考虑涉及土地开发，深圳、河源亟待协商分担土地成本，并执行年度考核计划。其中土地征拆费用、报审费用、工作经费、管理费用需深河协商解决，出让、租赁收益扣除税费、政策性资金后建议全额留存，土地增值税、契税、城镇土地使用税、房产税等市县留成部分全额支持合作区建设运营。历史用地、农民留用地、政府债务、隐性债务、政府间资金往来等事项尚待统计。

第十六章
中山篇

一、基本情况

（一）园区选址情况

经初步研判，深中经济合作区共 66.02 平方公里，包括“一中心、三园区”：翠亨新区的马鞍岛城市新中心（34.68 平方公里）、文化与科技合作基地（16.2 平方公里）、高端制造合作基地（2.69 平方公里）和火炬开发区的深中合作创新区（12.5 平方公里）。园区的启动区为翠亨新区的文化与科技合作基地北部区域（2.33 平方公里）、高端制造合作基地（2.69 平方公里）和深中合作创新区一期区域（5.68 平方公里），共计 10.7 平方公里。

（二）产业合作方向

深中经济合作区谋划在现有空间规划和产业布局的基础上，建设翠亨马鞍岛城市新中心（以发展科技创新、现代服务业、国际商贸为主）、深中合作创新区产业链专业协作基地（以发展健康医药、光电信息、新能源、高端制造装备为主）、高端制造合作基地（以发展新一代电子信息技术为主）、文化与科技合作基地（以发展新兴潜力产业为主），构建形成“一中心三基地”协同发展的空间功能布局。具体如下：

翠亨城市新中心（马鞍岛）。发挥深中通道主动脉联结作用，推动马鞍岛复制推广前海创新政策，打造成为前海深港现代服务业合作区拓展区。马鞍岛南部重点发展科技金融、商务会展、跨境电商等现代服务业；中部战略性布局人工智能、细胞治疗等前沿领域，培育发展数字经济和创意经济；北部在低温储氢、风电装备等先进制造领域精准发力。

产业链专业协作基地（深中合作创新区）。围绕链主企业就近配套需求，支持链主企业布局协作专业园区，招引产业链上下游配套环节，共同打造配套完整、安全可控的产业链、供应链体系。一期重点布局生物医药（化学药、中成药）、高端医疗器械（家用医疗器械）、超高清视频显示（显示面板制造材料与元器件）、激光与增材制造（光学元器件、激光器）等深中优势产业领域；二期计划布局新能源、高端装备制造等深中未来重点发力产业领域。

高端制造合作基地。以合力共建新一代电子信息完整产业链条为出发点，面向网络与通信、智能终端等制造领域，协同引进和孵化一批光模块、光纤光缆、光通信设备等领域行业企业，推进大型手机、平板、智能家电等智能终端整机企业布局生产环节，为大湾区打造世界级电子信息产业集群提供支撑。

文化与科技合作基地。重点发展创科经济、文旅经济等新兴潜力产业。创科经济组团联合前海共同建设港澳青年创新创业基地，开展研发设计、技术咨询、知识产权等专业服务。文旅经济组团积极引进深圳及港澳文旅生态企业，大力发展都市农业生态旅游、历史文化旅游、滨海休闲旅游等业态。探索协同港澳开展中医药、海洋电子信息、航天卫星等优势产业合作。

（三）政策研究情况

1. 政策梳理

按照市场化模式，在中山导入深圳经验、制度和服务，以轻资产合作为主，建设合作地委托深圳具体承担运营职责的园区，支持深圳企业在园区设立分公司或合作开展委托加工业务。

产值。原则上深圳企业以分公司形式或子公司委托加工形式进驻园区，以分公司总部汇缴或委托加工形式实现产值回归。

税收。委托加工企业按市场常规分别计入深圳、中山两市。合作园区税收的市区留成部分全额留存支持合作区（前十年）。争取省级留成部分支持合作区。园区土地出让金省级税收分成部分，在合作期内，全部留存园区发展。

投资和利用外资。固定资产投资、技术改造投资以及外资项目数、合同外资、实际吸收外资等统计数据，按属地入规入统。

进出口。在合作园区设立分公司的企业，以深圳总公司作为进出口收发货人向海关申报进出口；引导在园区设立独立法人公司的企业，通过委托代理报关的形式，以深圳母公司、深圳报关公司或者深圳供应链企业为进出口收发货人向海关申报进出口。双方协商确定分成比例。

2. 管理体制

（1）管理体制

产业园区由合作地组织开发、建设，组建相对独立、具有开发区功能与权益的管理机构和具备市场运作主体功能的开发主体，实施滚动开发。合作地具体负责园区的各项管理职能，委托深圳团队运营，深圳运营负责主导园区招商引资、运营管理、融资融智、数字化升级等工作。

（2）开发运营模式

在政府引导下，按照市场化原则由合作地出资组建园区开发运营公司，作为园区建设发展的市场主体，主要承担园区开发建设、项目管理、招商引资、企业服务等职能，形成市场主导、政府支持、高效运转的管理运营体制，委托深圳具体承担运营职责。

（四）其他合作事项

深圳、中山除了合作共建产业园区之外，还进一步深化两市在各领域的合作。

深圳市交通运输局加强与中山市沟通，谋划推进两市“海陆空铁”交通一体化规划建设，签订深圳市、中山市交通一体化合作协议。会同机场集团积极拓展更多国际航线，加快提升深圳机场国际枢纽竞争力。加快深南中城际等重大项目建设进度，合力向省争取，推动深南中城际尽快纳入铁路上位规划，早日开工建设。

深圳市宝安区政府、市商务局积极推动与中山市轮流举办联合招商活动，活动由深圳市人民政府、中山市人民政府作为指导单位，由宝安区政府和翠亨新区管委会共同主办。

深圳市商务局加强与中山市沟通对接，深入谋划会展领域合作，统筹深圳、中山两市会展资源，研究以“双城展”“子母展”，以及互用会展中心等形式，力争深圳办展面积在最短时间内实现“全国第一”，推动会展业高质量发展。

深圳港集团加强深圳港与中山港合作，协调深圳、中山海关，共同推进组合港建设；积极参与中山港口整合和一体化运营，协助做好港口建设和集疏运体系建设规划，促进港产城融合发展。

巴士集团加强与中山有关部门、企业沟通，研究谋划两地跨市公交系统。研究开通珠江西岸城市候机楼与深圳机场之间的巴士专线。

机场集团与中山市有关部门密切配合，加快推进深中航空港项目建设，突出“深圳元素、中山特色”，确保在深中通道建成时投入使用。积极推进在中山市的航空物流仓储设施布局，与候机楼同步就近选址，便于珠江西岸货物通过深圳机场转运。

环水集团充分发挥专业技术优势，争取中山市支持，获授权建设运营园区水务系统；积极参与两市涉水事务一体化建设、水环境综合治理项目等，不断提高服务和保障品质，提升居民幸福感、获得感。

燃气集团积极拓展中山市及其下属镇街（市区）的屋顶光伏业务。

深智城集团研究将“深 i 企”等平台功能延伸至园区，实现优惠政策免申即享；覆盖园区规划建设全过程，运用 BIM/CIM 等智慧城市技术，不断提升园区建设管理现代化水平；积极参与中山市智慧城市、数字政府建设。

深业集团总结园区运营管理经验，按照市场化原则，加强与中山翠亨新区合作，做好中山湾区未来科技城项目的建设运营工作。

二、存在的问题

1. 用地规模与指标问题

园区规划范围内存在部分土地不在城镇开发边界内的问题。深中经济合作区（66.02 平方公里）中约 14% 区域未纳入城镇开发边界，其中深中合作创新区二期用地虽然基本纳入开发边界，但国土空间规划中并未规划相应的规模，大部分用地仍为水田耕地。

2. 基础设施及配套不完善

翠亨新区文化与科技合作基地位于东部沿海区域，目前基本没有建设，以坑塘水面为主，需等国土空间规划批复后启动征地相关工作，目前该片区周边主要交通干线为在建的东部外环及民朗大道，启动区需要重新梳理和加快建设区内干道以连接东部马鞍岛与城市快速路。高端制造基地以及深中合作创新区一期目前交通通达性良好，市政基础设施也有一定建设，但生活服务类设施不足。

3. 合作模式尚未明确

目前深中的“飞地园区”合作模式尚未完全明确。根据深圳对外合作园区现有三类模式结合中山情况评估，初步建议采用市场化合资公司模式，由双方成立合资平台公司，共同出资进行园区投资、建设、运营、招商，通过土地、物业租售，房地产开发等方式取得收益。深中合作区选址66平方公里，涉及中山的翠亨新区和火炬开发区，其中火炬开发区选址地块目前已经有深投控介入，同时需要明确中山方参与的国企。翠亨新区选址地块还没有明确深圳的参与国企。初步建议由前海投控与翠亨集团成立合资公司，在翠亨新区合作开发一个产业园区，由中山负责一级开发，深圳负责二级开发，共同导入产业资源，共同招商。同时前海投控参与整个翠亨新区的招商工作，在前海召开招商推介会，前海投控享有相关产值税收分成。

4. 合资开发运营公司组建主体未明确

针对火炬开发区选址范围，目前深圳市投资控股有限公司已与中山市开展合作，但尚未明确中山市具体国企与深投控成立合资公司。针对翠亨新区选址范围，目前也未明确参与实施的深圳市国企主体。

第十七章
江门篇

一、基本情况

（一）园区选址情况

深江经济合作区范围包括深江经济合作区北 A 区（新一代信息技术产业园）9.07 平方公里、深江经济合作区北 B 区（珠西新材料集聚区）6.90 平方公里、深江经济合作区中区（银湖湾滨海新区核心区）42.76 平方公里、深江经济合作区南区（台山市都斛镇部分区域）7.27 平方公里，总面积 66 平方公里。拟推荐建设一座港口，选址方案有三个：一是位于深江经济合作区中区（拟推荐方案，5 万吨级）；二是位于深江经济合作区北 A 区（3 万吨级）；三是位于古井镇玉洲村（3 万吨级）。

（二）产业合作方向

立足深江两地资源禀赋、产业基础，充分发挥深圳研发设计转化、江门生产制造与产业化的比较优势，聚焦产业链上中下游，在新材料、新一代信息技术、高端装备、生物医药与大健康等产业领域构建跨区域协作模式。

1. 新材料产业

江门市新材料产业主要集中在新能源电池材料、石化材料等新材料制备领域，珠西新材料园区入选广东省危险化学品生产企业承接园区名单，具备生产动力电池负极材料、半导体材料等环境和资质条件。深圳新材料产业龙头企业众多，但受限于环境、场地等多重因素，外迁需求较大。

2. 新一代信息技术产业

江门市以印刷线路板为主的新一代信息技术产业具备良好的基础，拥有世运电路、依利安达、崇达电路、建滔集团等优势企业，行业初具规模。江门市提出“十四五”期间将新一代信息技术产业培育成千亿元级产值产业集群，将继续做大基板材料、磁性材料、印制电路板、新型显示器件、电声器件、电线电缆及新一代通信设备等优势领域，为此，在深江合作园区中，专门规划出新一代信息技术特色园区，以承接深圳有序转移的相关企业。深圳电子信息产业规模约占全国的1/6、全球的1/10，领跑全国，产业链条完整，优势突出。

3. 高端装备产业

江门新能源电池产业发展势头迅猛，引进总投资200亿元的中创新航动力电池项目，带动锂电装备等产业集聚发展，并引进隆基绿能等光伏制造企业，发展硅能源产业。在数控机床、激光装备、工业机器人及智能专用装备等领域有较好的产业基础，但也存在规模总体偏小、技术相对低端、创新能力较弱、系统集成能力差、产业体系尚未完善等问题。深圳在锂电制造装备、光伏组件制造装备等专用装备领域优势突出，在智能装备控制系统、装备数字化等方面具备良好的基础。

4. 生物医药与大健康产业

江门市在营养保健品和绿色食品、生物医药和中医药、医养与康养服务三大领域具有良好的产业基础或自然条件，珠西新材料园区作为广东省危险化学品生产企业承接园区之一，具备生产化学原料药的配套设施。深圳的人工智能、大数据等在旅游、康养领域应用优势突出，具备提供成套智慧解决方案的能力。

（三）管理体制梳理

1. 新一代信息技术产业园

管理机构：新会区工业园区管委会（正科级），新会区人民政府派出机构。党组书记为新会区委常委温家林，兼任滨海新区党工委副书记、管委会主任；党组副书记、主任为李文斌（一级主任科员）。管委会内设六个部门：办公室、经济发展局、规划建设局、招商局、公用事业管理局、应急管理局。

平台公司：一是崖门新财富环保工业有限公司。主要负责环保电镀产业园的投资建设运营工作，主要业务涵盖厂房租赁、工业水处理、再生资源深度利用、环境管家、供应链服务等，实际控制人为新丽（中国）有限公司（持股84%）。二是新会崖门装备产业园区开发有限公司。主要负责新一代电子信息产业园（即澳葡青年创业园）的土地开发及整理、厂房建筑工程、道路绿化工程等，实际控制人为新会区国有资产管理办公室（持股51%）。

2. 银湖湾滨海新区核心区

管理机构：银湖湾滨海新区管委会（银湖湾滨海新区党工委，挂新会经开区管委会），副处级，江门市人民政府派出机构，全权委托新会区管理。党工委书记由江门市副市长蔡德威兼任；党工委副书记由新会区委书记林锡波兼任，负责区级层面联系协调工作；党工委副书记、管委会主任为新会区委常委温家林，兼任新会区工业园区管委会党组书记。管委会内设七个部门：党政办公室、经济发展局、安全生产管理局、规划建设局、投资促进局、政务服务局、财政局（国有资产监督管理局），并下设一个事业单位（公益一类）——综合服务中心。

平台公司：银湖湾滨海新区投资开发有限公司。主要业务包括房地产、交通设施投建营、公共设施管理、资本市场服务、装卸搬运和仓储业等，实际控制人为江门市国资委（持股 53.33%）。

二、存在的问题

（1）合作区选址范围内可集中连片开发的空间有限。目前，初步了解到合作区内城镇开发边界总面积不超过 13 平方公里，不足合作区总面积的 20%，启动区内城镇开发边界内面积为 3.96 平方公里。其中，特别是深江经济合作区南区总面积 7.27 平方公里，范围内无城镇开发边界，以及深江经济合作区中区总面积 42.76 平方公里，但城镇开发边界面积仅为 7.23 平方公里，且空间分布零碎，可以实现集中连片开发建设的城镇开发边界规模较小。

（2）合作区选址范围内区域市政基础设施及城市生活配套不完善。虽然，新一代信息技术产业园、珠西新材料集聚区（扩区）在建立化工园区方面具有环保电镀基地（批复污水处理容量 3 万吨 / 日，当前运行容量 1.5 万吨 / 日）和化工新材料产业链配套等优势条件，但地理位置相对偏僻、城市配套较差，交通运输成本较高，距离江门市中心约 1 小时车程，距离深圳市宝安区中心约 2.5 小时车程。目前依托西部沿海高速公路与珠海、中山等周边城市联系，依托省道 270 和 271 与新会城区联系。在建鹤港高速黄茅海大桥 2024 年建成，与港珠澳大桥相连；在建银洲湖高速 2024 年通车，建成后缩短与江门市中心城区通勤时间。距离珠海金湾机场约 50 分钟车程，到珠海高栏港约 50 分钟车程，目前高栏港主要为散装货运，与江门各港口不产生转运喂给关系。另外，深江经济合作区中区（银湖湾滨海新区核心区）虽然土地全部属于国有用地，无须征地，且拥有成片未开发土地，但是城镇开发边界覆盖面积仅为

7.23平方公里，大部分仍以坑塘水面为主，市政设施建设仍不完善，发展的综合基础条件较差。同时，从银湖湾滨海新区核心区既有规划及本地资源禀赋条件看，该区域产业准入条件和环境门槛较高。

（3）合作区意向选址区域建立大型通用港口的难度较大。江门港口发展在全省排第六，江门水运条件很好，以江河水运为主，全市涉及七个港区，比较分散，目前有290多个泊位，但90%以上是企业自用码头，公用码头、大码头比较少，经省批准可用岸线有190多公里，只用了30公里，可以用的空间比较大，以散杂货为主，集装箱一年只有约200万标准箱，目前公路与水运的货运量占比约1∶0.75。企业一般较少用集装箱，几个港口竞争也比较激烈，价格提不上去。合作区意向选址区域所在的崖门水道可以做到3万~5万吨，崖门大桥（西部高速跨崖门水道通道）以北有条件做到3万吨、以南有条件做到5万吨，但银湖湾滨海新区核心区及其邻近区域面临一些限制条件，如红树林、淤泥淤积、企业码头等。目前，合作区意向选址区域周边规划有新会港区下属的崖门、古井、红关三处港口29个泊位，规划年吞吐量7500万吨。

（4）部分生产要素成本仍较高。虽然，江门市整体要素成本在湾区具有一定比较优势，2017—2020年江门市共落户了61个亿元以上深圳工业投资项目。但是，合作区意向选址区域所在的新会区，工业用电成本和交通运输成本仍较高。

（5）新兴领域没有形成较为完整的产业链，对于配套要求较高的产业缺少吸引力。江门优势产业链主要集中在金属制品、造纸和印刷、纺织服装、家电、摩托车等轻工制造产业，在新一代信息技术、新能源、生物医药、高端装备等新兴产业链方面，相关企业主要集中在电子元器件、基础材料、集成应用等环节，产业链条仍以“点”为主，尚未能形成一条完整的产业链。此外，产业链中以中小型企业居多，缺乏能够带动和牵引产业集聚发展的百亿元级龙头企业，不利于吸引深圳有序转出的产业落地江门。

第十八章
南宁篇

一、基本情况

（一）园区选址情况

园区选址包括沙井片区、国际铁路港南片区、空港片区组成的“一园三区”共计约 38.04 平方公里，城镇开发边界内面积约 31.21 平方公里。沙井片区东至沙井大道，南至智和路及智兴路，西至堤园路，北至定津路，规划面积约 9.64 平方公里，城镇开发边界内面积约 8.29 平方公里；包含华南城、产投江南企业公园、泉港江南企业总部等产业及商贸服务空间。国际铁路港南片区北至绕城高速，南至疏港大道，东至友谊路，西至牛头水库，规划面积约 10.59 平方公里，城镇开发边界内面积约 9.83 平方公里；与国际铁路港与综合保税区新址隔绕城高速相望，除东侧那洪车辆段及部分厂区、村庄外，基本为未开发状态。空港片区位于南宁临空经济合作区内，规划面积约 17.81 平方公里，城镇开发边界内面积约 13.10 平方公里；紧邻南宁吴圩国际机场，周边高速、国省道、轨道线密集，交通区位条件优越，局部有厂房、住宅等，整体呈现未开发状态。

（二）产业合作方向

基于南宁“十四五”重点产业集群发展方向和深圳“20+8”产业集群发展需求，瞄准东盟在基础设施建设、数字经济发展、能源开发合作等领域产业合作机会，充分发挥南宁链接深圳与东盟的“渠道”作用，聚焦新一代电子信息、生物医药与健康、高端装备制造、绿色食品加工等重点产业领域，构建面向东盟的跨境产业链。

1. 新一代电子信息产业

南宁市电子信息产业占全市工业总产值的 26.6%，主要涉及电子元器件、智能消费设备、计算机与通信设备等行业，“十四五”期间重点发展计算机与网络通信设备、智能终端、新型显示、集成电路（封测）4 条产业链。东盟电子信息产业发展迅速、市场广阔，但工业基础短板明显，主要涉及低端制造与组装环节。深圳电子信息产业规模约占全国的 1/6、全球的 1/10，领跑全国，产业链条完整，优势显著。可充分利用南宁“渠道”优势，积极开拓东盟国家市场，维护深圳电子信息产业链供应链安全稳定。

2. 生物医药与健康产业

生物医药产业是广西壮族自治区和南宁市重点发展产业，南宁在中药民族药、医疗器械、生物医药三大领域具有良好的产业基础或自然条件，药用动植物资源占全国的 1/3，是我国的“天然药库”和“中药材之乡”，六景化工园区作为省级专业化工园区，具备生产医药中间体的配套设施。深圳的人工智能、大数据等在旅游、康养领域应用优势明显，具备提供成套智慧解决方案能力。

3. 高端装备制造产业

南宁市高端装备制造产业发展势头迅猛，面向东盟国家重点需求初步形成了物料处理装备、环保装备、轨道交通装备等为主导的产业体系，同时大力发展智能装备和智能智造，不断提高装备产业本地配套率，提升工程机械再制造水平和后服务能力，但仍然存在产业规模较小、技术相对低端、创新能力较弱、系统集成能力差、产业体系尚未完善等问题。深圳在锂电制造装备、光伏组件制造装备等专用装备领域优势明显，在智能装备控制系统、装备数字化等方面具备良好的基础。

4. 绿色食品加工

绿色食品加工作为南宁六大千亿元产值产业之一，产业规模排名全区第一，主要涉及调味品、水牛乳、肉制品、预制菜、精制茶、饮料、休闲食品等行业，拥有海天、双汇、东鹏、皇氏等代表性企业。深圳消费市场庞大，绿色食品研发和品牌设计能力强，可依托南宁丰富的特色农产品资源优势，重点发展绿色食品加工及推广销售环节，强化两市创新链、产业链协作，支持合作区绿色食品加工企业开拓深圳及大湾区市场，打造区域性绿色食品加工基地。

（三）政策研究情况

管理体制建议：“指挥部 + 合资公司”模式。指挥部：成立合作区开发建设指挥部，由南宁市常务副市长兼任指挥长，成员单位包括南宁市发改、自然资源局、工信局、商务局等，指挥部办公室设在市发展改革委。每月度召开协调会议，解决开发重大事项。合资公司：由两市国企成立一个合资公司。深圳方占 51% 以上，合资公司董事长和总经理均为深圳方人员。合资公司董事长兼任副指挥长。优点：市场化程度高。缺点：指挥部均为南宁方人员，深圳方协调力度弱。

建立合作区“一会、一办、两委”机制。

“一会”，即南宁与深圳市人民政府共同建立的园区联席会议制度，负责处理园区政策、园区发展方向等原则性问题。

“一办”，即园区联席会议制度下设的联席会办公室，联席会办公室由南宁常务副市长、深圳方合资公司董事长作为联席会办公室共同召集人。南宁市政府副秘书长、合资公司深圳方主要负责人作为联席办公室负责人，共同全面主持联席会办公室工作。联席会办公室负责定期组织召开会议，协调园区开发建设及招商过程中的重要事项等工作。

“两委”：①园区规划建设联审委员会，由南宁相关职能部门代表及深圳代表、外部专家组成。负责园区项目具体规划、立项、用地、建设、环评、验收等方面的联审决策工作。②园区招商项目联审委员会，由南宁相关职能部门代表及深圳代表、外部专家组成。负责园区招商项目的政策研究、税收减免、“绿色通道”等方面的决策工作。

二、存在的问题

（1）国际铁路港南片区、空港片区市政基础设施及城市生活配套不完善。“一园三区”选址中，沙井片区紧邻中心城区且建成度较高，基础设施建设完善。国际铁路港南片区作为新一轮国土空间规划新增用地，现状以丘陵山体等未开发用地为主，几乎无市政基础设施。空港片区紧邻机场部分有局部市政道路建设及物流园区建设，其余大部分地区除村庄、厂房外，整体呈现未开发状态。

（2）新兴领域没有形成较为完整的产业链，对于配套要求较高的产业缺少吸引力。南宁优势产业链主要集中在铝精深加工、装备制造、食品加工、林木加工等传统制造产业领域，在新一代电子信息、生物医药与健康、高端装备制造等新兴产业链方面，相关企业主要集中在电子元器件、基础材料、集成应用等环节，产业链条仍以“点”为主，尚未能形成一条完整的产业链。此外，南宁连接东盟的“渠道”优势和专业化工园区等产业配套优势未能充分利用，不利于吸引深圳有序转出的产业落地南宁。

附：南宁—深圳（东盟）产业合作区产业发展策略研究

一、战略意义

深邕产业合作是服务中国—东盟命运共同体建设的合作样板。2022 年是习近平总书记提出“建设更为紧密的中国—东盟命运共同体”10 周年，深邕产业合作区地处“一带一路”建设和中国—东盟合作中心城市的重要节点，通过“飞地经济”与粤港澳大湾区和深圳先行示范区紧密关联，拥有辐射东盟独特“渠道”优势，是打开东盟和 RCEP 国家市场最有效的对接窗口。2022 年深圳与东盟进出口总额达 5841.8 亿元，同比增长 9.6%，占深圳总进出口值的 15.9%；南宁与东盟进出口总额达 377.4 亿元，同比增长 64.3%，占南宁总进出口值的 25%。随着中国、东盟继续互为第一大贸易伙伴，RCEP 正式实施生效，中国—东盟自由贸易区 3.0 版加快建设，面向东盟的深邕产业合作将有利于更高水平服务中国—东盟命运共同体建设。

深邕产业合作是维护国家产业链供应链安全稳定的先行示范。近年来，深圳部分企业加快在东盟国家投资设厂，导致高技术制造业产能外溢，威胁我国产业链供应链安全稳定。南宁正积极落实习近平总书记关于将产业链关键环节留在国内的指示要求，推进建设中国—东盟跨境融合发展合作区，形成产业向外转移的缓冲区、产业无序转移和越顶转移的拦截坝。深邕产业合作区可发挥自身优势，盯住链主企业和关键环节推动跨境产业融合发展，在“遏链、缓链、回链、拓链”上大有可为，形成深圳及大湾区产业向境外转移的蓄水池、拦截坝、缓冲区，提升我国产业对外竞争控制力。

深邕产业合作是融入国家新发展格局、畅通国内国际双循环的重要枢纽。深圳在国内大循环和国内国际双循环中具有突出位置和比较优势，已经进入粤港澳大湾区、深圳先行示范区双区驱动，深圳经济特区、深圳先行示范区双区叠加的黄金发展期，是历史性机遇、全方位赋能和整体性重塑。南宁处于国内大循环和中国—东盟国际双循环交汇点，正在全力打造国内国际双循环战略链接核心城市，努力成为中国企业走向东盟市场和东盟企业进入中国大陆的产业投资聚集地、贸易往来结算地、科技创新支撑地、生活服务保障地。深邕产业合作有利于畅通国内市场和东盟市场循环大通道，促进资源要素跨区域流动和高效集聚；有利于引领环北部湾城市群和粤港澳大湾区融合发展，有效承接深圳及大湾区产业转移。

二、合作基础

（一）南宁产业发展方向

当前，南宁正抢抓全球产业链重构和国家推动产业梯度转移重大机遇，全面对接长江经济带，深度融入粤港澳大湾区，积极衔接成渝地区双城经济圈，扩大与东盟、RCEP及“一带一路”沿线国家地区的开放合作，按照“坚持全球视野、服务国家战略、符合广西定位、体现南宁特色、突出开放创新、树牢底线思维”的原则，聚焦新能源汽车及零部件、电子信息、铝精深加工、高端金属及化工新材料、先进装备制造、生物医药等六大重点跨境产业，充分利用国内国际两个市场和两种资源，努力构建“RCEP国家、我国先进发达地区研发—南宁研发、核心零配件制造—东盟整机组装—中国/东盟/日韩/欧美市场”的跨境产业链，打造链接中国与东盟两大“世界工厂”的战略支点，推动中国—东盟产业链供应链价值链深度融合。目前，南宁市正在积极落实习近平总书记提出将产业链关键环节留在国内的指示要求，推进建设中国—东盟跨境产业融合发展合作区，形成产业向外转移的缓冲区，并已获得国家发展改革委的支持，下一步将可能纳入国家战略层面支持推进。

（二）南宁产业布局情况

江南区重点发展电子信息、铝精深加工、生物医药等产业；经开区重点发展电子信息、生物医药、都市型食品、先进装备制造、临空产业及现代服务业；东部新城重点发展新能源汽车及零部件、高端金属及化工新材料、电子信息、机械装备制造等跨境产业；高新区重点发展电子信息、智能制造、生物医药、时尚消费品、生命健康、文化创意等产业。广西—东盟经开区重点发展食品加工、生物医药、环保家居、大健康及国际教育培训等产业。五象新区重点发展金融、现代物流、科技服务、商务服务、国际贸易等生产性服务业。

（三）南宁产业发展优势

区位和渠道优势。南宁是距离东盟最近的省会城市，经友谊关至越南河内公路360公里，铁路距离约390公里，经钦州至海防至河内的公海联运约480公里。南宁已开辟至越南的绿色通道，具备公铁海空多维度联通东盟的交通枢纽优势，初步实现中国南宁—越南北宁、北江公路 12 小时“厂对厂”直达和铁路 24 小时“站对站”直达。南宁成功举办第十八届中国—东盟博览会和商务与投资峰会，形成一系列推动中国和东盟国家间高层对话、经贸合作和人文交流的重要合作机制。

政策和平台优势。南宁享有沿海沿江沿边开放、西部大开发、强首府战略、民族区域自治、粤桂协作等多重叠加优惠政策，符合西部大开发目录的鼓励类产业、高新技术企业，企业所得税按照 9% 征收。南宁落户中国—东盟博览会、中国（广西）自由贸易试验区南宁片区、中国—东盟信息港南宁核心基地、西部陆海新通道重要节点城市和物流枢纽、中国—东盟跨境产业融合发展合作区等多个面向东盟的国家级开放平台。

资源和要素优势。南宁产业发展空间充足，规划预留可用工业用地 97 平方公里，平均工业用地成本为 27 万元 / 亩，平均用工成本为 17.5 元 / 时。南宁铝资源丰富、铝精深加工产业基础优势明显，可与新能源汽车及零部件、新能源电池、3C 电子、光伏等产业形成上下游配套。南宁与东盟人文相亲，本地壮语与越南、老挝、泰国等东盟国家语言有 70% 相近，是东盟国家学生出国留学的首选地，目前在南宁的东盟留学生约有 2500 人，可为面向东盟的跨境产业高质量发展提供人才支撑。

（四）深圳企业向东盟转移情况分析

近 5 年共有 220 家深圳企业备案投资东盟，备案项目 277 个，总投资额 18.10 亿美元，主要涉及智能终端、新能源、网络与通信、海洋、半导体与集成电路、新材料等产业领域，其中越南和新加坡是深圳市企业赴东盟投资主要目的地，深圳市企业在越南投资近 11 亿美元，占比 60.60%。深圳企业赴东盟投资驱动因素主要包括链主带动、规避关税、市场导向和资源导向四大类。从投资金额来看，市场导向是主要驱动因素，其中链主带动是前十投资项目主要驱动因素。从区域分布来看，链主带动是深圳企业投资越南的主要因素，市场导向是深圳企业投资新加坡的主要因素。从时间维度来看，市场导向驱动占比逐年提升，是深圳企业投资东盟国家的主要驱动因素。

1. 链主企业主导投资转移

由于客户要求而在东盟投资的项目（总投资额超过 500 万美元）有 24 个，涉及企业 15 家，投资总额 70523 万美元。苹果要求富士康、立讯精密、领益智造、美盈森、裕同包装等深企，在越南设厂进行电子产品的代工、整机组装、产品包装，富士康已将 AirPods、iPad、MacBook 等部分产能转移至越南。

三星要求威富通讯、智动力精密技术在越南设厂，生产结构件、滤波器、连接器等零配件。从产业链带动企业外迁角度出发，苹果产业链、三星产业链、属于链上企业的子产业链等企业未来进行产能外迁或通过对外投资并购等方式逐步外迁的可能性较大。

2. 外向型企业规避关税

出于规避关税而在东盟投资的项目（总投资额超过 500 万美元）有 17 个，涉及企业 15 家，投资总额 20206 万美元。主要为和而泰智能控制、雄韬电源、智莱科技等依赖于海外市场的出口型企业，将部分智能控制器、太阳能电池、路由器、安防设备的生产组装环节转移至东盟。东盟地区关税优势来源于其加入的各类贸易互惠协定以及美国对部分地区不额外加征惩罚性关税。以越南为例，2019—2022 年越南加入《全面与进步跨太平洋伙伴关系协定》《越南与欧盟自由贸易协定》《越南与英国自由贸易协定》《区域全面经济伙伴关系协定》等贸易互惠协定，在向欧盟、英国、日本、加拿大、澳大利亚等出口商品时最高可享受零关税待遇。

3. 企业开拓海外市场

出于全球化战略和开拓海外市场而在东盟投资的项目（总投资额超过 500 万美元）有 46 个，涉及企业 42 家，投资总额 5.95 亿美元。该类企业围绕欧美及东盟市场需求对产品进行适应性改造或为东盟市场提供专用服务，例如杰普特光电（激光器及相关设备）、电连技术公司（连接器）、中集车辆（半挂车与专用车）等，纷纷在越南布局产品生产线、销售网点和技术服务中心等。从开拓东盟市场角度看，一是已经布局的企业进一步增资扩产；二是链主类企业开拓海外市场时带动部分供应链企业跟随到海外投资，以为其提供配套服务。

4. 东盟资源或成本优势

出于能源、矿产、渔业等资源需求或生产要素成本优势而在东盟投资的项目（总投资额超过 500 万美元）有 3 个，涉及企业 3 家，投资总额 1.28 亿美元。随着深圳土地、劳动力等要素成本不断攀升，劳动密集型产业及相关低端环节向内地转移已成趋势，内地经济欠发达地区也具备承接低端产业的巨大潜力。当前深圳企业由于生产要素成本原因向东盟转移的概率不高，而部分资源需求型企业正加大在东盟的投资。

三、总体要求

（一）基本原则

政府引导。更好发挥政府引导和统筹协调作用，构建与南宁各层级协作联动机制，深化沟通对接和政策协同，加大在规划设计、政策统筹、要素保障、监督评估等方面的协调力度，共同提升发展内生动力。

市场运作。坚持有效市场和有为政府相结合，充分发挥市场在资源配置中的决定性作用，鼓励支持深圳各类市场主体参与南宁产业园区建设，聚焦细分领域推动产业集群化、集聚化发展，形成区域特色产业优势。

企业主体。突出企业主体地位，提升园区创新资源集聚整合能力，构建人才、资金、技术、数据等要素跨区域对接机制，推动要素跨区域流动，灵活运用各类产业专项、政策性开发性金融工具等支持项目建设，高效集聚国内国际两种资源。

合作共赢。找准南宁资源禀赋和深圳“20+8”产业集群最佳结合点，充分发挥各自比较优势，加快要素高效便捷流动，合作布局创新平台、产业基地、重大项目，助推南宁产业园区高质量发展。

（二）发展目标

到 2028 年，南宁—深圳（东盟）产业合作区建设取得实质性进展，初步实现深邕两市技术、资本、品牌、渠道与资源、空间、市场、要素的协同互补、紧密对接。产业规模突破 300 亿元，形成新一代电子信息、生物医药与健康、高端装备制造三大重点跨境产业集群。

到2035年，南宁—深圳（东盟）产业合作区现代产业生态体系全面形成，人才、资金、技术、数据等资源要素进一步集聚，形成市场化法治化国际化便利化营商环境，发展成为支撑中国—东盟跨境产业融合发展合作区的重要平台。

（三）合作路径

产业外溢。结合深圳相关优势产业扩张需要，以深邕产业合作区为承接深圳产业有序转移主平台，围绕“总部＋基地”“研发＋生产”等形式延伸布局产业链。

市场对接。发挥南宁自贸区、综合保税区、边境经济合作区等政策叠加优势，联合成立对外加工贸易基地，围绕电子信息、高端装备、生物医药等产业领域，积极拓展东盟及 RCEP 国家市场。

资源互补。依托南宁丰富原材料资源和专业化工园区优势，建立资源精深加工、化工新材料等原材料基地，优化深圳“20+8”产业集群关键原材料供给。

创新赋能。通过共建科技成果转移转化示范基地、新型研发机构合作等形式，积极承接深圳科技、人才、金融等资源辐射，推动南宁传统制造业高端化、智能化、绿色化发展。

（四）产业定位

依托全球产业链重构和国家产业梯度转移重大机遇，着眼扩大与东盟、RCEP 及“一带一路”沿线国家地区的开放合作，基于南宁“十四五”重点产业集群发展方向以及深圳“20+8”产业集群发展需求，瞄准东盟在基础设施建设、数字经济发展、能源开发合作等领域产业机会，聚焦新一代电子信息、生物医药、高端装备三大智造产业，绿色食品加工 1 个传统产业，商贸物流、电子商务、特色会展三大服务贸易产业，构建深邕产业合作区“3+1+3”重点产业定位，形成“深圳总部研发—南宁核心零配件制造—东盟整机组装—中国 / 东盟 / 日韩 / 欧美市场”的跨境产业链，打造链接中国与东盟两大“世界工厂”的战略支点，推动中国—东盟产业链供应链价值链深度融合。

四、发展策略

“两国三地”层面。聚焦新一代电子信息、高端装备制造、生物医药与健康三大重点跨境产业及东盟重点产业方向，充分发挥南宁链接中国（深圳）与东盟（越南）两个市场和两种资源的“渠道”作用，构建深圳总部研发—南宁核心零配件制造—东盟整机组装的跨境产业链，促进人流、物流、资金流、信息流在合作区间、产业间、地区间高效流动，实现产业链、供应链、价值链更深层次融合，构建具有中国—东盟特色的跨境产业协同发展模式。

“两省两市”层面。推进南宁重点产业集群和关键产业链与深圳“20+8”战略性新兴产业和未来产业集群深度对接、分工协作，围绕新一代电子信息、高端装备制造、生物医药与健康领域，在深邕产业合作区共建一批面向东盟的核心零配件生产基地、精深加工基地、出口制造基地，加快构建面向东盟的跨境产业链供应链价值链。支持南宁有色金属、绿色建材、绿色食品等特色优势产品融入深圳及大湾区市场，支持南宁建设“反向飞地”，推动围绕深圳“20+8”产业配套形成的有关科研成果在合作区孵化转化。

“一体两翼”层面。“一体”围绕总部经济和生产性服务业，持续汇聚企业总部、科研院所、顶尖人才等高端要素，大力发展知识产权、检验检测、工业设计等生产性服务业，服务于制造业的管理、研发和流程的优化。“西翼”围绕跨境产业和服务贸易，重点布局新一代电子信息、高端装备制造、生物医药等深圳优势产业及东盟国家重点发展产业，积极招引在东盟投资深圳企业通过“一企两国两厂”模式落地合作区；“东翼”围绕临港产业和服务贸易，重点布局新能源汽车及其零部件、新材料等大进大出临港产业，针对深邕合作涉及新能源汽车及其零部件、新材料、临港物流等对产业空间、产业配套、要素资源有特殊需求的产业化项目，可因地制宜向外拓展落户至“东翼”范围内，且可同等程度适用合作区相关扶持政策和利益分成机制。

“一园三区”层面。沙井片区聚焦创新研发、轻工制造和配套服务，重点发展新一代电子信息（网络通信设备、智能终端、汽车电子等）、生物医药与健康（医疗器械、生物技术药等）、高端装备制造（中间合金产品等）和服务贸易（电子商务、特色会展等）产业。铁路港南片区聚焦规模化生产和临港物流，重点发展高端装备制造（轨道交通装备、环保处理设备、工程机械等）、生物医药与健康（中药民族药、营养保健品、康养旅游等）、绿色食品加工（预制菜、精制茶、休闲食品等）和商贸物流（智慧物流、冷链物流、保税物流等）产业。空港片区聚焦临空制造、临空物流和临空服务，重点发展新一代电子信息（新型显示、智能终端、关键元器件、能源电子等）、生物医药与健康（生物技术药、化学合成创新药等）、高端装备制造（航空装备、特种装备等）、绿色食品加工（航空食品等）和商贸物流（航空物流、临空商务、贸易服务等）产业。

第十九章
赣州篇

一、基本情况

（一）园区选址情况

赣州市先后划定两轮方案，确定于赣州经开区和南康区选择两地块作为深赣产业合作区范围，面积合计 16.22 平方公里。经座谈交流，考虑区域发展和产城融合等因素，将唐江镇和新能源汽车产业园与前期划定范围统筹考虑，最终划定统筹区域总面积约 39.85 平方公里，拟划入的区域包括南康区唐江组团、新能源汽车产业园以及经开区三江组团。结合尽调情况，通过视频会议方式，先后两次与赣州市、赣州经开区、南康区、深圳港进行多轮选址探讨，拟在南康区唐江组团和赣州经开区三江组团各选一块启动区，其中南康区唐江组团启动区面积 1.33 平方公里，赣州经开区三江组团启动区面积 1.79 平方公里。

（二）产业合作方向

立足深赣两地资源禀赋、产业基础，充分发挥深圳研发设计转化、赣州生产制造与产业化的比较优势，聚焦产业链上中下游，在电子信息、新能源及新能源汽车、新材料、高端装备、现代家居等产业领域构建跨区域协作模式。

1. 电子信息产业

赣州电子信息产业主要承接大湾区产业转移，依托同兴达科技（深圳）、立德电子、联茂电子、深联电路（深圳）等，已形成液晶显示模组、印制线路板两条完整的产业链条。此外，赣州近年来引进了富士康、恩嘉智能电子、章贡九木大数据等一批 50 亿元以上项目，集聚效应进一步增强。赣州在显示、PCB 等领域优势主要集中在下游终端、模组等环节，下游用户众多，市场较为广阔，深圳电子信息产业链条完整，拥有众多中上游材料、零部件相关企业，且受限空间、成本等因素，存在制造环节转移需求，可作为重点合作方向。

2. 新能源及新能源汽车

赣州新能源及新能源汽车产业主要包括新能源汽车和光伏两大产业链，其中新能源汽车产业链重点依托吉利（赣州）动力电池、国机智骏、凯马汽车、力博汽车、亿鹏电池、孚能等，重点聚焦整车、动力电池、汽车零部件等环节。光伏产业链依托爱康光电、三晶电气等龙头企业，重点布局电池片、支架、逆变器等环节。赣州在相关领域具备产业空间、下游市场等优势，深圳具备技术优势及市场、空间拓展需求，且部分环节受限能耗、环保因素，存在转移需求，可重点围绕动力电池及相关材料、汽车零部件、光伏电池片等环节开展合作。

3. 新材料产业

赣州拥有丰富的锰、铜、铝、钨、稀土等新材料上游矿产资源，且电子信息产业和新能源汽车产业基础较好，拥有金属刀具、金属构件、永磁电机等需求。而深圳在硬质合金刀具、轻质合金、稀土永磁材料等领域具备较强技术优势，拥有一批隐形冠军，但受限能耗等因素，难以在深继续扩大产业规模，可与赣州合作进一步做大相关产业。

4. 高端装备

赣州南康区是全国无人机行业“三首个”聚集地：一是全国首个无人机物流配送试点。二是拥有国内首张无人机航空运营（试点）许可证。三是获批全国首批民用无人驾驶航空试验区，且拥有国内最大无人机飞行空域、首座工业级无人机射流式风洞试验室、以通航机场标准建设的飞行测试基地等基础设施。可为深圳无人机产业提供测试验证条件，目前深圳丰羽顺途、同一科技、大漠大、顺丰无人机等已在赣州开展相关布局。

5. 现代家居产业

赣州南康区是国内最大的家具生产制造基地、木材和家具交易集散中心之一，目前以格力入驻为契机，正在完善上下游产业链布局，并推动智能化转型，开发智能家居。深圳在 VR、人工智能、区块链等方面具备技术优势，相关企业需要下游应用场景，可合作打造智能化现代家居产业集群。

综上，基于启动区空间，以及赣州产业基础情况，建议第一批合作方向以电子信息产业、新能源及新能源汽车产业为主，以赣州下游市场和深圳产业外溢需求为抓手，率先在新型显示模组关键零部件及材料、动力电池、汽车零部件、光伏等细分领域开展合作。

（三）政策研究情况

1. 管理体制

基于前期沟通对接，针对深赣产业合作园区提出三种管理体制方案，分别如下。

方案一：“管委会 + 合资公司”模式。管委会：成立深赣产业合作区管委会，负责具体行政事务管理，管委会书记和主任均由深圳委派。管委会书记兼任赣州市委常委。管委会主任兼任所在行政区区委常委。合资公司：由深圳港集团赣州全资子公司（盐赣投公司）分别与经开区、南康区属企业合资成立两个合资公司。合资公司由深圳方主导，合资公司董事长和总经理均为深圳方人员。

优点：深圳有最大主导权，可最大力度协调解决园区的开发建设事项。

缺点：需要深圳派驻公务员，跨省干部交流需要中央组织部备案，有一定实施难度。

方案二：“管理局（法定机构）+ 合资公司”模式。管理局：成立深赣产业合作区管理局，由赣州市政府出台相关条例对合作产业园区管理局授权。管理局作为法定机构，负责具体行政事务管理，党工委书记由当地行政区书记兼任，管理局局长由深圳委托国企干部担任，兼任所在行政区区委常委。合资公司：由深圳港集团赣州全资子公司（盐赣投公司）分别与经开区、南康区属企业合资成立两个合资公司。合资公司由深圳方主导，合资公司董事长和总经理均为深圳方人员。

优点：不需要深圳派公务员，实施难度小。

缺点：对法定机构的授权如果不充分，则协调管理力度不强。

方案三：“指挥部 + 合资公司”模式，指挥部：成立深赣产业合作区开发建设指挥部，由赣州市常务副市长兼任指挥长，成员单位包括市发展改革委、自然资源局、工信局、商务局等部门，指挥部办公室设在市发展改革委。每月度召开协调会议，解决园区开发重大事项。合资公司：由深圳港集团赣州全资子公司（盐赣投公司）分别与经开区、南康区属企业合资成立两个合资公司。合资公司由深圳方主导，合资公司董事长和总经理均为深圳方人员。

优点：市场化程度高。

缺点：指挥部均为赣州方人员，深圳方协调力度弱。

2. 利益共享机制

产值。委托加工企业按市场常规分别计入深圳、赣州两市。

税收。委托加工企业按市场常规分别计入深圳、赣州两市。合作区赣州市区留成部分前十年全额支持合作园区开发建设。争取省级留成部分也留存支持合作园区建设。园区合资公司缴纳税收地方留存部分全部返还给合资公司。园区土地出让金省级税收分成部分，在合作期内，争取全部留存园区发展。

投资和利用外资。固定资产投资、技术改造投资以及外资项目数、合同外资、实际吸收外资等统计数据，按属地入规入统。

进出口。在合作产业园区设立分公司的企业，以深圳总公司作为进出口收发货人向海关申报进出口。引导在园区设立独立法人公司的企业，通过委托代理报关的形式，以深圳母公司、深圳报关公司或者深圳供应链企业为进出口收发货人向海关申报进出口。双方协商确定分成比例。

二、存在的问题

（1）合作区意向选址区域可拓展空间有限。目前合作区内可用于进行开发的城镇集中建设规模总面积约 11 平方公里，且部分城镇集中建设用地空间分布零碎，可以实现集中连片开发建设的城镇开发边界规模不超过 9 平方公里。

（2）合作区意向选址区域交通配套和城市生活配套有待完善。根据合作区意向选址区域控规拼合，目前范围内规划商业用地不到 50 公顷，与未来整个片区将近20万的规划人口规模不符，产业服务与人才服务配套不足。同时，合作区意向选址区域对外交通有待提升，尤其是赣州经开区启动区选址区域目前仅通过两车道桥梁连接高铁片区，未能充分发挥经开区距离高铁站 3 公里、距离机场 5 公里的交通区位优势。

（3）启动区意向选址区域一级开发成本较高。根据启动区意向选址区域拆迁规模的初步统计，目前经开区启动区意向选址区域拆除农村宅基地建筑面积约 5 万平方米，南康区启动区意向选址区域拆除农村宅基地建筑面积约 11 万平方米，拆除低效工业建筑约 15 万平方米。

（4）产业链关键核心环节存在缺失，对于上游环节吸引力不高。以赣州显示产业链为例，其产业链布局主要集中在下游终端及模组环节，缺乏中游最核心的面板制造环节，而上游显示材料、面板零部件等需要配套面板厂商开展布局，赣州对该类企业吸引力极其有限，需要率先补齐相关核心环节才能进一步向上游补链延链。

（5）部分生产要素成本仍较高。赣州经开区工业用地出让价格 9.07 万 / 亩，对比大湾区有较大优势。但是园区厂房租金为 10 元 /（平方米·月），与广东省内潮州［10 元 /（平方米·月）］、汕尾［10 元 /（平方米·月）］、揭阳［9 元 /（平方米·月）］、河源［9 元 /（平方米·月）］接近。赣州经开区工业用水 3.44 元 / 吨，南康区工业用水 3.18~3.58 元 / 吨，高于深圳 2.25 元 / 吨的水平。

参考文献

［1］黄徐亮，徐海东，倪鹏飞，等．长三角地区产业转移特征及其影响因素［J］．经济地理，2023，43（1）：124–132. DOI：10.15957/j.cnki.jjdl.2023.01.014.

［2］王树华，刘志彪．区际产业转移的发生机制：基于“推—拉”模型的分析［J］．学海，2023（1）：74–81. DOI：10.16091/j.cnki.cn32–1308/c.2023.01.014.

［3］王生荣，杨光．中国区域人才聚集力与时空演化研究［J］．昆明理工大学学报（社会科学版），2022，22（6）：90–99. DOI：10.16112/j.cnki.53–1160/c.2022.06.343.

［4］刘一腾．数字经济驱动中国制造业升级研究［D］．长春：吉林大学，2022. DOI：10.27162/d.cnki.gjlin.2022.007055.

［5］刘振中，严慧珍．四次国际产业大转移的主要特征及启示［J］．宏观经济管理，2022（8）：72–81. DOI：10.19709/j.cnki.11–3199/f.2022.08.011.

［6］周伟，郭杰浩．国际产业转移、空间溢出与全要素生产率［J］．统计与决策，2022，38（3）：113–118. DOI：10.13546/j.cnki.tjyjc.2022.03.021.

［7］外汇局广西壮族自治区分局课题组．国际产业转移新趋势及我国的对策研究［J］．中国外汇，2020（23）：30–33. DOI：10.13539/j.cnki.11–5475/f.2020.23.010.

［8］范宇．论企业技术创新对区域经济发展的影响［J］．商场现代化，2020（22）：184–186. DOI：10.14013/j.cnki.scxdh.2020.22.067.

［9］苏娜．中国区域发展战略与南北经济差距（1953—2017）［D］．武汉：中南财经政法大学，2020. DOI：10.27660/d.cnki.gzczu.2020.003201.

［10］李金华．我国创新型产业集群的分布及其培育策略［J］．改革，2020（3）：98–110.

［11］冯俊新．产业充分发展与区域平衡发展关系辨析［J］．中央社会主义学院学报，2018（1）：63–67.

［12］庞琛．多重异质性、企业空间离散化与产业集聚研究［D］．杭州：浙江大学，2017.

［13］卓勇良．投资环境均质化背景下的集聚与分散：长江三角洲地区产业集聚与城市化的若干分析［J］．浙江树人大学学报，2003（2）：24–26.

［14］韩凤晶，曾钢．金融创新支持黑龙江省产业升级动态演进研究［J］．中国软科学，2021（S1）：413–420.

［15］蒋程虹，李伟．经济增长中资本与劳动力的再配置结构效应［J］．商业研究，2021（1）：105–115. DOI：10.13902/j.cnki.syyj.2021.01.013.

［16］马茹，罗晖，王宏伟，等．中国区域经济高质量发展评价指标体系及测度研究［J］．中国软科学，2019（7）：60–67.

［17］魏守华，王缉慈，赵雅沁．产业集群：新型区域经济发展理论［J］．经济经纬，2002（2）：18–21. DOI：10.15931/j.cnki.1006–1096.2002.02.004.

［18］刘夏明，魏英琪，李国平．收敛还是发散？——中国区域经济发展争论的文献综述［J］．经济研究，2004（7）：70–81.

［19］吴玉鸣，张燕．中国区域经济增长与环境的耦合协调发展研究［J］．资源科学，2008（1）：25–30.

［20］艾洪德，徐明圣，郭凯．我国区域金融发展与区域经济增长关系的实证分析［J］．财经问题研究，2004（7）：26–32.

［21］中华人民共和国国民经济和社会发展第十三个五年规划纲要［N］．人民日报，2016–03–18（1）.

［22］王缉慈．知识创新和区域创新环境［J］．经济地理，1999（1）：12–16.

［23］苏锦旗，唐诗瑶，张营营．国家级大数据综合试验区能否促进区域经济高质量发展：基于试点区政策的准自然实验［J/OL］．现代财经（天津财经大学学报），2023（10）：56–73［2023–10–06］.https：//doi.org/10.19559/j.cnki.12–1387.2023.10.004.

［24］赵祥，郝家明．珠三角区域经济发展差异及空间溢出效应研究［J］．新经济，2023（9）：32–46，183–184.

［25］潘同人．嵌入关系：中国招商引资中的政府与市场［D］．天津：南开大学，2015.

［26］向世聪．基于产业集聚的园区经济研究［D］．长沙：中南大学，2007.

［27］王天钰.PPP 模式在产业园区建设中的应用研究［J］．企业改革与

管理，2016（23）：213–214. DOI：10.13768/j.cnki.cn11–3793/f.2017.0212.

［28］李佳 . 基于区域经济发展的临港物流园区建设研究［D］. 北京：北京交通大学，2008.

［29］范巧，郭爱君 . 中国园区内部关系处理模式研究综述：基于开发模式、管理模式、治理模式和发展模式的视角［J］. 技术经济，2013，32（8）：27–32，39.

［30］付晓荻，孙泽玮 . 存量开发时代我国产业园区更新的研究进展［J］. 住宅与房地产，2023（21）：77–79.

［31］陈思霞，王希瑞，卢盛峰 . 政社合作开发模式下的土地出让价格策略及激励机制［J］. 经济研究，2023，58（7）：191–208.

［32］黄晓琳 . 产业园区开发建设过程财务风险管理控制［J］. 财会学习，2023（10）：55–57.

［33］沙莎 . 产业园区投资开发商业模式探讨［J］. 财会学习，2023（3）：124–126.

［34］刘海连 . 欠发达开发园区高层次人才队伍建设的思考：以江苏省东海高新区为例［J］. 人才资源开发，2022（14）：6–8. DOI：10.19424/j.cnki.41–1372/d.2022.14.024.

［35］黄鑫 . 关注产业转移新动力新变化［N］. 经济日报，2023–09–22（6）. DOI：10.28425/n.cnki.njjrb.2023.006563.

［36］谢玲红，朱海波，李芸 . 脱贫地区劳动密集型产业高质量发展的战略选择［J］. 中州学刊，2023（9）：55–63.

［37］姜文仙，张艺胜 . 广东省制造业空间转移的总体特征及趋势：基于改进的相对净流量指标测度［J/OL］. 开发研究，2009（11）：1–17［2023–10–06］.http：//kns.cnki.net/kcms/detail/62.1005.C.20230907.1703.002.html.

［38］毕秀晶 . 长三角城市群空间演化研究［D］. 上海：华东师范大学，2014.

［39］张少军，刘志彪 . 全球价值链模式的产业转移：动力、影响与对中国产业升级和区域协调发展的启示［J］. 中国工业经济，2009（11）：5–15. DOI：10.19581/j.cnki.ciejournal.2009.11.001.

［40］张明 . 产业升级与经济增长理论研究［D］. 太原：山西财经大学，2013.

［41］刘红光，刘卫东，刘志高 . 区域间产业转移定量测度研究：基于区域间投入产出表分析［J］. 中国工业经济，2011（6）：79–88. DOI：10.19581/

j.cnki.ciejournal.2011.06.008.

［42］王建峰 . 区域产业转移的综合协同效应研究［D］. 北京：北京交通大学，2013.

［43］张孝锋 . 产业转移的理论与实证研究［D］. 南昌：南昌大学，2006.

［44］王庆丰 . 中国产业结构与就业结构协调发展研究［D］. 南京：南京航空航天大学，2012.

［45］孙华平 . 产业转移背景下产业集群升级问题研究［D］. 杭州：浙江大学，2011.

［46］覃成林，郑云峰，张华 . 我国区域经济协调发展的趋势及特征分析［J］. 经济地理，2013，33（1）：9–14. DOI：10.15957/j.cnki.jjdl.2013.01.002.

［47］王晓慧 . 中国经济高质量发展研究［D］. 长春：吉林大学，2020. DOI：10.27162/d.cnki.gjlin.2019.000205.

［48］中华人民共和国国民经济和社会发展第十四个五年规划和 2035 年远景目标纲要［N］. 人民日报，2021–03–13（1）. DOI：10.28655/n.cnki.nrmrb.2021.002455.

［49］周维现 . 中国欠发达县域经济发展研究［D］. 武汉：武汉大学，2013.

［50］钟世坚 . 区域资源环境与经济协调发展研究［D］. 长春：吉林大学，2014.

［51］唐晓华，张欣珏，李阳 . 中国制造业与生产性服务业动态协调发展实证研究［J］. 经济研究，2018，53（3）：79–93.

［52］熊晓琳，王丹 . 五大发展理念与中国特色社会主义［J］. 思想理论教育导刊，2016（1）：2，71–74. DOI：10.16580/j.sxlljydk.2016.01.013.

后 记

区域发展理论及实践包括万千，本书以对口协作园区开发为切入点，顺应产业发展规律，做好产业规划布局，推动区域间产业链协同，培育产业全链生态，推动人才流、资金流向欠发达区域聚集。

综合开发研究院（中国·深圳）长期跟踪对口协作园区开发，遵循市场化逻辑，结合当地资源禀赋条件，以成本效率优先为原则，科学开展异地园区选址，谋划系列异地产业园，推动两地产业良性互补，赋能后富地区产业发展，取得了较好成效，实现了两地互利共赢。在时鲲、王振、张静越、李泽华、钱成、尹小蒙、刘俊美等同事的共同努力下，我们提炼总结异地园区成功经验及实践策略，形成一整套顶层设计方法，以期帮助后续对口协作园区，助力区域协调发展战略走深走实。

在本书出版之际，特此致谢对口协作园区的建设、开发、管理、运营相关人员，感谢深圳市乡村振兴和协作交流局在数据收集、人员协调方面给予的支持，为本书的顺利完成提供了重要的保障。

陈颖仪　刘　祥

2023 年 9 月